国家出版基金项目

NATIONAL PUBLICATION FOUNDATION

中宣部2022年主题出版重点出版物

"十四五"国家重点图书出版规划项目

纪录小康工程

全面建成小康社会

安徽变迁志

ANHUI BIANQIANZHI

本书编写组

全国百佳图书出版单位
时代出版传媒股份有限公司
安徽人民出版社

责任编辑：肖　琴　蒋越林　李　莉
封面设计：石笑梦　葛茂春
版式设计：王欢欢　葛茂春

图书在版编目（CIP）数据

全面建成小康社会安徽变迁志/本书编写组编著．—合肥：安徽人民出版社，
　2022.10

（"纪录小康工程"地方丛书）

ISBN 978－7－212－11475－6

Ⅰ．①全… Ⅱ．①本… Ⅲ．①小康建设—概况—安徽 Ⅳ．① F127.54

中国版本图书馆 CIP 数据核字 (2022) 第 098659 号

全面建成小康社会安徽变迁志

QUANMIAN JIANCHENG XIAOKANG SHEHUI ANHUI BIANQIANZHI

本书编写组

安徽人民出版社出版发行

（230071　合肥市政务文化新区翡翠路 1118 号）

安徽新华印刷股份有限公司印刷　新华书店经销

2022 年 10 月第 1 版　2022 年 10 月合肥第 1 次印刷

开本：710 毫米 ×1000 毫米 1/16　印张：19

字数：250 千字

ISBN 978－7－212－11475－6　定价：66.00 元

邮购地址 230071　合肥市政务文化新区翡翠路 1118 号

安徽人民出版社营销部　电话：（0551）63533258　63533259

总　序

为民族复兴修史　为伟大时代立传

　　小康，是中华民族孜孜以求的梦想和夙愿。千百年来，中国人民一直对小康怀有割舍不断的情愫，祖祖辈辈为过上幸福美好生活劳苦奋斗。"民亦劳止，汔可小康""久困于穷，冀以小康""安得广厦千万间，大庇天下寒士俱欢颜"……都寄托着中国人民对小康社会的恒久期盼。然而，这些朴素而美好的愿望在历史上却从来没有变成现实。中国共产党自成立那天起，就把为中国人民谋幸福、为中华民族谋复兴作为初心使命，团结带领亿万中国人民拼搏奋斗，为过上幸福生活胼手胝足、砥砺前行。夺取新民主主义革命伟大胜利，完成社会主义革命和推进社会主义建设，进行改革开放和社会主义现代化建设，开创中国特色社会主义新时代，经过百年不懈奋斗，无数中国人摆脱贫困，过上衣食无忧的好日子。

　　特别是党的十八大以来，以习近平同志为核心的党中央统揽中华民族伟大复兴战略全局和世界百年未有之大变局，团结带领全党全国各族人民统筹推进"五位一体"总体布局、协调推进"四个全面"战略布局，万众一心战贫困、促改革、抗疫情、谋发展，党和国家事业取得历史性成就、发生历史性变革。在庆祝中国共产党成立100周年大会上，习近平总书记庄严宣告："经过全党全国各族人民持续奋斗，我们实现了第一个百年奋斗目标，在中华大地上全面建成了小康社会，历史性地解决了绝对贫困问题，正在意气风发向着全面建成社会主义现代化强国的第二个百年奋斗目标迈进。"

这是中华民族、中国人民、中国共产党的伟大光荣！这是百姓的福祉、国家的进步、民族的骄傲！

全面小康，让梦想的阳光照进现实、照亮生活。从推翻"三座大山"到"人民当家作主"，从"小康之家"到"小康社会"，从"总体小康"到"全面小康"，从"全面建设"到"全面建成"，中国人民牢牢把命运掌握在自己手上，人民群众的生活越来越红火。"人民对美好生活的向往，就是我们的奋斗目标。"在习近平总书记坚强领导、亲自指挥下，我国脱贫攻坚取得重大历史性成就，现行标准下9899万农村贫困人口全部脱贫，建成世界上规模最大的社会保障体系，居民人均预期寿命提高到78.2岁，人民精神文化生活极大丰富，生态环境得到明显改善，公平正义的阳光普照大地。今天的中国人民，生活殷实、安居乐业，获得感、幸福感、安全感显著增强，道路自信、理论自信、制度自信、文化自信更加坚定，对创造更加美好的生活充满信心。

全面小康，让社会主义中国焕发出蓬勃生机活力。经过长期努力特别是党的十八大以来伟大实践，我国经济实力、科技实力、国防实力、综合国力跃上新的大台阶，成为世界第二大经济体、第一大工业国、第一大货物贸易国、第一大外汇储备国，国内生产总值从1952年的679亿元跃升至2021年的114万亿元，人均国内生产总值从1952年的几十美元跃升至2021年的超过1.2万美元。把握新发展阶段、贯彻新发展理念、构建新发展格局、推动高质量发展，全面建设社会主义现代化国家，我们的物质基础、制度基础更加坚实、更加牢靠。全面建成小康社会的伟大成就充分说明，在中华大地上生气勃勃的创造性的社会主义实践造福了人民、改变了中国、影响了时代，世界范围内社会主义和资本主义两种社会制度的历史演进及其较量发生了有利于社会主义的重大转变，社会主义制度优势得到极大彰显，中国特色社会主义道路越走越宽广。

全面小康，让中华民族自信自强屹立于世界民族之林。中华民族有五千多年的文明历史，创造了灿烂的中华文明，为人类文明进步作出了卓越贡献。近代以来，中华民族遭受的苦难之重、付出的牺牲之大，世所罕见。中国共产党带领中国人民从沉沦中觉醒、从灾难中奋起，前赴后继、百折不挠，战胜各种艰难险阻，取得一个个伟大胜利，创造一个个发展奇迹，用鲜血和汗水书写了中华民族几千年历史上最恢宏的史诗。全面建成小康社会，见证了中华民族强大的创造力、坚韧力、爆发力，见证了中华民族自信自强、守正创新精神气质的锻造与激扬，实现中华民族伟大复兴有了更为主动的精神力量，进入不可逆转的历史进程。今天，我们比历史上任何时期都更接近、更有信心和能力实现中华民族伟大复兴的目标，中国人民的志气、骨气、底气极大增强，奋进新征程、建功新时代有着前所未有的历史主动精神、历史创造精神。

全面小康，在人类社会发展史上写就了不可磨灭的光辉篇章。中华民族素有和合共生、兼济天下的价值追求，中国共产党立志于为人类谋进步、为世界谋大同。中国的发展，使世界五分之一的人口整体摆脱贫困，提前十年实现联合国 2030 年可持续发展议程确定的目标，谱写了彪炳世界发展史的减贫奇迹，创造了中国式现代化道路与人类文明新形态。这份光荣的胜利，属于中国，也属于世界。事实雄辩地证明，人类通往美好生活的道路不止一条，各国实现现代化的道路不止一条。全面建成小康社会的中国，始终站在历史正确的一边，站在人类进步的一边，国际影响力、感召力、塑造力显著提升，负责任大国形象充分彰显，以更加开放包容的姿态拥抱世界，必将为推动构建人类命运共同体、弘扬全人类共同价值、建设更加美好的世界作出新的更大贡献。

回望全面建成小康社会的历史，伟大历程何其艰苦卓绝，伟大胜利何其光辉炳耀，伟大精神何其气壮山河！

这是中华民族发展史上矗立起的又一座历史丰碑、精神丰碑！这座丰碑，凝结着中国共产党人矢志不渝的坚持坚守、博大深沉的情怀胸襟，辉映着科学理论的思想穿透力、时代引领力、实践推动力，镌刻着中国人民的奋发奋斗、牺牲奉献，彰显着中国特色社会主义制度的强大生命力、显著优越性。

因为感动，所以纪录；因为壮丽，所以丰厚。恢宏的历史伟业，必将留下深沉的历史印记，竖起闪耀的历史地标。

中央宣传部牵头，中央有关部门和宣传文化单位，省、市、县各级宣传部门共同参与组织实施"纪录小康工程"，以为民族复兴修史、为伟大时代立传为宗旨，以"存史资政、教化育人"为目的，形成了数据库、大事记、系列丛书和主题纪录片4方面主要成果。目前已建成内容全面、分类有序的4级数据库，编纂完成各级各类全面小康、脱贫攻坚大事记，出版"纪录小康工程"丛书，摄制完成纪录片《纪录小康》。

"纪录小康工程"丛书包括中央系列和地方系列。中央系列分为"擘画领航""经天纬地""航海梯山""踔厉奋发""彪炳史册"5个主题，由中央有关部门精选内容组织编撰；地方系列分为"全景录""大事记""变迁志""奋斗者""影像记"5个板块，由各省（区、市）和新疆生产建设兵团结合各地实际情况推出主题图书。丛书忠实纪录习近平总书记的小康情怀、扶贫足迹，反映党中央关于全面建成小康社会重大决策、重大部署的历史过程，展现通过不懈奋斗取得全面建成小康社会伟大胜利的光辉历程，讲述在决战脱贫攻坚、决胜全面小康进程中涌现的先进个人、先进集体和典型事迹，揭示辉煌成就和历史巨变背后的制度优势和经验启示。这是对全面建成小康社会伟大成就的历史巡礼，是对中国共产党和中国人民奋斗精神的深情礼赞。

历史昭示未来，明天更加美好。全面建成小康社会，带给中国人民的是温暖、是力量、是坚定、是信心。让我们时时回望小康历程，深入学习贯彻习近平新时代中国特色社会主义思想，深刻理解中国共产党为什么能、马克思主义为什么行、中国特色社会主义为什么好，深刻把握"两个确立"的决定性意义，增强"四个意识"、坚定"四个自信"、做到"两个维护"，以坚如磐石的定力、敢打必胜的信念，集中精力办好自己的事情，向着实现第二个百年奋斗目标、创造中国人民更加幸福美好生活勇毅前行。

目　录

引 言

习近平总书记在庆祝中国共产党成立 100 周年大会上庄严宣告："经过全党全国各族人民持续奋斗，我们实现了第一个百年奋斗目标，在中华大地上全面建成了小康社会，历史性地解决了绝对贫困问题，正在意气风发向着全面建成社会主义现代化强国的第二个百年奋斗目标迈进。这是中华民族的伟大光荣！这是中国人民的伟大光荣！这是中国共产党的伟大光荣！"全面建成小康社会，是中华民族发展史上前所未有的伟业，中华民族千百年来"民亦劳止，汔可小康"的愿景变为现实。

我们生逢中华民族大发展时代，我们生活在中国人民最幸福时代。中国共产党成立一百年来，团结带领中国人民进行的一切奋斗、一切牺牲、一切创造，归结起来就是一个主题：实现中华民族伟大复兴。党的十八大以来，党中央把脱贫攻坚摆在治国理政的突出位置，把脱贫攻坚作为全面建成小康社会的底线任务。勤劳勇敢的江淮儿女艰苦奋斗、顽强拼搏、锐意改革、勇于创新，以"敢为天下先"的担当精神，书写了全面建成小康社会的安徽华章，用鲜血、汗水、泪水、勇气、智慧、力量绘就了波澜壮阔的历史画卷。

中华人民共和国的成立，是中华民族伟大复兴的历史转折点，标志着人民当家做主新型国家政权的建立，中国人民从此站立起来，从新中国成立到改革开放前夕，党领导人民完成社会主义革命，开展社会主义建设，开辟了探索小康社会的新纪元，实现了中华民族有史以来最为广泛而深刻的社会变革，实现了一穷二白、人口众多的东方大国大步迈进社会主义社会的伟大飞跃，为实现中华民族伟大复兴奠定了根本政治前提和制度基础。

1950 年 7 月至 9 月，毛泽东对治淮工作作出四次批示；1951 年 5 月，发出"一定要把淮河修好"的伟大号召。10 月 14 日，政务院发布《关于治理淮河的决定》。11 月 6 日，在蚌埠成立治淮委员会。1950 年 10 月，皖北行署向皖北军民发出了《治淮动员会》。自 1950 年冬至 1954 年春，淮河流域共进行了四期治淮工程，上工 1200 万人次，修建水库 4 座。修建行蓄洪区 10 余处，疏浚了干支流河道，修建了淮河大堤，治淮初战取得了重大胜利。1952 年 1 月 2 日，中共安徽省委成立，组织领导全省人民继续开展城市接管、社会改造，迅速医治战争创伤。1 月 9 日，佛子岭水库开工建设。1953 年 9 月 6 日，安徽省委扩大会议提出粮食作物三项改革任务（简称"三项改革"）。1954 年 2 月，安徽省与上海市有关部门及私营工商界达成工厂内迁安徽及公私合营协议，108 家工业企业内迁安徽，其中有 56 家企业内迁到合肥。9 月 5 日，安徽省委发出《关于发展农业生产合作社的指示》。1955 年 3 月，安徽省委发出《关于加强血吸虫病防治工作的指示》。1956 年 10 月 12 日，国务院批准设立马鞍山市、铜官山市。1958 年 8 月 19 日，淠史杭沟通综合利用工程开工兴建。1965 年 4 月 30 日，安徽省委决定成立三线建设指挥部，开展"小三线"建设，先后建成 80 家企事业单位。1966 年 11 月，新汴河工程动工。1968 年 3 月，巢湖汽车配件厂自行设计、制造出江淮牌载重汽车，结束了安徽不能制造汽车的历史。1971 年 11 月 19 日，茨淮新河工程动工兴建。1977 年 11 月 15 日至 22 日，安徽省委召开农村工作会议，制定了《关于当前农村经济政策几个问题的规定（试行草案）》（简称"省委六条"）。

改革开放是中国的第二次革命，在中华民族伟大复兴历程中具有里程碑意义，是当代中国最鲜明的特色。全国上下开展实践是检验真理唯一标准的大讨论，坚定不移推进改革开放，确立党在社会主义初级阶段的基本路线，战胜来自各方面的风险挑战，开创、坚持、捍卫、发展中国特色社会主义，实现了从高度集中的计划经济体制到充满活力的社会主义市场经济体制、从封闭半封闭到全方位开放的历史性转变，实现了人民生活从温饱不足到总体小康、奔向全面小康的历史性跨越，为实现中华民族伟大复兴提供了充满新的活力的体制保证和快速发展的物质条件。

以 1978 年召开的党的十一届三中全会为标志，安徽进入改革开放和现代化建设新时期，小康社会建设进入实质性阶段，中国共产党团结带领人民率先开展农村改革，推进对外开放、发展乡镇经济，进行城市经济体制改革，实施"861"行动计划，推动科技创新，建设工业大省，构建和谐社会，实施了大规模、有计划、有组织的扶贫开发，着力保障和改善民生。1978 年 9 月，安徽省委作出借地度荒决定，肥西山南推行包产到户。1978 年 11 月 24 日，凤阳县梨园公社小岗生产队 18 户农民通过按红手印形式创立包干到户，成为中国农村改革重要发源地。1979 年 7 月 10 日至 16 日，邓小平视察黄山，提出安徽要"把黄山的牌子打出去"，发展好旅游事业和山区经济，开创了现代旅游业新篇章。1988 年 2 月，安徽省委提出"远学粤闽，近学江浙"，加快安徽改革开放步伐和经济发展速度。1990 年，安徽省委提出"抓住机遇、开发皖江、强化自身、呼应浦东、迎接辐射、带动全省"的对外开放战略。1992 年，安徽省委、省政府决定实施"1235 工程"。1993 年 4 月，安徽省委出台《安徽省农村小康生活标准》，从 16 个方面对全省农村小康目标进行量化，动员全省人民为在20世纪末实现小康目标而奋斗。1993年10月25日，安徽省人民政府印发《关于实施"3358"脱贫计划的通知》，提出现有300万贫困人口，3年解决温饱，5年基本脱贫，8年过上宽裕生活。1995年，安徽省委常委会（扩大）会议作出"外向带动，整体推进，重点突破，形成支柱"的总体战略部署。2000年3月，安徽省在全国率先开展全省范围内的以"三个取消、一个逐步取消、两个调整、一项改革"为主要内容的农村税费改革试点工作。2003年6月，安徽省委、省政府印发《安徽省全面建设小康社会的战略目标、战略步骤及起步阶段的重点建设任务》（简称"'861'行动计划"）。2005年，安徽省全部免除农业税。2006年，安徽自主开展文化体制改革试点，取得了显著成效。2007年起安徽省开始实施民生工程12项，2008年达18项，2009年达28项，2010年稳定为33项，体现初心，通达民心。2007年11月，安徽省制定全面建设小康社会规划。2010年，合肥开展国家科技创新型试点市建设。2010年，国务院批复的《皖江城市带承接产业转移示范区规划》成为全国首个以承接产业转移为主的区域发展规划。

党的十八大以来，中国特色社会主义进入新时代，进入决胜全面建成小康社会进而逐步实现全体人民共同富裕的时代。中国共产党坚持和加强党的全面领导，统筹推进"五位一体"总体布局，协调推进"四个全面"战略布局，坚持和完善中国特色社会主义制度、推进国家治理体系和治理能力现代化，坚持依规治党、形成比较完善的党内法规体系，战胜一系列重大风险挑战，实现第一个百年奋斗目标，明确实现第二个百年奋斗目标的战略安排，党和国家事业取得历史性成就、发生历史性变革，为实现中华民族伟大复兴提供了更为完善的制度保证、更为坚实的物质基础、更为主动的精神力量。

2012年11月，国务院批复安徽省的宿州、亳州、淮北、阜阳、蚌埠 5 个市及淮南市凤台县、潘集区被纳入《中原经济区规划（2012—2020 年）》范围。2013 年 2 月，潜山、太湖、宿松等 12 个县被纳入《大别山片区区域发展与脱贫攻坚规划（2011—2020 年）》范围，成为国家新一轮扶贫攻坚的主战场之一。10 月 28 日，安徽省人民政府印发《关于深化农村综合改革示范试点工作的指导意见》。11 月 25 日，《安徽省创新型省份建设方案》获科技部批复，安徽省成为全国第二个创新型省份建设试点省。2014 年 2 月，安徽省委、省政府印发《关于实施创新驱动发展战略进一步加快创新型省份建设的意见》。2014 年 2 月 12 日，《皖南国际文化旅游示范区建设发展规划纲要》获国家发改委正式批复。3 月 9 日，中共中央总书记、国家主席、中央军委主席习近平参加十二届全国人大二次会议安徽代表团审议，提出"既严以修身、严以用权、严以律己，又谋事要实、创业要实、做人要实"的"三严三实"的要求。3 月 21 日，安徽省委印发《关于认真学习贯彻习近平总书记"三严三实"要求进一步加强作风建设的意见》。2014 年 4 月 21 日，安徽省扶贫办印发《安徽省扶贫开发建档立卡工作实施方案》，明确在 70 个有扶贫开发工作任务的县开展建档立卡工作，确定扶贫对象识别标准、范围、程序和工作流程。7 月底，完成贫困人口和贫困村识别工作，共识别贫困人口 484 万人，贫困村 3000 个。2015 年 1 月，安徽省被列为全国首批综合医改试点省份。11 月 18 日，安徽省人民政府印发《中国制造 2025 安徽篇》，提出到 2025 年安徽省迈入制造业强省行列。12 月 8 日，安徽省委、省政府作出《关于坚决打赢脱贫攻坚战的决定》。2016 年 3 月 1 日，安徽省委、省政府印发《安徽省生态文明体制改革实施方案》。4 月 24 日至 27 日，中共中央总书记、国家主席、中央军委主席习近平考察安徽，就贯彻党的十八届五中全会精神、落实"十三五"规划纲要进行调研考察。叮嘱安徽省要把好山好水保护好，着力打造生态文明建设的安徽样板，建设绿色江淮美好家园。7月26日，安徽省委、省政府印发《关于扎实推进绿色发展着力打造生态文明建设安徽样板实施方案》。8月，安徽省在11个县（区）选择13个村启动首批"三变"（资源变资产、资金变股金、农民变股民）改革试点。12月29日，引江济淮工程开工建设。

2017年1月10日，国家发改委和科技部正式批准安徽建设合肥综合性国家科学中心。3月6日，安徽省委办公厅、省政府办公厅印发《安徽省全面推行河长制工作方案》。4月20日，安徽省委、省政府印发《关于打造内陆开放新高地的意见》。5月5日，安徽省委、省政府印发《"健康安徽"2030规划纲要》。5月26日，安徽省人民政府印发《安徽省新型城镇化发展规划（2016—2025年)》。9月18日，安徽省委、省政府印发《关于建立林长制的意见》，决定在全省建立林长制。2018年6月27日，安徽省委、省政府印发《关于全面打造水清岸绿产业优美丽长江（安徽）经济带的实施意见》。6月29日，安徽省委办公厅、省政府办公厅印发《关于全面推广新安江流域生态补偿机制试点经验的意见》。2019年9月20日至23日，2019世界制造业大会在合肥举办。2020年2月9日，安徽省人民政府办公厅印发《关于印发应对新型冠状病毒肺炎疫情若干政策措施的通知》。3月9日，安徽省委办公厅、省政府办公厅印发《关于决战决胜脱贫攻坚"抗疫情、补短板、促攻坚"的实施意见》。8月18日至21日，中共中央总书记、国家主席、中央军委主席习近平再次考察安徽，在阜南县王家坝指示要把治理淮河的经验总结好，认真谋划"十四五"时期淮河治理方案，在巢湖指示要让巢湖成为合肥最好的名片，并在合肥主持召开扎实推进长三角一体化发展座谈会并发表重要讲话。8月30日，国务院批复同意设立中国（安徽）自由贸易试验区，印发《中国（安徽）自由贸易试验区总体方案》。

2021年2月25日，全国脱贫攻坚总结表彰大会隆重举行，安徽省70名个人、52个集体受到表彰，金寨县花石乡大湾村获得"全国脱贫攻坚楷模"荣誉称号。3月2日，安徽省党史学习教育动员部署大会召开。同日，安徽省委印发《关于开展党史学习教育的实施意见》。5月28日，安徽省脱贫攻坚总结表彰暨巩固拓展脱贫攻坚成果同乡村振兴有效衔接工作推进大会在合肥举行，安徽如期完成了实现31个县（市、区）脱帽、3000个贫困村出列、484万人口脱贫的新时代脱贫攻坚目标任务。全省涌现出1010名"安徽省脱贫攻坚先进个人"、610个"安徽省脱贫攻坚先进集体"。

盛世修史，明时修志。《全面建成小康社会安徽变迁志》以安徽经济、政治、社会、文化、生态等十个方面内容为主干，以大事纪要形式，聚焦安徽大事要事喜事，聚焦安徽全面建成小康社会历史进程中的重大事件、重大决策、重要会议、重点人物，聚焦安徽人民群众工作生活发生的巨大变化，全景式、立体化、全方位、多角度、多层次呈现中华人民共和国成立以来特别是党的十八大以来安徽省经济社会历史性变迁和取得的历史性成就，集中展示江淮儿女的获得感、幸福感、安全感，进一步提高奋进新征程、建功新时代的积极性、主动性、创造性，有效发挥"存史资政、教化育人"独特功能。

"十四五"时期是我国在全面建成小康社会基础上开启全面建设社会主义现代化国家新征程的第一个五年，也是加快现代化美好安徽建设的重要时期，我们要抓住重要战略机遇期，以推动高质量发展为主题，以满足人民日益增长的美好生活需要为根本目的，持续实施五大发展行动，扎实推进长三角一体化发展，加快打造具有重要影响力的"三地一区"，为安徽社会主义现代化建设开好局、起好步。奋进全面建设社会主义现代化国家新征程，朝着实现中华民族伟大复兴的第二个百年奋斗目标，我们昂首阔步、一往无前。

一、工业强省奠基础

中华人民共和国成立以来，安徽工业经济面貌发生了巨大变化，实现了从无到有、从小到大、从弱到强的跨越式发展。工业长足发展有力地支撑了全省经济持续健康发展，显著提高了人民群众生活质量和水平，为满足人民对美好生活的向往提供了可靠保障，为全面建成小康社会作出了积极贡献。

安徽工业在不同年代呈现了不同的发展内涵与特质。20世纪50年代，马钢、铜陵有色兴建，筑起工业"铁壁铜墙"（指马鞍山钢铁产业、铜陵铜产业）。20世纪60年代，"两淮"煤矿开发，成就"华东动力之乡"美名。20世纪70年代，安庆石化投产，结束安徽没有石油化工历史。20世纪80年代，美菱冰箱、荣事达洗衣机、芳草牙膏等消费品牌誉满全国，安徽获得"轻工大省"美誉；20世纪90年代，奇瑞汽车、江淮汽车发展，成为中国汽车工业自主创新典范。2000年以来，以科大讯飞、京东方、威信诺、蔚来等为代表的高新技术企业异军突起，为"安徽制造"增添新名片。党的十八大以来，安徽积极推进工业改革和制度创新，大力实施"制造强省"战略，加快传统产业转型发展，积极培育新兴产业，加速新旧动能转换。2016年，全省规模以上工业增加值总量首次跨过万亿台阶。2021年，全省工业增加值13081.7亿元，增长8.9%，制造业增加值

11354.1 亿元，占全省生产总值比重为 26.4%；安徽省四个产业集群入选国家首批战略性新兴产业集群，两家企业跻身世界 500 强企业，安徽省制造业增加值、数字经济增加值均超 1 万亿元，以"芯屏器合"（"芯"是芯片产业，"屏"是新型显示产业，"器"指的是装备制造及工业机器人产业，"合"指人工智能和制造业加快融合）为标识的现代产业体系加快构建。

（一）从零开始艰难起步

中华人民共和国成立初期，安徽省工业基础极其薄弱。1949 年，安徽工业总产值仅 3.63 亿元，1952 年，安徽省工业总产值 6.5 亿元。经过四个"五年"计划的实施，安徽工业艰难起步，逐步建立起相对独立的工业体系。1978 年，工业总产值达到 107.11 亿元，是 1952 年的 16.48 倍。

1. 实行公私合营

1953 年至 1956 年，中国用 4 年时间全面完成了农业、手工业和资本主义工商业的社会主义改造，这是国家工业化战略的一个重要步骤。1954 年 4 月，安徽省对全省私营工商业进行调查，私营工业 7 万户，工人 861.8 万人，资方人员 14.2 万人。其中拥有 10 个工人以上的私营工业 377 户；食品工业在全省私营工业中占据显著地位，其户数约占 43%，占私营工业总产值的 78% 左右。1954 年 9 月，政务院通过《公私合营工业企业暂行条例》，该条例规定：对资本主义企业实行公私合营，应当根据国家的需要、企业改造的可能和资本家的自愿。此后，公私合营成为对资本主义改造的基本形式。1956 年年初，全国范围内出现资本主义工商业公私合营的高潮。1956年1月12日，合肥市人民委员会批准私营印刷、铁工、皮革、棉织等10个行业实行全行业公私合营。到1956年年底，安徽基本上完成了对资本主义工商业的社会主义改造。

2. 上海企业迁皖

在国家的统筹协调和安徽省委、省政府的积极争取下，20世纪50年代陆续有108家上海工厂内迁安徽。1953年春，安徽省委开始派人前往上海负责接洽沪企内迁。当时安徽省委确定了几条内迁厂的选择标准：首先是人才和技术，其次是设备与资金，再次是安徽急需办而且又有条件办和有发展前途的企业，最后要小型企业，以便于搬迁和建厂。经过多次协商洽谈，双方签订了《内迁协议书》，在两地分别成立了迁厂委员会（或迁厂小组）和各厂新建筹备处，由沪皖双方代表组成，共同承办工厂内迁及新建过程中的具体事务。按照协议规定，上海内迁企业分别于1955年和1956年两次大批迁皖，到1958年，共内迁108家私营企业，大多数是轻工企业，主要分布于合肥、芜湖、蚌埠、安庆、淮南等城市。108家迁皖企业加强了安徽工业技术力量，为安徽工业发展奠定了基础。

3."小三线"建设

1964年9月，毛泽东根据国际形势比较紧张的情况，提出在"大三线"建设的同时，再建设一个"小三线"的思路，这样既可以使"大三线"与"小三线"两个体系环环相扣，形成一个大系统，也可以将三线建设深入到中小城市、县城甚至乡村，使我国形成支持长期战争的工业基础。1964年，中共安徽省委根据中央关于"小三线"建设的指示，成立了安徽省委国防工业领导小组。1965

上海公私合营远华印刷厂内迁合肥全体职工合影留念

年，"小三线"建设全面铺开。上海市在皖南的绩溪、旌德、歙县、祁门、屯溪等市县，先后建立53个企业、27个事业单位，主要产品有火箭筒、通信设备、雷达、指挥镜、动态仪、电子元器件等。第四机械工业部先后在皖西的岳西、六安，皖北的阜阳等地迁建了一批企业，主要产品有雷达、军用微电机、感应机、微波仪器、高频元件、变压器等。1970年至1971年，安徽省革委会制定的国民经济计划，要求以战备为纲，加速"小三线"建设。截至1972年年底，安徽省内的19家军品专业生产厂和配套厂相继建成。到20世纪70年代中期，"小三线"系统共建成大小十几条军工生产流水线，在射流应用、精铸、热轧、冷挤压、电镀、硬质合金、数控切割等方面达到了相当高的水平。安徽"小三线"民用产品中的微型汽车、针织、机械等，成为国内市场上的畅销产品，部分产品还远销海外。

4. 培植骨干企业

中华人民共和国成立初期，安徽省缺乏大型工业企业，工业规模较小，直接影响全省经济发展。在中央的大力支持下，安徽先后建设铜陵铜官山铜矿、马鞍山钢铁公司、"两淮"煤矿、安庆石化等一批骨干工业企业。

中华人民共和国第一炉铜水。1949年12月29日，第一次全国有色金属会议在北京召开，会上提出恢复建设铜陵铜官山铜矿。1950年6月，一大批建设者从上海、北京、浙江、山东及安徽的淮南、马鞍山等地汇聚到铜官山下，开始了艰苦创业。1952年11月，一座设计能力为日处理原矿400吨的选矿厂建成，冶炼厂主体工程完工。到1952年年底，与矿山生产相配套的机修、发电、运输等辅助工厂相继建成，恢复建设任务胜利完成。1953年5月1日，年产粗铜2000吨的铜官山冶炼厂正式投产，中华人民共和国第一炉铜水出炉，浇铸第一块铜锭。"一五"时期，铜官山铜矿的铜料、粗铜产量首次双双突破万吨，约占当时全国产量的47.4%，支撑起中国铜工业的半壁江山，掀开了中华人民共和国铜工业的发展序幕。

安徽第一炉铁水。1953年年初，马鞍山铁矿厂开始全面修建。9月16日，马鞍山铁矿厂改建的第一座炼铁炉——2号高炉竣工，第一炉铁水奔流而出，结束了华东地区"有矿无铁"的历史。1958年，马鞍山钢铁公司成立，3月炼出第一炉钢水，12月轧出第一根钢材；1959年4月，马钢第一批铁合金产品问世；1960年6月，马钢第一炉机制焦炭出炉。1958年10月28日至29日，中共中央主席、中央军委主席毛泽东视察马鞍山钢铁公司，他指出："马鞍山条件很好，可以发展成为中型钢铁联合企业。"至1960年，矿山生产基本实现了机械化作业，一批中型高炉、大型炼焦、小型轧钢工厂相继建成。

1964年7月29日，马钢建成中国第一条火车轮箍生产线，轧出中国第一个直径为840毫米的辗钢整体车轮，结束了中国火车轮箍长期依靠进口的历史，马钢车轮成为为国争光的"争气轮"。

建设"两淮"煤矿。中华人民共和国成立后，国家把淮南、淮北"两淮"煤田的开发列为国家重点建设项目之一。1949年1月18日，淮南矿区解放，3月即迅速恢复生产，安徽开始对九龙岗、大通、新庄孜煤等老矿进行扩建、改造，同时开始大规模的新井建设。到1957年年底，先后建成投产谢一、谢二、谢三、李一、李二等5对矿井，连同原来的3对老矿，淮南矿区建有8对矿井，1957年原煤产量达到492.9万吨。

1958年，安徽省掀起了"夺煤大战"和建井高潮。7月，淮北矿区建设紧急上马，并全面铺开。至1962年，淮北矿区已有6对生

淮南矿务局谢家集二号竖井开工典礼大会

产矿井，年产煤 166 万吨，矿区初具规模。在"大跃进"运动中，淮南矿区理所当然地成了整个华东地区为"大办钢铁"而源源不断提供煤炭的首选之地。淮南矿区立即上马建设 3 对矿井。同时，大量征集农民手工挖煤。1960 年，淮南矿区产煤 1614 万吨，跨入年产千万吨大型矿务局之列。到 1962 年，淮南矿区已有 10 座煤矿，晋升为全国五大矿区之一。到 1965 年，"两淮"矿区共有 18 处生产矿井，设计年生产能力 1107 万吨，当年总产量 1121 万吨。1977 年，"两淮"煤矿被确定为全国重要煤炭基地，开始了大规模的新区会战，煤炭产量大幅提高。

（二）改革创新实现突破

党的十一届三中全会拉开了中国改革开放的大幕。在农村改革取得突破的基础上，安徽逐步推进以国有企业改革为主的工业经济体制改革，国有企业逐渐成为自主经营、自负盈亏的市场主体，极大地释放了工业经济发展活力，生产能力大幅提升，产品供需格局发生根本性改变。全省先后实施轻工业"1114"计划、"861"行动计划等发展战略，确立了新兴工业大省地位。1985 年，工业增加值突破百亿元；1998 年，工业增加值首次超过农业；2001 年，工业增加值突破千亿元；2012 年，规模以上工业增加值达 7550.5 亿元。

1. 推进企业改革

安徽省将国有企业改革作为整个经济体制改革的重要环节，实现了从承包制到建立现代企业制度的重大转变，制度创新使国有企业重新焕发了生机和活力。安徽省的企业改革基本上可以分为三个阶段：党的十四大以前，以放权让利、两步利改税、承包经营责任制等为主，初步调动了企业、职工的积极性，基本上摆脱传统体制的束缚；党的十四大至十五届四中全会以前，以建立"产权清晰、权责明确、政企分开、管理科学"的现代企业制度为主攻方向；党的十五届四中全会以后，大中型国有企业进入了"有进有退"的战略性改组和调整阶段。

扩大企业自主权，增强企业活力。安徽省围绕搞活企业、扩大企业自主权进行了一系列试验性改革。1979 年 10 月，全省先后对 174 家工商企业进行扩权试点。1980 年，安徽开始推行经济责任制，主要是国家对企业实行利润留成、盈亏包干和定额补贴。1983 年，国务院颁布了《关于国有企业利改税试行办法》，安徽省分别于 1983 年 1 月和 1984 年 10 月实行了两次利改税。1984 年，合肥和蚌埠被确定为全国综合改革试点城市，两市的部分企业试行厂长负责制。到 1985 年，全省约有 60% 的企业实行了承包经营责任制，1600 多个企业推行了厂长负责制。1986 年，全省开展横向联合的企业已超过 2570 个，与 23 个省、市、自治区建立了经济技术协作关系。到 1989 年年底，安徽省预算内工商企业的承包面已超过 90%，其中大中型工业企业全部实行承包。

建立现代企业制度。1993 年 11 月，党的十四届三中全会通过了《关于建立社会主义市场经济体制若干问题的决定》。《决定》明确指出，中国国有企业改革的方向是建立适应市场经济要求的"产权明晰、权责明确、政企分开、管理科学"的现代企业制度。1994 年，安徽省确定了 32 户国有大中型企业进行现代企业制度试点，其中中国扬子集团有限公司、安徽开元集团有限公司被确定为全国"百家试点"企业。试点工作的一项重要内容就是将国有独资企业改制为有限责任公司或股份有限公司，试点企业集团开始建立以资本为主要纽带的母子公司体制。截至 1997 年年底，安徽省试点企业达 62 个。其中，改建为国有独资公司的 25 个，占 40.3%；改建为多元投资的股份有限公司和有限责任公司的 37 个，占 59.7%。

加快组建国有企业集团。从"八五"开始，安徽部分企业在开展经济联合的基础上，以资金、产品、生产技术协作、技术开发、信息销售、服务等为纽带，成立了具有半紧密或松散联合性质的多层结构的经济组织，形成了早期的企业集团。1996 年，安徽省委、省政府发出《关于工业改革与发展若干问题的通知》，重点支持 56 户大中型企业的发展，安徽海螺集团有限责任公司被列入国家百户重点企业集团。1997 年 8 月 16 日，安徽省人民政府批转省经贸委、省计委、省体改委《关于组建和发展省级重点企业集团的实施意见》，决定集中力量抓好一批大型企业和企业集团，增强市场竞争能力。首批选择马钢集团、美菱集团、中煤新集煤电（集团）有限公司等 15 个企业集团为省级重点企业集团试点。美菱股份有限公司、马鞍山钢铁股份有限公司、丰乐种业股份有限公司等先后成功上市。2003 年，安徽省制定了《2003—2007 年安徽省国有企业改革规划纲要》，省属国有及国有控股企业集团达到 35 家。2004 年，安徽省委办公厅、省政府办公厅转发了省国资委《关于加快推进省属国有企业改革的意见》。海螺集团有限责任公司、江汽集团、合力股份有限公司、丰原集团有限公司、国风集团有限公司等省属骨干企业成功实施兼并收购控股 70 余例，盘活存量资产 45 亿元；黄山金马科技有限公司、美菱股份有限公司、鑫科新材料股份有限公司等上市公司，通过引进省外优势民营企业进行战略重组，优化股权结构，提高盈利能力和资产质量；新加坡佳元投资有限公司全资收购安徽开元集团有限公司、西门子（中国）有限公司收购扬子冰箱厂等，为进一步利用外资改组国有企业积累了经验。2012 年，安徽开始进一步深化省属企业产权多元化改革，推进以产权多元化改革为核心的省属企业整体改制工作。铜陵有色金属集团股份有限公司实现营业收入 1065 亿元，成为安徽省首个年收入过千亿元的企业。省属企业由最多时的 43 户调整到 30 户，安徽省属企业大公司、大集团格局初步形成。

2. 加快轻工业发展

1980 年 1 月 2 日至 5 日，安徽省委召开全省工作会议，围绕"如何把安徽搞得快一些、步子迈得大一些"中心议题进行讨论，提出要了解市场、懂得市场，学会做生意，生产适销对路产品，要把调整的重点放在大力发展轻工业上。针对轻重工业比例失调，安徽积极调整工业内部比例。1993 年，安徽省轻工业"1114"发展计划出台，目标：实现安徽轻工业在国内争名次、在世界争影响；实施名牌战略，造就名牌产品、明星企业家以及企业航母；实施基本建设和技术改造投资 100 亿元，在五年内实施"优化壮大一批、改造提高一批、开拓创新一批、放开搞活一批"的发展计划。合肥美菱集团、古井集团、荣事达集团、金种子集团、双轮集团、合肥日化总厂等进入"全国 500 家最大工业企业"行列。

1994 年，安徽省生产的冰箱、洗衣机、空调产量已分别位居全国第一、第二、第三，安徽赢得"轻工大省"美誉。1998 年，合肥荣事达集团成功研制出世界第一台仿生搓洗式全自动洗衣机。2002 年，安徽省有 17 种轻工产品产量在全国位居前十名，家电、酿酒、宣纸等依然是安徽省轻工业的强项。2004 年，安徽省轻工企业能生产 10 万多种产品，其中 80% 以上都直接面向消费者。"十五"期间，安徽省轻工业快速发展，企业规模与实力明显提高，产业竞争力不断增强，成为全国家电制造中心。2009 年，安徽省公布《安徽省轻工业调整和振兴规划》，扩大烟、酒、家电等产业优势，重点发展和加快构建烟

2007 年 10 月，美菱集团参加首届中国（合肥）国际家用电器博览会

酒、农产品加工、塑料加工、家电等四大产业基地，做大做强工艺美术及旅游产品、皮革制品、造纸、印刷、家具及竹藤棕草制品、玻璃和陶瓷制品及照明、日化等七大优势特色产业。截至 2012 年，全省轻工业增加值 2374 亿元。全年生产家用电冰箱 2589 万台，居全国第一位，且产量连续六年位居全国榜首，占全国总产量的 30.7%；空调器、洗衣机、家用电热水器产量继续保持全国第二位，分别占全国总产量的 22.2%、22.5%、21.3%。

3. 实施"861"行动计划

2003 年 6 月，安徽省委、省政府制定了《安徽省全面建设小康社会的战略目标、战略步骤及起步阶段的重点建设任务》。2004 年 5 月 25 日，安徽省人民政府印发《关于全面实施"861"行动计划的通知》，要求以科学发展观为指导，以工业化为核心，以规划为龙头，以项目为支撑，举全省之力，建设一批大项目、大企业、大工程，为推动产业结构升级、增强经济综合竞争力、促进经济社会协调发展、加快全面建设小康社会的进程奠定坚实基础。"8"指建设加工制造基地、原材料产业基地、化工产业基地、能源产业基地、高新技术产业基地、优质安全农产品生产加工和供应基地、全国著名旅游目的地、重要的文化产业大省等八大重点产业基地；"6"指构筑防洪保安工程、通达工程、信息工程、生态工程、信用工程和人才工程等六大基础工程；"1"指 2007 年实现全省人均生产总值超过 1000 美元的目标。随后，"861"行动计划进行了四次调整。2006年，由于"861"中的"1"的目标已提前两年实现，省政府将"1"的内涵调整为 2010 年全省生产总值超过 1 万亿元的目标。2011 年，在编制"十二五"规划时，进一步提升了"861"行动计划的内涵。"8"调整为战略性新兴产业、先进制造、能源、原材料、优质农产品加工、文化、旅游、现代物流八大产业；"6"调整为综合水利、交通网络、生态环保、金融支撑、人才和民生六大基础工程；"1"调整为力争 2015 年全省生产总值再翻一番。2012 年 5 月 11 日，根据安徽省第九次党代会和省十一届人大五次全会精神，安徽省人民政府再次提升了"861"行动计划的内涵：将八大产业调整为电子信息和家用电器、汽车和装备制造、材料和新材料、食品医药、纺织服装、能源和新能源、文化产业、现代服务业，与安徽省八大主导产业相一致；将六大基础工程调整为综合水利、交通网络、生态环保、城镇化、人才和民生工程。2013 年，将六大基础工程中的"人才工程"调整为"创新能力建设工程"。

4. 建设工业强省

2007 年 8 月 16 日，安徽全省工业强省大会召开。会议动员全省上下统一思想，坚定信心，乘势而上，大力推进工业强省战略，坚持走新型工业化道路，奋力加快资源大省向新型工业强省的跨越，努力保持安徽又好又快的发展势头。会上公布了《安徽省工业经济"十一五"发展规划纲要》，确定了安徽省工业强省的具体目标。2007年9月29日，安徽省委、省政府作出《关于工业强省的决定》，确定了安徽省工业强省的主要目标任务：在今后十至十五年时间里，力争全省工业增长速度高于全国平均水平，接近并逐步达到全国工业化平均水平；力争工业技术装备高于全国平均水平；力争单位资源消耗特别是单位能耗低于全国平均水平。到2010年，全省工业增加值超过4500亿元，比"十五"末期翻一番，占全省生产总值40%；人均工业增加值超过1000美元；万元生产总值能耗下降20%；新产品产值率达到30%；综合经济效益指数超过200，工业对财政的贡献率达到70%；形成一批主业突出、拥有自主知识产权和具有核心竞争力的重要骨干企业。"十一五"期间工业发展的主要任务是：优化资源配置，培育发展汽车工业、装备工业、优质金属材料工业、水泥及非金属优质材料工业、信息电子工业、农副产品加工业、能源和煤化工业、生物技术工业等支柱产业，力争销售收入超千亿元的产业超过6个。优化区域布局，建设以合肥为重点的先进制造业、信息电子业等高新技术产业为主导的省会经济圈工业密集区；建设以马鞍山、芜湖、铜陵、安庆为重点的优质材料、石油化工、食品轻纺沿江工业产业带状工业区；建设以"两淮一蚌"为重点的能源、煤化工和盐化工、农产品深加工、生物产品和装备产业沿淮工业区；建设以特色加工为主导的农产品深加工、旅游产品、"专精特新"装备制造皖南特色工业区。

截至2012年，安徽省工业六大主导产业增加值增速超过规模工业平均增速，对规模工业的贡献率达到70%，战略性新兴产业实现工业总产值 5094 亿元，高新技术产业实现增加值 2624 亿元，装备制造业增加值超过 2000 亿元。

5. 承接产业转移

2010 年 1 月 21 日，国务院正式批复《皖江城市带承接产业转移示范区规划》，皖江城市带成为首个获批的国家级承接产业转移示范区。皖江城市带包括合肥、芜湖、马鞍山、铜陵、安庆、池州、巢湖、滁州、宣城九市，以及六安市的金安区和舒城县，共 59 个县（市、区）。该规划提出了构建"一轴双核两翼"的产业空间格局的构想，"一轴"包括安庆、池州、铜陵、巢湖、芜湖、马鞍山 6 个沿江市，以合肥和芜湖两市为"双核"，以滁州和宣城两市为"双翼"。该规划还明确了合作发展的先行区、科学发展的试验区、中部地区崛起的重要增长极、全国重要的先进制造业和服务业基地的四大战略定位。

截至 2012 年，合肥京东方六代线、华菱 5 万辆重卡、铜陵有

位于安徽省合肥市新站区的合肥京东方 10.5 代线生产车间

色"双闪"、滁州长电科技半导体封装测试、池州高精度电子铜箔等一批重大项目先后建成或投产，示范区规模以上工业企业达到 8394 个，占全省的 64.7%，主营业务收入超过 10 亿元企业达 14 个；全部工业增加值由 2009 年的 2940 亿元增加到 5709 亿元，年均增长 19.4%，增幅比全省高 0.5 个百分点，对经济增长的贡献率超过 60%，工业引擎作用凸显。

（三）开启转型发展新征程

党的十八大以来，安徽工业行业贯彻新发展理念，坚持稳中求进工作总基调，坚定不移推进供给侧结构性改革，紧扣高质量发展要求，狠抓技术改造、智能制造、专精特新、安徽精品、工业设计、民营经济、节能环保"五个一百"等一批特色品牌工作，全省工业经济呈现出"规模总量突破、质量效益跃升、产业能级跨越"的良好态势。2016 年至 2020 年，规模以上工业增加值年均增长 8.1%，居全国第三位、中部第一位；2016 年，规模以上工业增加值总量首次突破 1 万亿元；2019 年，数字经济总量突破 1 万亿元、民营经济总量突破 2 万亿元，2020 年，制造业高质量发展指数居全国第七位、中部第一位。以制造业为代表的实体经济发展取得了显著成就。

1. 培育战略性新兴产业

2012 年，安徽省出台《安徽战略性新兴产业"十二五"发展规划》，提出到 2015 年，力争战略性新兴产业产值突破 1 万亿元，电子信息、新能源、新材料等产业产值超千亿元，部分行业居全国领先地位。2013 年，安徽被国家发改委、财政部确定为全国五个国家战略性新兴产业区域集聚发展试点省份之一。2015 年 9 月 13 日，安徽省人民政府办公厅印发《安徽省战略性新兴产业"十三五"发展规划》，提出将在新型显示、机器人、新能源汽车、现代中药、生物医药等领域建成 10 个左右千亿元级、在国内外具有重要影响力的重大新兴产业基地，建成一批重大产业工程和重大新兴产业专项，到 2020 年，实现战略性新兴产业总产值翻番，力争达到 2 万亿元。2015 年 9 月 17 日，安徽省委、省政府印发《加快调结构转方式促升级行动计划》，提出四大发展目标、实施十大工程和五项保障措施，简称"4015"行动计划。四大发展目标，即产业结构优化、质量效益提升、经济总量扩大、人均指标前移，确保与全国同步全面建成小康社会。十大重点工程的第一项重点工程就是战略性新兴产业集聚发展工程，力争到 2020 年打造一批在国内外具有重要影响力的战略性新兴产业集聚发展基地。随后，根据《安徽省人民政府关于加快建设战略性新兴产业集聚发展基地的意见》精神，安徽省确定了智能语音、集成电路、机器人等首批建设的 14 个省级战略性新兴产业集聚发展基地；2016 年，安徽省人民政府确定了半导体、生物医药、云计算等第二批 10 个省级战略性新兴产业集聚发展基地，其中基地 8 家、试验基地 2 家。全省战略性新兴产业集聚发展基地总数达到 24 家。2017 年 5 月 27 日，安徽省第十二届人民代表大会常务委员会第三十八次会议通过《安徽省促进战略性新兴产业集聚发展条例》，这是全国省级人大层面率先开展的专门立法。该条例对建立健全技术和产业、平台和企业、金融和资本、制度和政策创新体系分别作出了针对性的规定，以提高创新能力和效率。

截至 2020 年，以"芯屏器合"为代表的新兴产业不断发展壮大，战略性新兴产业产值占规模以上工业产值比重达 35.5%，比"十二五"末提高 13.1 个百分点。合肥集成电路、新型显示器件、

2017 年 12 月，安徽省第四届工业设计大赛在蚌埠市举行

人工智能、铜陵先进结构材料成功入选首批国家战略性新兴产业集群。2021 年，安徽省提出重点发展新一代信息技术产业、新能源汽车和智能网联汽车产业、数字创意产业、高端装备制造产业、新能源和节能环保产业、绿色食品产业、生命健康产业、智能家电产业、新材料产业和人工智能产业等十大战略性新兴产业。2021 年，电子信息制造业营业收入突破 5000 亿元，新增规模以上工业企业 2718户，新增营业收入超百亿元企业 14 家，总数达 50 家，新能源汽车产量突破 20 万辆，同比增长 1.5 倍，制造业增加值占国内生产总值比重达到 27.9%，同比提升 1.6 个百分点。集成电路产业被列入国家"十四五"重大生产力布局，6 家企业中标国家"强基"项目，5 家企业荣膺制造业单项冠军。智能语音集群获批国家先进制造业集群，合肥新型显示基地、界首循环利用基地获评五星级国家新型工业化产业示范基地。截至 2021 年年底，安徽省已形成 26 个省重大新兴产业基地和 4 个国家级战略性新兴产业集群，产业链供应链韧性增强，新兴动能支撑力度加大，产业结构进一步得到优化。2012 年至

2021 年，安徽省高新技术产业增加值年均增长 14.7%，增加值占比由 2012 年的 34.8% 提高到 2021 年的 45.7%；战略性新兴产业产值年均增长 19.8%，产值占比由 2012 年的 18.1% 提高到 2021 年的 41%。

打造"中国声谷"。2012 年 8 月 1 日，工业和信息化部与安徽省人民政府签署了《关于共同推进安徽省语音产业发展合作备忘录》，正式建立了部省合作共同推进安徽省语音产业发展的工作机制。2013 年 5 月，工业和信息化部召开语音产业发展座谈会，进一步明确智能语音产业发展方向，决定共建中国国际智能语音产业园，打造智能语音产业聚集地。2013 年 12 月 23 日，中国国际智能语音产业园在安徽合肥揭牌成立。2017 年 5 月，安徽省内首个人工智能演示厅在"中国声谷"体验中心正式开放。2017 年 9 月 12 日，安徽省人民政府印发《支持"中国声谷"建设若干政策》，提出 10 项政策措施。12 月 11 日，科大讯飞获批建设中国首个认知智能国家重点实验室。12 月 21 日，安徽省人民政府办公厅印发《中国（合肥）智能语音及人工智能产业基地（中国声谷）发展规划（2018—2025 年）》，着力打造全国语音产业发展示范区。中国声谷以中国科学技术大学、中国科学院等科研机构为科技原始创新策源地，以关键技术为核心，以龙头企业科大讯飞为核心，先后孕育出中科类脑、推想科技、华米科技、龙芯中科、中科合肥智慧农业谷等多个独角兽企业，在智能语音、人工智能、信创等多个产业抢占创新和发展主动权。

2018 年 10 月 24 日，以"智汇世界·声动未来"为主题的首届世界声博会在合肥召开，吸引全球超过 7500 家智能语音及人工智能技术开发者参会，是全球首个以开发者为受众的人工智能全生态盛会。截至 2020 年 12 月，"中国声谷"入园企业数达 1024 家，营业收入达 1060 亿元，顺利实现"双千"目标。截至 2021 年年底，"中国声谷"入驻企业总数已达 1423 家，实现关联带动产值 1378.6 亿元，连续五年产值、企业增长率超 30%。语音及人工智能产业是合肥高新区重点发展的战略性新兴产业，这个被誉为"中国声谷"的产业基地占据了全球中文智能语音应用市场 80% 的份额，"安徽声音"正是从这里向世界传播。

2. 促进民营经济发展

2013 年 2 月 21 日，安徽省委、省政府印发《关于大力发展民营经济的意见》，提出要激发主体活力，拓展发展空间，加大财税支持，改善金融服务，加强用地保障，强化人才支撑，优化发展环境，加强督查考核。2018 年 11 月 24 日，安徽省委、省政府印发《关于大力促进民营经济发展的若干意见》，省财政统筹新增 10 亿元设立省中小企业（民营经济）发展专项资金。11 月 26 日，安徽省促进民营经济发展大会在合肥召开。为营造有利于创新创业创造的发展环境，安徽于 2019 年、2020 年连续开展比创新、比创业、比创造、增动能（"三比一增"）专项行动，开展高新技术企业加速成长，促进民营经济发展、企业家培育，重大项目提升、创优营商环境提升等行动。在财政支持、金融服务、稳岗就业、人才支撑等方面打出了支持民营中小企业渡难关、促发展的"组合拳"政策。截至 2020 年年底，安徽省规模以上民营工业实现营业收入 2.3 万亿元，民营经济实现税收 2944 亿元。民营高新技术企业达 8300 户，占安徽高新技术企业总户数的 97%。

2021 年 10 月 21 日，安徽省民营企业百强发布，联宝（合肥）电子科技有限公司、全威（铜陵）铜业科技有限公司、六安钢铁控股集团有限公司分别位列营收百强前三名，阳光电源股份有限公司领衔制造业综合百强。制造业综合百强营收总额 8201.19 亿元，利润总额为 552.47 亿元。产业结构方面，营收百强中，有 58 家上榜企业属于十大新兴产业。其中，智能家电产业 10 家，新一代信息技术产业 7 家，节能环保产业 6 家，新能源汽车和智能网联汽车产业 6 家，高端装备制造产业 5 家，绿色食品产业 5 家。联宝（合肥）电子科技有限公司在电子信息产品终端整机制造领域具有领先优势，科大讯飞在智能语音核心技术领域保持国际前沿水平。在智能家电、新一代信息技术、节能环保以及新能源汽车和智能网联汽车等产业中，民营企业也已具有较强的规模优势。

3. 发展"专精特新"中小企业

2013 年以来，安徽省把"专精特新"作为重要工作抓手，作为建设制造强省的重要工作内容，持续开展"专精特新"中小企业培育工程。2017 年 8 月 25 日，安徽省经信委、省股权托管交易中心合作共建的安徽省"专精特新板"在合肥开板，首批挂牌企业 169 家。2018 年 5 月 3 日，安徽省人民政府批准原则同意设立省中小企业（专精特新）发展基金子基金。2018 年 8 月 30 日，安徽省第二批"专精特新板"企业挂牌仪式在合肥举行，全省 198 家"专精特新"企业成功登陆省股权托管交易中心"专精特新板"。2018 年，安徽省人民政府印发了《关于进一步推进中小企业"专精特新"发展的意见》，设立运营 19.1 亿元省中小企业（专精特新）发展基金；争取国家小微企业融资担保奖补资金 3.2 亿元，居全国第一位；实施"专精特新"中小企业培育行动，组建"专精特新"中小企业联盟，举办"专精特新"发展论坛，研究制定"单打冠军"企业培育认定标准，建立成长型小微企业项目库，打造一批细分市场"排头兵""单打冠军""行业小巨人"，新增挂牌企业 150 户。

2020 年，安徽省再度出台支持"专精特新"发展政策"23 条"，明确到"十四五"末，重点打造"四个一百"冠军企业，即围绕

2020年6月11日，德国大众汽车集团与安徽省国资委和安徽江淮汽车集团签署投资协议

"专精特新"四个方向，各培育100家重点企业。同时，对省认定的成长型小微企业、"专精特新"企业和"专精特新"冠军企业，每户分别给予一次性奖补50万元、50万元、80万元；对国家认定的"专精特新"、"小巨人"和制造业单项冠军企业，每户分别给予一次性奖补100万元。截至2020年年底，安徽累计培育省级"专精特新"中小企业2818户，以占全省规模以上中小工业企业1/6的数量，贡献了近1/4主营业务收入和利润；培育的"专精特新"企业中，74%是高新技术企业，户均发明专利5.7个，634户在省区域股权交易市场"专精特新"板挂牌；拥有国家级"专精特新"小巨人企业80家、制造业单项冠军19家、百亿企业36家、千亿企业4家、中国500强企业9家。

4. 实施制造强省战略

党的十八大以来，安徽省推动出台集成电路、机器人、新能源汽车、生物医药等系列政策，构建形成了以制造强省为主体的政策引导体系，政策体系不断完善。2015年11月18日，安徽省人民政府印发《中国制造2025安徽篇》，提出经过十年努力，力争实现制造业又大又强的战略目标，到2025年迈入制造业强省行列。2017年4月22日，安徽省人民政府印发《支持制造强省建设若干政策》。2017年5月27日，安徽在全国率先召开高规格、大规模的制造强省万人大会，确定进一步深化思想认识、统一步调行动，加快安徽从制造大省向制造强省跨越。全省以高端、智能、绿色、精品和服务型"五大制造"为发展目标，明确关键支撑、重点产业、发展路径，配套政府政策，拿出真金白银支持制造业企业发展。在做"加法"上，根据制造强省"政策10条"，以"后补助"等方式重点支持产业升级、企业培育、要素保障和激励机制四个方面，2017年共拨付23.7亿元省级财政专项资金，支持2599个企业或项目。在做"减法"上，在2016年"降成本20条"的基础上，2017年推出"降成本新10条"。2018年，安徽省聚焦新能源汽车、智能语音、集成电路、工业机器人等重点产业发展，进一步完善政策支撑体系，形成制造强省建设持续推进的新动能。2019年，安徽出台了实施促进经济持续健康发展"30条"等系列政策，落实更大规模减税降费政策。同时聚焦"三重一创"建设，加快培育先进制造业，制定实施新能源汽车产业发展、支持"中国声谷"建设"政策10条"，研究制定机器人产业发展若干政策，推动设立中国声谷产业发展专项资金8亿元、基金50亿元，有效推动制造强省建设向纵深落实。2019年7月22日，"2019世界500强企业"排名榜单发布，海螺集团和铜陵有色金属集团成功登榜，这是安徽本土企业首次跻身世界500强企业行列。全省注重利用工业互联网赋能制造业发展，高标准培育一批工业互联网平台，集聚一批工业互联网行业高端资源，积极推广科技、数字、产业链赋能创新模式，助力制造业高质量发展。

2017 年 5 月 27 日，全省制造强省建设大会在合肥召开

截至 2021 年 7 月，安徽省建成 5G 基站 4 万余个，培育重点工业互联网平台 42 家，进入工业和信息化部试点示范类 20 家。成功上线羚羊工业互联网综合服务平台，集聚企业近 5.7 万家、科研人员近 3000 人、高校院所 145 家。

截至 2021 年 5 月，安徽工业在规模上又创造了许多第一：海螺集团居亚洲第一，铜陵有色、合力叉车、环新集团居中国第一，马钢"H"型钢、奇瑞轿车、江汽轻卡出口全国第一,六轴机器人、中鼎密封件全国第一。特别是"芯屏器合"见证安徽制造业不俗实力。2017 年 5 月 3 日，世界首台光量子计算机在合肥诞生。中国电科三十八所发布由其完全自主设计的"魂芯二号 A"DSP 芯片，单核性能实现对市场上同类产品性能指标的超越；华米科技发布全球首款智能可穿戴领域人工智能芯片"黄山 1 号"；平板显示产业方面，建成世界最大的平板显示基地，贡献全球 20% 的智能手机液晶屏、30% 的平板电脑显示屏。2021 年 6 月 2 日，由海螺集团旗下装备制造企业——安徽海螺川崎装备制造有限公司为印尼雅加达地铁 2 号线项目制造的首台盾构机顺利下线，填补了安徽省盾构机出口空白，标志着安徽重大装备制造出口实现新的突破。

5. 推进供给侧结构性改革

2016 年 5 月 16 日，安徽省委、省政府印发《安徽省扎实推进供给侧结构性改革实施方案》，提出推进去产能、去库存、去杠杆、降成本、补短板的主要目标任务和措施，力争一年有所突破，三年基本完成，五年全面完成。安徽大力推进"三去一降一补"，切实增加有效供给，稳妥去除无效供给，着力化解钢铁、煤炭等行业产能过剩矛盾，减负降本提质增效，逐步扭转低水平竞争局面，促进了重点行业脱困和集约发展。一是持续强品质。重点实施增品种、提品质、创品牌"三品"战略，开展安徽工业精品提升行动，共认定省级新产品 3591 个、安徽工业精品 613 个，携手央视开创性打造"精品安徽·皖美智造"平台，累计收看超过 300 亿人次，达到了宣传安徽、宣传企业和产品、宣传市县三者有机统一，提高了安徽美誉度。二是坚定去产能。按照做优增量、调整存量的双重任务要求，全面完成国家下达的淘汰落后产能任务。深入开展淘汰落后产能清理专项行动，多措并举化解过剩产能，提前两年完成"十三五"钢铁去产能任务。到 2017 年年底，全省关闭煤矿 4 对、退出煤炭产能 705 万吨 / 年，化解炼铁产能 62 万吨、炼钢产能 64 万吨，妥善分流安置职工 23644 人。到 2020 年，淘汰炼铁产能 224 万吨、粗钢产能 302 万吨，提前完成"十三五"去产能目标任务，产能利用率达到合理水平，转型升级取得明显成效。三是坚决降成本。连续出台降成本"20+10+20"政策包，企业经营成本进一步降低，规模以上工业企业每百元主营业务收入中成本降低 0.4 元，主营业务收入利润率提高 0.2 个百分点。到 2018 年，企业综合成本比 2015 年下降 5%~8%。2020 年，制度性交易、人工、税负、社保、财务、电力、物流等成本降幅高于全国平均水平，累计为企业减税降费4108亿元，减轻了企业负担，增强了企业发展活力。为化解企业产品库存，全省举办装备制造、工业机器人、家博会等产销对接活动40余场次。

6. 加快发展数字经济

党的十八大以来，安徽先后出台《安徽省人民政府关于深化制造业与互联网融合发展的实施意见》《安徽省信息化促进条例》，实施支持数字经济发展"政策10条"。"十三五"期间，全省累计投入政策资金3.6亿元，落实支持两化融合、数字经济类项目569个；深入实施《安徽智能制造工程实施方案（2017—2020年）》，组织编制重点智能制造项目导向计划，全省已有25个项目获得国家智能制造综合标准化和新模式应用项目支持，争取国家智能制造试点示范项目18个。

持续推进"皖企登云"。一体实施"聚云、建云、登云、伴云、拓云"行动，促进云计算等新一代信息技术在企业的广泛和深度应用，推动1万家以上企业与云资源深度对接，全省企业工业云平台应用率达到54.7%，居全国第六位。制定实施工业互联网三年行动计划和专项支持政策，推动设立10亿元资金、100亿元基金，启动建设奇瑞"海行云"、海螺"云工"、科大讯飞"图聆""双跨平台"，建成行业型、区域型和专业型平台81个，其中工信部重点平台23个，工业互联网培训达2.7万人次。"羚羊"工业互联网综合服务平台集聚服务商391家、工业App超3000个，服务企业超万家。"皖企登云"提质扩面，新增"登云"企业7300家；工业云平台应用率达57%，居全国第五位。面向全国征选32家优秀云平台进入"皖企登云"推荐目录，5家企业入选全国上云典型案例，特别是新冠肺炎疫情期间，及时组织动员各大云服务商为全省企业提供免费或优惠云服务，支持企业在"云端"复工复产，优质采云采购平台、洲峰电子北斗物流平台等在疫情中为物资供应拉上"云链条"。

大力推动工业大数据应用。安徽省的云轨科技、奇瑞汽车、中科类脑等14家企业先后入选国家大数据产业发展试点示范。科大讯飞、科大国创的产品和方案入选工信部支撑疫情防控和复工复产复课大数据产品和解决方案。推动实施"机器换人十百千工程"，大力培育省级智能工厂和数字化车间。"十三五"期间，全省在机械、钢铁、石化、建材、冶金、汽车等十大领域500多家企业累计推广应用工业机器人超3万台，培育认定省级智能工厂98个、数字化车间472个。

7. 构建产业发展体系

围绕"铜墙铁壁"促升级。聚焦提升产业基础能力和产业链现代化水平，打造现代产业体系，坚持"龙头＋配套""基地＋基金"模式，实施十大高成长性产业、"7+5"重点产业发展行动，优势产业不断巩固，千亿产业达14个。马钢集团坚持技术引领，强化新技术、新材料、新产品攻关，打造"1+3+N"产业集群升级版，加快构建现代产业体系，着力提升经济能级量级。2021年，马钢累计开发新产品140万吨，10个产品国内首发。铜陵有色集团坚持创新驱动，完善技术创新体系，新增四家省级企业技术中心。2016年至2021年，铜陵有色集团获得省部级以上科技成果奖39项，其中省部级科技进步一等奖11项；新增各类受理授权专利数1012件，其中授权受理发明专利498件。制（修）定国际、国家和行业（地方）标准41项。

瞄准"芯屏器合"育集群。大力实施"建芯固屏强终端"行动，推动长鑫存储、晶合晶圆等重大项目建设、投产，新型显示实现"从砂子到整机"的完整产业链布局，集成电路产业链企业发展到 300 余家，其中设计企业 200 余家，电子信息产业五年年均增长22%，微型计算机产量全国第五，智能可穿戴设备出货量全球第一，太阳能电池增长 78.1%。14 家基地被列入国家新型工业化产业示范基地，以两成左右的规模以上工业企业数，贡献了五成以上的工业企业利润，产业集聚和示范引领作用不断凸显，发展质量居全国前列。智能语音入选首批国家三大先进制造业集群培育试点，"中国声谷"是全国第一个以"中国"冠名、第一个部省合作共建、第一个配套专项支持政策的人工智能产业基地，2020 年实现营业收入过千亿元、入园企业过千户的"双千"目标。

8. 深化国资国企改革

2016 年 5 月 26 日，安徽省委、省政府印发《关于深化国资国企改革的实施意见》，提出新时期国资国企改革的目标任务和重大举措，要求到 2020 年，在重要领域和关键环节取得决定性成果。2017年 12 月 1 日，安徽省人民政府办公厅印发《省属企业公司制改制工作实施方案》，启动省属企业公司制改制工作。2018 年，安徽省人民政府印发《安徽省国有资产运营公司改组为国有资本运营公司试点方案》，先后组建了国有资本投资公司、国有资本运营公司，分别是安徽省投资集团控股有限公司（省投资集团）和安徽省国有资本运营控股集团有限公司（省国控集团）。2020 年 12 月 30 日，安徽省委办公厅、省政府办公厅印发《安徽省国企改革三年行动实施方案（2020—2022 年）》，提出八个方面 41 条措施，把国企改革创新不断引向深入，力争通过三年的努力，在企业管理、监管体制、结构布局、活力效率提升等方面取得明显成效。2020 年，安徽国资监管企业营业总收入破万亿元，达 10832 亿元，同比增长 11.1%；利润总额破千亿元，达 1079 亿元，同比增长 1.1%，迈上了新的台阶。截至 2021 年 7 月底，省属企业实现营业总收入 5060.8 亿元、利润总额 459.7 亿元、净利润 361.7 亿元，同比分别增长 19.2%、16.3% 和 19.1%，其中营业总收入和净利润分别位居全国第七位和第三位、中部第二位和第一位、长三角地区第三位和第二位，进一步巩固了全国第一方阵、中部领先地位和长三角地区的比较优势。

混合所有制改革逐步深入。自 2014 年以来，安徽省属企业混改实施企业超过 50 余户，省国资监管企业中混改企业占比超过 60%。安徽自马钢集团与中国宝武实施战略重组、奇瑞汽车增资扩股之后，2020 年 5 月 29 日，江淮汽车公告，江淮汽车集团与大众集团签署战略合作协议，大众中国投资通过增资持有江汽控股 50% 股权，安徽国资委持有另外 50% 股权和控制权，此外大众中国投资仍通过增资方式，获得了江淮大众（江淮汽车与大众合资公司）75% 的股权，并获得合资公司管理权，江淮大众更名大众安徽。混改层面从省属下属企业到集团层面，混改层级逐步提高，混改方式涉及引入外部投资者、员工持股、企业上市等。安徽已经推进淮北矿业、安徽建工集团等省属企业整体上市以及长城军工、交规院等子公司上市，其中安徽建工的"整体上市＋配套融资＋员工持股"方案，也开创了安徽省内国企混改先例。除在铜陵有色、建工集团等上市公司开展员工持股外，省属外贸企业、科研院所也已基本推行员工持股，并深入开展控股混改企业员工持股试点，目前国元金控集团所属国元农保等多户企业已经基本完成改革试点工作。同时，积极参与外部企业混改。2020 年 7 月安徽国控协同上海国盛集团、上海国际集团、广州国发资本管理有限公司、上海盛院企业管理合伙企业等来自长三角、大湾区的战略投资者参与上海国资院混改，强化同长三角及大湾区等优秀企业的协同合作。

大力推进集团企业重组整合，促进资源优化高效配置，增强竞争优势。安徽国资委先后推动安徽高速集团与安徽交通投资集团、海螺集团与国贸集团等重组，省属企业由原先的 43 户降至 2021 年的 28 户。2020 年安徽有 4 家国企上市公司重大资产重组。德国大众集团与合肥市签署总投资 231 亿元的合作协议，为打造万亿级汽车产业集群奠定了坚实基础；马钢与中国宝武战略重组后，在 2020 年又持续推动了九大类产业升级项目的开工，企业效益更是创历史新高。安徽省投资集团 2020 年上半年则募集省级股权投资基金 65 亿元，重点支持十大战略性新兴产业和全省科技型企业的发展，从而加大了国有资本向新兴产业布局的力度。2020 年安徽新增 A 股上市企业 20 家，上市数量创新高，居全国第六位。其中科创板新增上市公司 8 家，新增注册制下创业板上市公司 4 家，分别位居全国第七位和第四位。

截至 2020 年年底，安徽省上市总市值 1184 亿元，其中通信领域的国盾量子、公用事业领域的玉禾田、国防军工领域的江航装备市值超过 120 亿元。从行业分布来看，这些上市企业主要分布于机械设备、公用事业领域，分别有 4 家、3 家，化工、有色金属、汽车各有 2 家。从组织形式来看，这些上市企业以民营企业为主，地方国有企业仅有埃夫特智能装备股份有限公司。截至 2020 年年底，安徽境内上市企业共计 126 家，中部排名第一位、全国排名第九位。

9. 举办世界制造业大会

2018 年 5 月 25 日至 27 日，首届世界制造业大会在合肥召开，发布《合肥宣言》。合肥被选作永久会议地址。2019 年 9 月 20 日至 23 日，2019 年世界制造业大会在合肥召开，发布制造业《合肥倡议》。中共中央总书记、国家主席、中央军委主席习近平致贺信。大会签约项目 600 多个，签约项目总金额突破 7000 亿元，其中 80%以上来自制造业。2020 年 9 月 12 日至 14 日，世界制造业大会江淮线上经济论坛在合肥举行。论坛以"线上经济赋能高质量发展"为主题，首次采用线上线下结合的形式举办。据统计，前三届世界制造业大会共集中签约项目 1752 个，投资总额达 1.8 万亿元。

二、农村改革出惊雷

安徽省是农业大省，也是农业人口大省，一直是中国农村改革的发源地和先行省。中华人民共和国成立以来，通过土地改革，安徽广大农民掌握了生产资料，翻身做主人。安徽农村从恢复生产到探索前行，从计划管理到市场经济，从农村建设到城乡融合，安徽人民发扬"敢为天下先"的改革创新精神，率先开展承包责任制，率先以省为单位进行农村税费改革试点，率先启动农村综合改革，不断解放和发展农村生产力。

党的十八大以来，安徽省进一步深化农村改革，以改革为动力，推动乡村全面振兴。安徽先后开展了以稳定农村家庭经营基本制度为目的的土地确权制度改革、以解决农民"看病难、看病贵"为主要内容的农村合作医疗体制改革、以为民服务为宗旨的农村行政管理方式改革、以提高能力为核心的农村基层组织建设和干部培养选拔机制改革、以促进农民全面发展为基本宗旨的公共文化服务体制改革等，让农民公平分享改革开放成果，激发内生发展动力，使农村告别贫困落后，走上繁荣振兴之路。

安徽农村通过不断改革，建立起一系列有利于农业和农村发展的体制机制，全省经济社会发展发生了翻天覆地的变化，农村各项建设取得了辉煌成就。农村改革不仅有效解决了农业增效、农民增收和农村发展问题，极大提升了农民的获得感和幸福感，而且也有效改善了整个国民经济格局，为全面建成小康社会奠定了基础。

（一）探索农村社会主义改造

社会主义改造时期的安徽农村改革主要体现在人地关系、生产方式的调整上，大致可以分三个阶段：无偿分配土地、自主经营的农民土地所有制时期，农村集体所有制为基础、互助合作的农业合作化时期，人民公社时期。这一时期，在中国共产党的领导下，通过农村土地改革和农业的社会主义改造，废除封建土地所有制，把以生产资料私有制为基础的个体农业经济，逐渐改造为以生产资料公有制为基础的农业合作经济，实现了广大农民对土地这一重要生产资料的拥有和使用。

1. 农村土地改革

中华人民共和国成立以前，安徽农村人地关系极为畸形，地主、富农占全省农村人口总数的 6.5%，却拥有 38.8% 的土地。中华人民共和国成立后，安徽启动了全面的农村土地改革。安徽农村土地改革是按皖北、皖南两个行政区分两期进行。皖南农村土地改革于 1950 年 7 月开始试点，年底就在全区普遍展开，1951 年 7 月基本结束。皖北由于 1950 年淮河流域发生严重水灾，生产救灾和治理淮河成为沿淮地区紧迫任务，不得不将农村土地改革分为两批进行：第一批在灾情较轻的淮河以南 24 个县进行，从 1950 年 8 月开始至 1951 年 7 月结束；第二批在灾情较重的淮河以北 19 个县和淮河以南

1950年，合肥郊区魏岗乡农民陈以明在新分的土地上插地标

沿淮5个县进行，从1951年7月开始至1952年7月结束。

安徽农村土地改革，共没收、征收土地3157万多亩，分配给403万多农户1697万多名无地少地的农民。此外，没收分配了地主多余粮食、房屋、农具、耕畜等生产资料，实现历朝历代农民"耕者有其田"的梦想。农民分得土地欢天喜地，生产积极性十分高涨，对新生政权高度拥护，农村生产力和农民生活水平得到飞跃式提升。

2.农业"三项改革"

安徽农业"三项改革"始于20世纪50年代初期，起因在于当时的安徽沿淮地区经常遭受洪涝灾害，农业生产和农民收入受到很大影响，中共皖北区党委和中共安徽省委经过反复调查研究，打算通过改变种植方式来趋利避害、提高农业收成。1953年9月6日，安徽省委扩大会议通过农业"三项改革"方案，随后在全省试验推广。方案主要内容为：一是改变夏、秋两季农作物的种植比重和收成结构；二是改种高产和耐水作物，沿淮地区逐步改种水稻，沿江地区改种双季稻；三是改变广种薄收的传统种植习惯，提倡精耕细作，提高单位面积产量。这种改革是基于对自然条件的认识和把握而作出的切合实际的农业发展策略调整。两年后，这种做法的好处充分显露出来：既有效避开了洪涝灾害最集中的时间段，降低气候环境对农业生产活动的影响，又采取推广高产作物、良种良法，提高了农业土地产出效益，安徽粮食产量有了较大幅度提升，尤其是主粮增长较快，老百姓的口粮也有了基本保证。安徽农业"三项改革"从1953年开始，直至20世纪50年代末期结束。

3. 农业合作化

1953年12月16日，中共中央下发《关于发展农业生产合作社的决议》，安徽省根据《决议》精神，开始试办"农业合作社"即"初级社"。其实，早在1951年，皖北地区就出现了一些农民互助合作组织，主要是出于农业生产的实际需要而自发产生的，如临时性互助组、季节性互助组、常年性互助组等。"初级社"在生产资料所有制的性质上已有了转变。刚开始的"初级社"规模都很小，虽然大多是在"常年性互助组"的基础上产生的，但其性质主要是股份制，土地入股，劳动力评分，耕牛、农具折价归公或租用。由于农民积极性很高，从1954年起，全省农村出现了大办"初级社"的热潮。但随后受到"左"倾思想的影响，办社速度迅速加快、规模急

1954年，六安小庙乡方家才互助合作社社员在合作书上盖章

剧扩张。到1955年年底，全省基本实现农业合作化，对主要农副产品实行计划管理。到1956年年底，安徽全省基本完成了农业合作化从"初级"到"高级"的进程。通过农业合作化，引导农民参加农

业生产合作社，走集体化和共同富裕的社会主义道路，完成了农民个体经济逐步转变为社会主义集体经济的农业社会主义改造。1957年，全省农业总产值达到 28.19 亿元，粮、棉、油产量高达 1027 万吨、4.6 万吨和 26.3 万吨，比 1949 年分别提高 61%、165% 和 76%。

4. 人民公社化

1958 年 9 月 26 日，安徽省委召开电话会议，全面部署大办人民公社。10 月，全省农村实现人民公社化，入社农户 721.9 万多户，占全省总农户的 99.9%。到 1959 年年底，全省公共食堂有 26 万多个，90% 以上农户在食堂吃饭。人民公社化开始是想依托体制优势，实施"以农养工"和"用农民集体力量建设农田水利基础设施"的目的。随着"一大二公"的人民公社化运动快速推进，农业生产上的"大呼隆"、数字上的"浮夸风"等弊端，挫伤了农民的生产积极性，加上遭遇三年自然灾害，安徽农业连续大幅度减产。在这种情况下，安徽对人民公社进行了一些调整。如 1959 年安徽省委开始纠正人民公社"一平二调"的做法：决定对人民公社实行公社、大队、生产队三级所有，三级核算，各计盈亏；规定"生产队对生产小组也实行包产，小组可以经营副业"，使生产小组也有部分自主权；重申"坚持自留地制度""办食堂一定要坚持自愿原则，进退自由"；恢复粮食交易市场，多余的粮食可以在交易市场互相调剂；大规模取消了食堂；缩小人民公社规模等。1960 年年底，安徽省委制定《关于贯彻执行中央"十二条"指示的具体规定》，赋予农民一定的经营自主权，有效扭转了全省农村的严峻形势。

5. 责任田

1958 年"大跃进"时，安徽受"左"倾思想影响，刮起了"一平二调"共产风，对农业生产带来极大冲击。从1959年开始，安徽粮食危机严重显现，全省农村经济面临崩溃。当时省委主要负责同志非常着急，在反复调研和讨论的基础上，提出了"田间管理责任制加奖励"办法（简称"责任田"）。这个办法简单说就是"三到"（包产到队、

1961年，安徽推广"责任田"后，农业喜获丰收，图为农民社员在分配超产奖励粮

定产到田、责任到人），为防止出现偏差，又提出"五统一"管理措施，即计划统一、生产指标和主要作物安排分配统一、大农活和技术活统一、用水管水统一、抗灾统一。1961年3月6日，安徽省委书记处会议讨论了南新庄试点经验，形成《关于包产到队、责任到人的问题》。1961年3月15日，时任中共安徽省委第一书记的曾希圣在中央工作会议上向毛泽东汇报了责任田问题，得到默许，安徽省委决定扩大试行责任田。这一改革受到了广大干部群众的热烈欢迎，到1961年年底，实行"责任田"的生产队已达261249个，占总数的91.1%。安徽"责任田"的改革试验只坚持了一年多时间，到1962年就被全面强行纠正了，但对于激发农民生产积极性、实现农业科学生产调度起到了很好的效果。1961年，全省粮食总产量达到180亿斤，比1960年增加了约50亿斤。安徽"责任田"改革受到了农民的热烈拥护，"责任田"亦被称为"救命田"。

（二）发展农村社会主义市场经济

安徽农村人民公社体制主要实行集中管理、单一经营、平均分配的僵化的计划经济模式，并通过"政社合一"的制度安排，基本取消了农民生产经营自主权，导致农业生产力水平低下，农民生活水平下降。安徽农民开始探索农业发展的新形式，很多地区的农民以实施"包产到户"等方式，力求突破人民公社体制束缚。安徽省委果断进行政策调整和生产责任制方面的探索，相继出台"六条规定""借地度荒"等政策决定。安徽农民敢为人先，肥西县小井庄生产队推行包产到户，凤阳县小岗生产队实行大包干，开启了农村家庭联产承包责任制改革序幕。安徽农村实行包干到户和包产到户之后，又陆续推行粮食流通体制改革、林业产权制度改革、发展乡镇企业、建立社会化服务体系等改革措施，结束了人民公社体制，建立健全统分结合的双层经营体制，进一步发展农村社会主义市场经济。

安徽实行农村家庭联产承包责任制之后，农业生产和农民收入经历了一个大幅度上升的阶段。但到20世纪90年代，农村和农业发展陷入滞缓状态。在中央支持下，2000年安徽率先以省为单位推行农村税费改革，从根本上调整和完善了农村生产关系，解放和发展了农村生产力，切实减轻了农民负担，促进了农村经济的健康发展。免征农业税之后，制约农业和农村发展的一些深层次问题显露出来，如乡镇机构职能转变、农村公共产品供给、公共财政体制等，直接涉及上层建筑的变革，单纯依靠农村税费改革是无法解决的。基于此，2005年，安徽省决定在全国率先推行以体制机制改革为主的农村综合改革，调整城乡工农关系，探索建立农村工作新机制。

1. 调整农村经济政策

1977年11月15日至22日，时任安徽省委第一书记的万里主持召开农村工作会议，制定了《关于当前农村经济政策几个问题的规定（试行草案）》，其核心是尊重生产队自主权，实际上确立了农村一切工作要以生产为中心的方针，当时简称"省委六条"。其主要内容：恢复和建立各项规章制度，加强人民公社的经营管理，允许根据农活建立不同的生产责任制，可以组织作业组，只需个别人完成的农活，也可以责任到人；根据需要和可能，积极、有计划地发展社会主义大农业；尊重生产队的自主权，严格控制调用生产队的劳力、资金，努力减轻生产队和社员的负担；坚持按劳分配的原则，开发多种经营，抓好超支还款，坚决做到社员分配兑现；粮食分配兼顾国家、集体和个人的利益；在保证集体经济占绝对优势的条件下，允许和鼓励社员经营少量的自留地和正当的家庭副业等。

1978年，安徽全省发生大旱，大部分地区十个多月没有下过透雨。大旱造成6000多万亩农田受灾，400多万人饮水困难。面对严重旱灾，安徽省委作出借地度荒的决定：凡集体无法耕种的土地，可单独划出借给农民耕种，超过计划扩种部分，收获时不计征购，由生产队自行分配；鼓励农民利用空闲地、荒地种粮，谁种谁收谁有，不必上缴国家，不派统购任务。1977年，安徽全省积极贯彻"六条规定"，"借地度荒"更是激发了农民的抗灾热情，农业获得丰收，全省超额完成了秋种计划。

2. 肥西包产到户

肥西县山南公社是全省有名的贫困地区，安徽省委出台"借地度荒"政策后，公社社员从一个"借"字中做出了大文章。1978年，山南公社借地给农民种"保命麦"，自种自收。1978年9月15日，山南区委书记到柿树公社黄花大队召开党员座谈会，最后议出了一个实行"四定一奖一罚"的包产到户责任制。9月17日，黄花大队开始"借地"给社员，全队的1690亩耕地中除100亩不宜秋种的土地外，其余耕地按人均1.5亩"借"给了社员个人耕种。在"借地"中，小井庄生产队的社员把全队的153亩田地全部包到社员户头上，一周时间完成了70亩小麦和30亩油菜的秋种任务，把"借"字变成了"包"字。到1978年年底，山南区1006个生产队，有776个生产队实行了包产到户，186个生产队实行了包产到组。全区在较短的时间内共种植小麦8万亩、大麦2万亩、油菜4.7万亩，超过正常年景以生产队为核算单位的种植面积的2倍。黄花大队创造的"四定一奖"办法与当时农村政策有冲突，在社会上引起强烈的反响。1979年2月初，安徽省委派出工作组到肥西县山南公社宣讲中共中央两个农业文件，即《中共中央关于加快农业发展若干问题的决定（草案）》和《农村人民公社工作案例（试行草案）》，收集到广大农民群众强烈要求包产到户的意愿，并写了一份报告给省委。1979年2月6日，万里主持召开安徽省委常委会，讨论肥西山南包产到户问题，一致认为包产到户是个好办法，要有领导、有步骤地推行下去。常委会最后决定在肥西县山南区山南公社进行包产到户试验。山南公社根据省委决定，迅速将全部土地划分到户，全面实行包产到户。从此，包产到户改革公开亮相，陆续有其他公社开始实行包产到户做法。

3. 小岗村大包干

位于淮河南岸的凤阳县梨园公社小岗生产队是全县有名的"三

靠村"（吃粮靠返销、用钱靠救济、生产靠贷款），年年"算盘响，换队长"。穷则思变，安徽省委"借地度荒"的政策传到小岗村，小岗人也想利用政策让土地多产粮食，填饱肚子。1978年11月24日晚，小岗生产队留在家里的18户社员，每家选派1人，秘密开会商议渡过难关的办法。会议决定采取瞒上不瞒下的办法，把土地分包到各家各户去耕种，各家在完成上缴国家和集体的粮食任务后，多余的全部归自家所有。大家最终写下了一份不足百字的包干保证书，并按上红手印，承诺保守秘密，共同承担风险。1979年，小岗村迎来大丰收。当年粮食总产量达到13.3万斤，三十年来第一次向国家交售余粮，第一次归还国家贷款，人均收入400元。

小岗生产队包干到户推广后，很快成为最受农民欢迎的办法。这个办法后来被称为"大包干"，即坚持土地所有权为集体所有，以家庭经营为基础，以联产承包为核心，采取"保证国家的，留够集体的，剩下都是自己的"分配方式进行包产到户。1980年年初，社

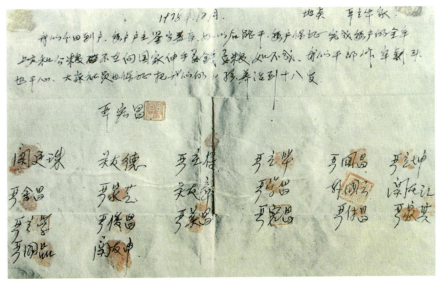

1978年冬，小岗村18位农民为"大包干"按下的红手印

会上出现了一股对包产到户强烈的批判之声。1980 年 5 月 31 日，邓小平发表谈话："农村政策放宽以后，一些适宜搞包产到户的地方搞了包产到户，效果很好，变化很快。安徽肥西县绝大多数生产队搞包产到户，增产幅度很大。'凤阳花鼓'中唱的那个凤阳县，绝大多数生产队搞了大包干，也是一年翻身，改变面貌。有的同志担心，这样搞会不会影响集体经济。我看这种担心是不必要的。"邓小平的谈话，具有扭转乾坤的巨大作用。是年，"大包干"迅速在全国农村推广。1980 年 9 月，中共中央印发文件，指出可以包产到户，也可以包干到户。1982 年，包产到户被写入当年中央一号文件中。自此，"大包干"迅速在全国普及开来，成为我国农村家庭联产承包责任制的主要形式。

1982 年 12 月 21 日，安徽省委发布《关于进一步稳定、完善联产承包责任制的意见》。到 1982 年年底，全省实行包干到户和包产到户的生产队达到总数的 98.8%。2016 年 4 月 26 日，习近平总书记在视察小岗村时感慨道："当年贴着身家性命干的事，变成中国改革的一声惊雷，成为中国改革的标志。"

4. 农产品流通体制改革

随着家庭联产承包责任制实施、人民公社制度解体，农产品流通也开始突破传统的计划经济体制。1979 年 2 月 27 日，安徽省开放粮油集市贸易，在完成国家粮油征购任务后，允许粮油上市。1983 年 12 月 1 日，安徽省人民政府决定，从即日起实行粮食多渠道经营。1985 年 1 月 29 日，全省农村工作会议召开，提出要积极调整农村产业结构，促进劳动力转移；调整主要农产品收购政策，取消统购制，实行合同定购；积极发展和完善农村合作制，进一步做好改革农村产业结构的服务工作。这一期间，农产品统购派购的范围大大缩小。除棉花外，其他农产品在完成政府收购任务后，根据市场供求实行议购议销，农村集贸市场和传统农副产品市场也得到恢复和发展，成交金额增长迅速。

1985年至1991年，农产品流通领域还是实行合同定购与市场收购的"双轨制"方式。1993年4月1日，安徽省放开粮油购销价格。1998年6月1日，全省粮食流通体制改革工作会议召开，确定按"四分开一完善"原则推动粮食流通体制改革，即政企分开、储备与经营分开、中央与地方责任分开、新老财务挂账分开，完善粮食价格形成机制。随后，农产品流通体制改革的重点是在粮食领域，粮食以外的各类农产品流通的市场化改革进程都得到了持续的推进，并逐渐形成了较为稳定的市场化流通秩序。经过十多年的改革，粮食等农产品统购统销体制宣告结束。

5. 发展乡镇企业

实行家庭联产承包责任制后，农业生产效率明显提高，农村出现大量剩余劳动力和丰富农副产品，为乡镇企业发展奠定了基础。1982年1月28日，安徽省委、省政府发布《关于大力发展社队企业的决定》，确定在计划指导下，"放手发展，阔步前进"，以农副产品加工和食品工业为主，大力发展社队企业，出台一系列有利于农业产品加工的政策。1984年7月25日，安徽省人民政府发布《关于加快发展乡镇企业若干问题的暂行规定》，鼓励乡镇、村队、联户、农村专业户和个人兴办企业，允许城市国营、集体单位和居民到乡镇办厂、开店、搞运输。截至1984年年底，全省乡镇企业总数42万多个，从业人员226万人，占农村总劳动力的12.65%，乡镇企业总产值达到47亿元。

天长、桐城、当涂、宁国、肥西等地由于乡镇企业发展得好，县域经济得以显著增强。肥西县率先将乡镇企业集中搬到园区，兴建了全省第一个县级工业园——桃花工业园。宁国市确立"四轮驱动（县办、乡办、村办、户办）、三为主（集体企业为主、工业企业为主、骨干企业为主）、二结合（城乡结合、大中小结合）、一优先（优先发展外向型企业）"的发展路子，形成冶金、机械、橡塑、电子、建材、服装、矿产、农副产品加工八大支柱产业。截至1995年年底，宁国市乡镇企业产值占工业总产值的71.5%，成为当年安徽唯一的全国百强县。截至2007年年底，全省乡镇企业达97万家。乡镇企业成为县级经济发展的重要支柱，在吸纳农民就业、促进农民增收、调整农村产业结构调整、推进农村工业化、城镇化和农业现代化进程中发挥了重要作用。

6. 农业产业化经营

为适应农业社会化生产和市场经济的要求，安徽积极推行农业产业化经营。1991年1月15日，安徽省委、省政府发布《关于加强农业社会化服务体系建设的决定》，确定建立健全统分结合的双层经营体制，大力发展农村社会化服务体系，在千家万户和市场之间架起桥梁，把集体经营优越性和农民家庭经营积极性结合起来。1993年11月11日，安徽省委、省政府发布《关于发展农村市场经济的若干规定》，确定要积极培育要素市场，重视农村市场和社会化服务体系建设，积极推行股份合作制，优化产业和产品结构。1997年3月2日，安徽省委、省政府发布《关于实施农业产业化战略的决定》，强调提高农业组织化程度，推动农村经济结构升级，加快由农业大省向农业强省跨越。4月4日，安徽省农村工作领导小组通过《安徽省农业产业化"九五"规划纲要》，决定在全省实施农业产业化"8152"工程。2003年8月15日，安徽省人民政府印发《关于进一步加快发展农业产业化经营的实施意见》，确立十大主导产业，推进建立区域化、优质化、标准化生产基地。8月20日，安徽省人民政府办公厅印发《关于切实保护粮食生产能力加快农业结构调整的意见》，提出要切实保护粮食综合生产能力，调整粮食经济比例，调整品种品质结构，调整区域布局，调整种养结构。8月22日，安徽省人民政府批转省农委《安徽省优势农产品区域布局规划（2003—2007年）》，提出安徽省十种优势农产品的优势区域布局。2004年2月16日，安徽省人民政府办公厅转发省财政厅《关于进一步加强农业综合开发工作的意见》，提出在保证粮食安全的前提下，推进农业和农村经济结构的战略性调整，大力支持优势农产品产业带建设，推进农业产业化经营，提高农业综合效益。安徽省人民政府办公厅同时印发《农业产业化十大主导产业发展规划（2003—2007）年》，共有水果、畜牧、优质粮、优质油、渔业、茶叶、蔬菜、棉花、中药材、茧丝绸等农业产业化十大主导产业发展规划。

安徽农业产业化经营，形成了"公司＋农户""龙头企业＋基地""公司＋中介组织＋农户"等多种形式的农业产业化模式，在一些地区出现了"一村一品，一乡一业"的专业化生产模式，实现经济增长方式从粗放型向集约型转变，使农业生产及其后续的农产品加工、运销整个产业链条有机衔接，既提高了农业生产效率，又使农民能够分享到农产品加工、运销升值的利润。2014年，安徽拥有各类农业产业化经营组织7000多家，占全国总数的20%。2018年，安徽拥有规模以上农产品加工企业5093家，农业产业化联合体1941家。

7. 农村税费改革

安徽实行农村家庭联产承包责任制，农业生产和农民收入水平经过一段快速增长时期之后，陷入增长滞缓局面，农业比较收益下降，工农城乡差距拉大，严重影响了国民经济总体格局。从1994年开始，安徽就在部分地方进行了农村税费改革的试点。其主要有三种模式：一是"税费合并"的模式，二是"农村公益事业建设税"的模式，三是"税费改革"的模式。1999年5月，安徽省选择了来安、怀远、濉溪、望江四县按第三种模式进行试点。

2000年，中央确定在安徽省以省为单位进行农村税费改革试点。2000年4月26日，安徽省委、省政府印发《关于在全省开展农村税费改革试点工作的通知》和《安徽省农村税费改革试点方案》，提出以"三个取消、一个逐步取消和两个调整、一项改革"为主要内容的试点方案：取消乡统筹费，取消农村教育集资等专门面向农民征收的行政事业性收费和政府性基金、集资，取消屠宰税；逐步取消统一规定的劳动积累工和义务工；调整农业税政策和农业特产税政策；改革村提留征收使用办法。7月12日，安徽省人民政府办公厅发出《关于在农村税费改革试点过程中切实做好减轻农民负担工作的通知》。11月23日，安徽省委办公厅、省政府办公厅印发《关于进一步调整农村中小学布局的意见》《关于加快发展村级集体经济的意见》《安徽省农村未承包土地并从事工商等其他产业经营活动的农民缴纳村集体公益事业费管理暂行办法》《关于解决土地抛荒问题的意见》《关于建立农民负担监督体系的意见》等5个配套文件。2001年2月17日，国务院在合肥召开全国农村税费改革试点工作会议，会议主要任务是贯彻党中央国务院关于加快推进农村税费改革的精神，总结交流安徽等地的试点经验，研究完善有关政策，部署2001年试点工作。

2000年，安徽省农村税费改革试点工作取得初步成效。一是较大幅度地减轻了农民负担，基本遏制了农村"三乱"现象。改革当

2001 年 2 月 17 日，全国农村税费改革试点工作会议在合肥市召开

年，全省农业两税及附加 37.61 亿元，减少 16.9 亿元（含屠宰税），减幅达 31%；农民人均现金负担 75.5 元，减少 33.9 元；农民"两工"人均负担 20 个，减少 9 个；取消各种收费、集资、政府性基金和达标项目 50 种，基本堵住了农民称之为"无底洞"的"三乱"现象。二是初步规范农村分配关系，实行乡镇财税征管体制改革。三是扩大了村民自治范围，促进农村基层民主政治建设。四是改善了党群干群关系，维护了农村社会政治稳定。

2001 年 4 月 25 日，安徽省委、省政府发出《关于做好 2001 年全省农村税费改革工作的意见》。9 月 10 日，安徽省委办公厅、省政府办公厅印发《关于防止乡村两级发生新的不良债务的意见》《关于抓紧开展农村中小学危房改造的意见》《关于实施〈安徽省农村特殊保障对象保障经费管理暂行规定〉的有关意见》《关于停止向农民收取涉农债务后有关债务的处理意见》《关于进一步加强农业两税附加和财政对村级补助资金管理的意见》等文件，推进相关配套改革。

经过三年多努力，全省基本实现农村税费改革试点的预期目标。

安徽省农村税费改革取得良好成效。全省农村人均政策性负担为68.4元，比改革前减少41元，减幅达37.5%。2005年，安徽省全面免除农业税，比全国统一免除农业税提前了一年。

8. 农村综合改革

免征农业税之后，制约农业和农村发展的一些体制问题仍然存在，安徽省决定在全国率先推行以体制机制改革为主的农村综合改革，探索建立农村工作新机制。2005年6月27日，安徽省委、省政府印发《关于开展农村综合改革试点建立农村基层工作新机制的意见》，决定在18个县（市、区）先行开展农村综合改革试点。试点的主要内容是"一个转变，三个建立，一个改进"，即转变乡镇政府职能，建立农村基层管理新体制、建立农村公共产品供给新机制、建立"三农"社会化服务新体系，改进农村工作考核评价办法。18个试点县调整乡镇区划和村级规模，减幅分别达27%和24.15%。乡镇党政

2005年，界首市召开国家级农村综合改革标准化试点工作推进会

内设机构减幅为 38.64%，行政编制减幅为 16.24%，事业编制减幅为 29.75%。同时，积极稳妥地推进乡镇领导体制改革，推行乡镇党政正职"一肩挑"，减幅为 48.08%。2007 年 3 月 4 日，安徽省委、省政府印发《关于全面推进农村综合改革试点的意见》，提出切实转变乡镇政府职能、进一步深化乡镇机构改革、深化农村义务教育管理体制改革、完善县乡财政管理体制改革、建立健全农村基本公共服务体系等改革措施。

开展两轮乡镇区划调整，乡镇机构和人员精简取得突破性进展。截至 2009 年年底，全省清理、清退 11.3 万名自聘人员，精简乡镇党政机构 9800 个，精简行政编制 6500 名，精简乡镇事业单位 12000 个，精简财政供给事业编制 43400 名，妥善安置分流近 5 万人。同时，整合乡镇事业站所，依据经济区域和服务范围设置经济技术服务中心和社会发展服务中心。安徽农村综合改革的成效：一是解决了农民负担，巩固了农村税费改革成果；二是密切了党群、干群关系，巩固党在农村的执政基础；三是进一步解放和发展了农村生产力，促进农村生产关系调整和上层建筑变革，调动农民群众和基层干部积极性；四是中心镇规模和实力得到加强，降低管理成本，提升了公共服务水平，促进了区域经济发展。

9. 为民服务全程代理制

2006 年 11 月 6 日，安徽省委印发《关于全面推行农村为民服务全程代理制的意见》，提出农村为民服务全程代理制，在不增加新的机构、编制和人员的前提下，在乡镇设立为民服务中心或者代理室，在有条件的村设立代办点，对农民需要办理的事项实行"一个中心"对外、"一个窗口"受理、"一条龙"服务，对财政补贴农民资金"一卡通"发放，行政审批和公共服务"一站式"办结，行政事业性收费"一票制"收缴。截至 2007 年年底，全省 1192 个乡镇建立了乡镇政务服务中心、15000 个村建立了"全程代理服务点"。为民服务全程代理制的广泛推行，建立了县、乡、村三级工作的新机制，堵住了农村基层政府"权力寻租"的空间，实现了乡村政府职能从"管理型"向"服务型"转变。如亳州市谯城区 2007 年起推广为民服务全程代理制，区设立为民服务全程代理中心，乡镇、街道设立为民服务全程代理室，村设立全程代理接收点，制定了一整套规范化、程序化、数据化的为民服务全程代理制度，编制《服务手册》，梳理代理服务项目。2007 年 10 月至 2008 年 7 月中旬，全区就为农民群众办理全程代理类事项 78426 件，办结率已达 98.5%，群众满意率接近 100%，取得了良好的社会效应。

10. 建设社会主义新农村

2005 年 10 月 8 日，党的十六届五中全会通过《中共中央关于制定国民经济和社会发展第十一个五年规划的建议》，提出按照"生产发展、生活宽裕、乡风文明、村容整洁、管理民主"的总体要求，建设社会主义新农村。2006 年 1 月 17 日—19 日，安徽省召开全省农村工作会议，研究部署新农村建设和 2006 年农村工作。3 月 7 日，安徽省委、省政府印发《关于贯彻〈中共中央、国务院关于推进社会主义新农村建设的若干意见〉的实施意见》，提出：坚持以科学发展观为指导，扎实推进社会主义新农村建设；统筹城乡经济社会发展；推进现代农业建设；千方百计增加农民收入；加强基础设施建设和人居环境治理；大力发展农村社会事业；全面推进农村综合改革；加强农村基层党组织建设和民主法制建设；加强领导、分类指导、广泛动员、精心组织等九个方面措施。安徽省委办公厅、省政府办公厅印发《关于新农村建设"千村百镇示范工程"实施意见》，决定在全省选择 1000 个左右的村和 100 个左右的镇开展试点示范。2007年 2 月 16 日，安徽省委、省政府印发《关于贯彻〈中共中央、国务院关于积极发展现代农业扎实推进社会主义新农村建设的若干意见〉的实施意见》，着眼于用改革手段推进城乡统筹、激发农村活力，开启农村全面发展的新探索。推动社会主义新农村建设，全省共建立示范镇 125 个、示范村 1135 个。发展主导产业，走"一村一品"的特色产业之路。推进公共财政向农村覆盖，整合涉农项目资金，重点投向新农村建设，确定了 131 个省直单位、高校和部分重点企业支持示范村镇建设。

（三）深化改革促进乡村振兴

2016 年 4 月，习近平总书记在凤阳县小岗村考察时说："当年贴着身家性命干的事，变成了中国改革的一声惊雷，成为中国改革的标志。"习近平总书记强调，今天在这里重温改革，就是要坚持党的基本路线一百年不动摇，改革开放不停步，续写新的篇章。党的十八大以来，安徽省牢记总书记重要指示，继续发扬敢为人先、改革创新精神，不断推动单一领域、单个环节的农村改革向整体性、综合性的深层次改革转换，加快推进乡村治理体系和治理能力现代化，加快推进农业农村现代化，着力提升农民的幸福感、获得感、安全感，让农业成为有奔头的产业，让农民成为有吸引力的职业，让农村成为安居乐业的美丽家园。

1. 美丽乡村建设

为综合改善农村生产生活条件、分类指导不同类型的乡村发展，安徽启动美好乡村建设行动。2012年9月13日至14日，全省美好乡村建设动员大会在芜湖召开，提出围绕"生态宜居村庄美、兴业富民生活美、文明和谐乡风美"的建设目标，大力培育中心村、整治自然村、提升特色村，到2020年，力争全省80%以上的中心村达到美好乡村建设要求。为进一步改善农村人居环境，2014年4月8日，安徽省委办公厅、省政府办公厅印发《关于开展城乡环境综合治理的若干意见》，提出从2014年起，用三年左右时间对全省城乡环境进行综合治理，持续提升城乡人居环境和发展环境质量。11月20日，安徽省人民政府办公厅印发《关于改善农村人居环境的实施意见》。2017年5月26日，全省美丽乡村建设推进会召开，部署一体化推进农村垃圾、污水、厕所专项整治"三大革命"。同日，安徽省委办公厅、省政府办公厅印发《一体化推进农村垃圾污水厕所专项整治加快改善农村人居环境实施方案》。2018年5月18日，安徽省委办公厅、省政府办公厅印发《安徽省农村人居环境整治三年行动实施方案》，部署实施农村人居环境整治三年行动，提出到2020年，农村生活垃圾无害化处理率超过70%，所有乡镇政府驻地和美丽乡村中心村的生活污水治理设施全覆盖，完成自然村常住农户卫生厕所改造，实现农村人居环境明显改善，村庄环境基本干净整洁有序，村民环境与健康意识普遍增强，乡村旅游、民宿旅游加快发展。

经过八年的持续努力，全省农村环境得到明显改善。一是农村厕所革命稳步推进。截至2020年12月，全省累计完成自然村改厕249万户，占三年行动目标任务的118.6%。二是农村生活垃圾治理加快推进。全省所有行政村农村生活垃圾得到有效治理，所有的县（市、区）均建立了农村生活垃圾收集、转运和处置体系。三是农村生活污水治理梯次推进。全省已建和在建乡镇政府驻地污水设施 1180 个，中心村污水设施 4992 个，农村生活污水治理水平逐步提高。四是村庄清洁行动扎实推进。2019 年村庄清洁行动启动以来，全省 1.5 万多个行政村广泛开展了以"五清一改"（清理村内塘沟，清理畜禽养殖粪污等农业生产废弃物，清理乱搭乱建、乱堆乱放，清理废旧广告牌，清理无功能建筑，改变影响农村人居环境的不良习惯）为主要内容的村庄清洁行动。五是农业生产废弃物资源化利用工作成效显著。2019 年，全省畜禽粪污综合利用率 91.8%，高于全国平均水平 16.8 个百分点；秸秆综合利用率达 91.7%，高出全国平均水平 5 个百分点。六是村庄规划建设提升行动全面推进。全省有编制任务的 61 个县（市）全部编制了县域村庄布点规划；共编制美丽乡村规划、村土地利用规划等村庄规划 7749 个，占全省行政村的 51.6%。全省已建和在建美丽乡村中心村 8290 个，其中省级中心村 5791 个。2019 年，建成省级美丽乡村示范村 828 个、重点示范村 249 个。

2. 深化农村综合改革

2013 年 10 月 28 日，安徽省人民政府印发《关于深化农村综合改革示范试点工作的指导意见》，决定在全省 20 个县（区）开展农村综合改革示范试点工作。试点重点围绕加快发展新型农业经营主体、建立多元统一的农村土地市场、建立农村集体"三资"管理运营新机制、建立农村公共基础设施建管新机制、建立农村综合信息服务体系、加快推进农村金融综合改革等六个方面，力图以体制和机制的创新，进一步激发新的活力，促进农业和农村经济持续健康较快发展。2014 年，首批 20 个试点县（区）农村土地确权登记颁证基本完成，农村集体产权和小型水利工程产权制度改革深入推进，农民合作社、家庭农场等新型农业经营主体加速涌现，农业经营组织化和规模化水平不断提高。2014 年，农村常住居民人均可支配收入达 9916 元，比上年增长 12%。2016 年 8 月，安徽省委办公厅、省政府办公厅印发《安徽省深化农村改革综合性实施方案》，着力构建现代农业产业体系、生产体系、经营体系，推动城乡协调发展，加快传统农业大省向现代生态农业强省跨越。

3. 培育家庭农场

2013 年，中央一号文件首次提出"家庭农场"的概念。在此之前，安徽省郎溪县等地已出现家庭农场的经营模式。2013 年以后，安徽省把培育家庭农场作为丰富农村基本经营制度内涵、促进现代农业发展的重要抓手，持之以恒地在资金、人才等方面给予倾斜支持。2013 年 9 月，安徽省人民政府办公厅在全国率先出台了《关于培育发展家庭农场的意见》，并在全国率先配套制定了《安徽省示范家庭农场认定办法（试行）》，出台注册登记、示范创建、家庭农场直管直贷、青年家庭农场主培育等配套措施。2014 年开始，安徽持续开展家庭农场示范创建活动，培育扶持家庭农场亦被写入 2014 年、2015 年、2016 年的省委一号文件。2019 年，安徽省委农工办印发了《促进小农户和现代农业发展有机衔接实施方案》，联合 14 个省直部门出台了《深入推进全省家庭农场和农民合作社高质量发展的实施意见》，为家庭农场提供政策支持，以农民合作社和家庭农场为主的新型农业经营主体得到快速发展，成为推进农业现代化的重要力量。

家庭农场作为一种能兼顾家庭经营、集约生产和高效合作的新型经营主体，对转变农业生产方式、促进农业增效农民增收、提升农村三次产业融合起到了积极作用。淮南市凤台县采取托管模式将闲置土地流转给种粮能手、种粮大户进行规模化、产业化种植，到 2021 年年底，全县 16 个乡镇总托管土地达 17.8 万亩，培育了 160 多个 500 亩以上的种粮大户和家庭农场。截至 2020 年年底，安徽全省 2.47 万个新型农业经营主体带动贫困户 35.7 万户，支持自种自养贫困户 56.3 万户，特色产业扶贫

亳州市谯城区牛集镇蒋楼村家庭农场设施大棚，菜农正在忙着采摘黄瓜

带动扶贫对象人均直接增收 1949 元，其中绝大多数带动主体都是农民合作社和家庭农场。截至 2020 年年底，在市场监管部门注册登记的家庭农场为 14.3 万户，较"十二五"增加 4.25 倍，保持全国第一。

4. 土地确权试点

安徽省委、省政府高度重视土地承包经营权确权登记颁证试点工作，坚持做到"确实权、颁铁证"。2014 年安徽被确定为全国首批三个整省推进试点省之一，2 月 28 日，全省农村土地承包经营权确权登记颁证试点工作会议召开，首批选择在 20 个农村综合改革示范试点县（区）开展试点。安徽省委办公厅、省政府办公厅转发省农委等部门《关于开展农村土地承包经营权确权登记颁证试点工作的意见的通知》，按照准备前期资料、入户权属调查、测量地块成图、公示审核、建立登记簿、完善承包经营权证书、建立农村土地承包管理信息系统、资料归档等八个步骤进行。

2015 年 3 月，新增 65 个试点县（区）。2015 年 7 月 8 日，安徽省农村土地承包经营权确权登记首批颁证启动仪式在凤阳县小岗村举行，18 位小岗村村民代表领取了新颁发的《农村土地承包经营

2015 年 7 月 8 日，凤阳县小岗村农民喜领《农村土地承包经营权证》

权证》。到 2016 年年底，全省农村土地承包经营权确权登记颁证试点任务基本完成。全省完成土地承包经营权信息管理平台建设，农业补贴、征地补偿、土地流转方面数据应用率超过 95%。耕地流转面积 4060 万亩，流转率达 50.4%，比全国高 10 个百分点。2019 年 11 月，安徽省农业农村厅下发《安徽省农村土地承包经营权确权登记颁证成果检查验收实施办法》，通过采取内业查看、内业检测、外业抽样检测的方法，对农村土地承包经营权确权登记颁证工作保障情况、农村土地承包经营权调查勘测成果完成情况、农村土地承包经营权登记完成情况、农村土地承包经营权确权登记颁证信息化建设情况等四项内容进行检查验收。开展农村土地承包经营权确权登记颁证试点，是完善农村基本经营制度的重要举措和深化农村改革的重要突破口，彻底解决了农村承包土地面积不准、四至不清、空间位置不明、权益保障难等问题，为农村土地流转和抵押交易奠定坚实基础。土地确权可以使承包权更为稳定，使之成为可以正常分割、流转、继承的财产性权利，从而形成稳定的农村土地产权制度，为农地所有权、承包权、经营权"三权分置"创造有利条件，推动了农业规模化经营，促进了农民增产增收。截至 2017 年年底，全省耕地流转面积 3636 万亩，流转率 45.1%，对金寨等 10 个全国农村土地经营权抵押贷款试点县（区），发放抵押贷款余额 8.34 亿元，把农民的"红本子"变成了"活资产"。

5. 深化集体林权制度改革

2017 年 4 月 26 日，安徽省人民政府办公厅印发《关于完善集体林权制度的实施意见》，全面启动集体林权制度改革。该意见提出：要稳定和完善集体林地承包关系，权属证书要发放到户，集体统一经营管理的要将股权量化到户；积极推进集体林地所有权、承包权与经营权分置改革，做到明晰所有权、稳定承包权、放活经营权，引导集体林适度规模经营；优化林地资源配置，完善公益林、商品林分类经营管理制度；加快林业产业发展，培育壮大林业经营主体，加快林产品精深加工和林业现代物流业发展，促进产业集聚和转型升级；推进林权融资服务，建立健全林权抵质押贷款制度；推动林权交易，加强林权流转管理，搭建全省互联互通的林权流转市场监管服务平台等。安徽集体林权制度改革，从明确权属关系着手，深化管理体制改革，推动集体林权"三权分置"，促进林地资源转化，盘活集体资产，激发林业经济活力，提高农民林业收入，发挥了集体林业在维护生态安全、实施精准脱贫、推动农村经济社会可持续发展中的重要作用。

6. 农村"三变"改革

2012 年，安徽省在黄山等市启动农村集体产权制度改革试点，为农村资源向资产转变、激活农村生产要素积累了实践经验。2014年，农村集体产权制度改革在全省铺开。2016年7月，安徽省正式启动"三变"改革试点，印发《"资源变资产、资金变股金、农民变股东"改革试点工作方案》，在全省11个县（区）选择13个村开展"三变"改革试点工作，盘活农村"三资"（资源、资产、资金），激活农民"三权"（土地承包经营权、住房财产权、集体收益分配权），建立农业增效、农民增收、集体资产增值的长效机制。截至2017年8月，13个试点村共盘活集体土地1137亩，农户承包地入股4230亩，宅基地入股2047平方米。13个试点村的入股农户共实现财产性收益348.2万元，1780户入股农户户均财产净收入达到1955元，比全省平均水平高出约1000元。

2017年8月28日，安徽省委、省政府印发《关于稳步推进农村集体产权制度改革的实施意见》，提出从2017年开始，用三年左

2021年2月3日，凤阳县小岗村召开2020年度集体经济股份合作社分红暨先进典型表彰大会

右时间基本完成农村集体资产清产核资工作，用五年左右时间基本完成集体经营性资产股份合作制改革，逐步构建归属清晰、权能完整、流转顺畅、保护严格的农村集体产权制度。9月，安徽省作出扩大"三变"改革实施范围的部署，稳步推进农村集体产权制度改革，鼓励各地有基础、有条件、农民群众有意愿的地方开展"三变"改革。截至2019年8月，安徽开展"三变"改革的村7729个，占总村数的48.1%，11731个村完成集体产权制度改革，占总村数的73%。全省参与"三变"改革的村集体村均增收4万多元，参与农户户均增收1000多元。截至2020年12月，全省开展"三变"改革的村（居）已达到10812个，覆盖面达到68%。农村土地"三变"改革，有效破解了农户分散经营与现代农业之间的矛盾，推动农业现代化规模生产，促进农村资源整合和集约经营，提升了集体经济实力和农民收入水平。

7. 打造乡村振兴"安徽样板"

党的十九大作出实施乡村振兴战略的重大决策部署，安徽省全面贯彻落实党的十九大精神，深入贯彻落实习近平总书记考察安徽特别是在小岗村农村改革座谈会上的重要讲话精神。2018年2月13日，安徽省委、省政府出台《关于推进乡村振兴战略的实施意见》，按照产业兴旺、生态宜居、乡风文明、治理有效、生活富裕的总要求，建立健全城乡融合发展体制机制和政策体系，统筹推进农村经济建设、政治建设、文化建设、社会建设、生态文明建设和党的建设，走中国特色社会主义乡村振兴道路。2018年5月，安徽省委、省政府印发《安徽省乡村振兴战略规划（2018—2022年）》，明确乡村振兴的目标、任务和保障，对深入实施乡村振兴战略的第一个五年进行了系统谋划。2019年9月17日，安徽省委、省政府印发《关于建立健全城乡融合发展体制机制和政策体系的若干措施》，提出五个方面21条措施，破除户籍、土地、公共服务等方面的体制机制弊端，加快实现城乡全面融合、乡村全面振兴。2020年，全省扎实推进"四带一自"产业扶贫，以产业兴旺带动农民和贫困户增收。截至2020年，全省建成产业扶贫园区3253个，年均带动贫困村集体经济增收2万元以上。2016年至2020年，全省实施特色种养业扶贫到村项目4.25万个（次）、到户项目666.3万个（次），累计带动贫困户145万户以上，占建档立卡贫困户的84.5%。特色种养业扶贫带动扶贫对象年户均直接增收6500元以上。打造知名农产品品牌，全省有716个贫困村发展"一村一品"，全部实现主导产业产值占农业总产值30%以上的目标。全省贫困村中，发展加工业的有673个，发展手工业的有125个，发展电商产业的有584个，发展休闲农业的有292个。

2021年2月2日，安徽省委、省政府出台《关于全面推进乡村振兴加快农业农村现代化的实施意见》，对做好巩固拓展脱贫攻坚

2020年4月16日，朝阳沐浴下的金寨县花石乡大湾村

成果同乡村振兴有效衔接作出制度安排，将全省 104 个县（市、区）分成先行示范区、正常推进区、持续攻坚区。先行示范区对标长三角先进地区，高起点、高标准推进乡村振兴，打造乡村全面振兴的安徽样板；正常推进区在巩固拓展脱贫攻坚成果的基础上，加快推进乡村振兴，达到或超过全国平均水平；持续攻坚区要用足用活政策，进一步加大支持力度，用乡村振兴巩固拓展脱贫攻坚成果，努力跟上全国平均水平。安徽通过实施乡村产业振兴计划、乡村建设行动、县域内城乡融合发展、深化农村改革、强化乡村振兴投入保障等措施，进一步盘活农村资源要素，激发强劲内生动力，增添发展新动能，走出一条高质量发展、具有安徽特色的乡村振兴道路。

三、科技创新领发展

中华人民共和国成立以来，安徽省委、省政府把发展科技事业摆在重要位置，先后实施了合肥国家科技创新型试点市、合芜蚌自主创新综合试验区、合肥滨湖科学城等重大战略，建设合肥综合性国家科学中心、国家重点实验室等一系列重大举措。科技基础从原来的几乎一片空白到建立较为完整的科技创新体系，科技进步与创新从仅能简单应用到若干高端领域跻身世界先进，科技产业从毫无概念到成为支撑引领安徽省发展的重要力量，科技进步为全省经济社会发展提供了强大支撑，安徽成为具有全国影响力的科技资源集聚地和科技创新策源地，彰显了履行国家战略使命，推进原始创新、产业创新、协同创新、制度创新的安徽特色，体现了"下好创新先手棋"、闯出转型升级新路子的孜孜探索。

（一）科技事业奠定基础

新中国成立以前，安徽没有专门的科学技术管理机构，全省只有皖南、皖北两个农业试验总厂和祁门试验茶场、东流棉场等少数几家农业科技试验机构，科技人员仅有 62 名。新中国成立以后，安徽省从建立科研机构、培养科研人才入手，逐步形成科技工作体系。1953 年，蚌埠玻璃工业设计研究院在蚌埠市成立。到 1958 年年底，全省各级各类研究机构达到 1607 个。1965 年，国务院批准在合肥市建立综合性科研基地。1968 年至 1970 年，中国科学技术大学、中国科学院的光学精密机械研究所、等离子物理研究所、智能机械研究所、固体物理研究所等陆续迁到合肥，奠定了安徽科教优势的基础地位。

1. 建立专业科研机构

1951 年，建立安徽最早的医药卫生科技研究机构——血吸虫病防治所。1952 年，在蚌埠建立了安徽烟草试验站，扩建祁门茶叶试验站，成立安徽农业试验站。1953 年，安徽省工业厅设立化验室；全国综合性甲级科研设计单位——蚌埠玻璃工业设计研究院成立。1954 年，建立了安徽农业试验总站。1956 年 3 月，省委制定《关于知识分子工作要点》，决定在省工业试验站基础上，扩建安徽第一个综合性科研机构——安徽省科学研究所，下设物理、应用化学、地质等 10 个研究室，科技人员 139 人。研究所下设药理研究室，研究力量主要放在地方病和灾区疫病防治上，围绕安徽流行的血吸虫病、钩虫病、黑热病和麻风病等地方流行病开展一系列研究。1956 年 9 月，安徽省科学技术普及协会成立。此后，各地、市、县也纷纷成立科普协会。次年，会员发展到 2 万多人，分支学会 70 余个。1956 年，群众性科学普及活动蓬勃开展。在农村开展农业生产技术普及活动，在工厂开展以改革工具和提高效率为主要内容的群众技术活动。截至 1956 年年底，全省已有独立科研机构 11 个，初步形成拥有 1.1 万名各类专业技术干部的科技队伍。1958 年，在中共中央"向科学进军"的号召下，安徽省科技管理体系、科研机构、科技队伍迅速发展，群众性科技活动掀起高潮。1958 年 8 月，在安徽省科学研究所的基础上成立了中国科学院安徽分院，下设工业、农业、水利科学、卫生和哲学社会科学 5 个研究所。同时，成立安徽省科技工作委员会，次年 2 月更名为安徽省科学技术委员会，统一管理全省科技工作。数学、物理、化学、生物、天文、地理等自然科学学会相继成立。各地市也陆续建立相应机构，初步形成全省科技管理系统。与此同时，新建了一批科研机构：中国科学院安徽分院及所属无线电电子学、半导体、计算技术、原子能、化学、冶金陶瓷、地质、历史等研究所（室）。在贯彻科技为生产服务方针的指导下，一些新兴技术如生物、自动化、半导体、计算机等迅速发展起来。截至 1965 年，全省地方县级以上自然科学研究机构 53 个，科研人员 958 人。

1966 年至 1976 年的十年，安徽科技事业受到严重摧残，科技管理和科学研究工作陷于瘫痪。1967 年，全省各级科技管理部门和科研机构被撤销，几乎所有科研活动被停止。1969 年，大部分科研单位工作人员被下放，科研机构和科技群众团体基本被撤销和解散，大量科研资料、仪器设备散失和毁坏。但是，根据发展需要，安徽省也建立了一批新的科研机构。1968 年至 1970 年，中国科学技术大学、第一机械工业部通用机械所从北京迁到合肥，一机部第一设计院从北京迁到蚌埠，同时在合肥建立了安徽光机所及煤炭、冶金、医药卫生等研究机构，中国科学院的部分研究所等也迁到合肥，为安徽科技发展奠定了基础。1973 年，恢复安徽省农业科学院，改名为安徽省农林科学院。

2. 中国科学技术大学迁皖

中国科学技术大学搬迁合肥，成为安徽科技发展历程中具有深远影响的重大事件。1969 年，中央决定将中国科学技术大学（以下简称中科大）等 13 所工科院校迁出北京，中科大先后派人到湖北、河南、江西等地考察搬迁地址，但都未如愿。中科大原来准备迁往安徽省安庆市，由于安庆市条件不够，后改迁至合肥市。1969 年 12 月，中科大开始自北京迁入安徽，中科大在搬迁过程中，运货量足足达到了 865 吨，装运出书籍、器材等物件一共 35000 多箱，迁出教师家属 490 多户，组织教师、学生、职工的搬迁超过了 6000 人次，工程十分浩大。在搬迁以及此后的办学过程中，安徽在物质条件和科研经费支持等方面作出了巨大的努力，在保持理工综合特点和专业设置等方面支持中科大工作。因为电力供应不足，合肥举全市之力优先保证中科大的用电，并优先保证中科大供暖。

在安徽省的半个多世纪，中科大在全国率先提出并实施一系列具有创新精神和前瞻意识的教育改革措施，包括创办少年班、首建

中国科学技术大学国家同步辐射实验室

研究生院、建设国家大科学装置、面向世界开放办学等，成为国家高质量人才培养和高水平科学研究的重要基地，成为国家首批实施"985工程"和"211工程"的大学之一。2017年9月，中科大入选全国首批世界一流大学和世界一流学科建设高校，共有11个学科入选世界一流学科建设名单。

2000年以来，中科大共获得国家级科技奖励45项。研究成果先后入选世界十大科技进展新闻1次、中国十大科技进展新闻19次，入选次数均居全国高校首位。从建校到2020年年底，中科大培养了14万余名毕业生，其中有84人当选两院院士。在2021年的全球主要科研机构自然指数排名中，中科大首次跃居中国高校第一位，在全球高校中居第四位。2020年9月，《自然》杂志发布"自然指数-科研城市2020"，合肥跻身全球科研城市20强，在全国排名第六位。"非一线城市，有着一流的科研。"《自然》杂志曾如此评价合肥。从国家技术创新试点城市到国家科技创新型试点市，从合芜蚌国家自主创新示范区到合肥综合性国家科学中心，在合肥发展的每一个关键节点，中科大都以自己独特的创新优势贡献着智慧和力量。

3. 打造科教基地

1965年，国务院批准在合肥市建立一个综合性科研基地。1978年10月，中科院在光学精密机械研究所等科研大所的基础上组建中科院合肥分院。到了20世纪80年代，国家电子部十六所、三十八所、四十三所和四十一所分别迁建安徽，进一步加强了安徽的科技实力和竞争力。合肥与北京、西安、成都并列成为全国四大科教基地。1999年，国务院把合肥定位为"科教之城"。在此期间，世界上第一台VCD、第一台EVD以及国内第一台仿生搓洗式全自动洗衣机、第一台变容式冰箱等都诞生于合肥。2003年5月8日，中国科学院合肥物质科学研究院成立。加上煤炭科学研究总院合肥设计研究院、中国建材集团合肥水泥研究设计院、中国电子科技集团第三十八研究所、中国电子科技集团第四十三研究所、中国电子科技集团第十六研究所等部属研究所落户合肥，更加凸显了合肥科教城在全国的战略地位。2004 年 11 月，合肥市被科技部批准为"国家科技创新型试点市"，成为全国第一个科技创新型试点城市。安徽省委、省政府出台了《关于推进合肥国家科技创新型试点市工作的若干意见》，在项目、资金、政策等方面给予大力支持，区域科技创新体系建设步伐加快。2010 年 1 月，合肥被确定为国家首批创新型试点城市。

（二）实施科教兴皖战略

1. 恢复科研机构

1978 年 3 月 14 日，全国科学大会胜利召开，这是新中国科技发展史上又一座里程碑。邓小平在大会上重申"科学技术是生产力"，为科学技术事业发展奠定了坚实的思想理论基础。安徽省各级各类科研机构相继恢复或重建，科研队伍不断壮大，科技成果大量涌现。1977 年 9 月，安徽省委就贯彻《中共中央关于召开全国科学大会的通知》精神，作出紧抓科技战线整顿、落实知识分子政策、制定科学发展规划和恢复安徽省科学技术委员会等六条决定。11 月，安徽又批准恢复全省各级科协及所属社团、科普组织。到 1979 年年底，全省各级科技管理机构、科研机构和科技群众团体相继得到恢复、建立和发展。1977 年 10 月，安徽省委、省政府召开"文化大革命"后全省第一次科技工作会议，全面部署科技工作。1978 年，经国务院批准组建了中国科学院合肥分院。同年，安徽省积极落实知识分子政策，平反冤假错案。安徽省委、省政府批准恢复"文化大革命"中被撤销或遭破坏的科技管理机构、科研机构以及群众科技团体。1980 年，安徽省委转发了省科委《关于国民经济调整期间科技工作部署的报告》。1987 年 10 月，安徽省人民政府印发《关于放活科研机构放宽科技人员政策的若干规定》。截至 1988 年年底，全省有县以上政府部门所属科技研发机构 196 个，全民所有制单位的自然科技人员达 29.9 万人，工业科技机构 77 个，工程科技人员 12.3 万人。1984—1986 年，安徽省先后有赵乃刚等 18 位科技人员被国家科委授予"国家级有突出贡献的中青年科技专家"光荣称号。截至 1987 年年底，全省全民所有制单位的科技人员近 28 万人，科技人员的素质有所提高，专业构成趋于合理。

2. 依靠科技促经济发展

1992 年 6 月 6 日至 8 日，全省科技工作会议召开。会议明确提出依靠科技是振兴经济的唯一选择，党政一把手要抓好"第一生产力"。6 月 28 日，安徽省委、省政府印发《关于依靠科技进步推动经济发展若干问题的决定》，要求各级党委和政府必须紧紧围绕依靠科技进步发展经济这个主题，取得新的突破。1994 年 6 月 28 日至 30 日，安徽省科学技术大会召开。这是 1978 年全省科学大会之后的又一次重要会议。会议指出：要牢固树立"科学技术是第一生产力"的观念，把依靠科技发展经济作为长期的指导思想，始终摆到重要位置。1994 年 8 月，安徽省人民政府发出《关于进一步加强农科教结合工作的通知》，提出：要大面积提高农村劳动者素质，大力推进科技进步，建设县、乡、村三级农业社会化服务体系，培育一批高水平的农科教结合示范点。9 月 3 日，安徽省委、省政府作出《关于促进科技经济一体化的决定》，全省进一步深化科技体制和经济体制改革，以经济效益为中心，紧紧抓住科技成果转化为现实生产力这个关键，在高新技术产业化、用高新技术改造传统工业、用现代科学技术改造传统农业、提高和发展乡镇企业等方面取得突破性进展，为全省经济和社会事业"三年大发展，五年上台阶"，为20世纪末实现第二步战略目标打下坚实基础。1996年1月12日，安徽省委、省政府发出《关于贯彻〈中共中央、国务院关于加速科学技术进步的决定〉的实施意见》，提出把实施科教兴皖战略置于安徽省跨世纪三大战略之首。1997年6月18日，安徽省委办公厅、省政府办公厅印发《安徽省八项科技工程总体实施方案》。全省积极实施杂交水稻良种及配套技术示范工程、黄牛品种改良和快速育肥示范工程、特种水产集约化养殖示范工程、生物医药产业化工程、超细材料产业化工程、计算机信息技术应用示范工程、汽车关键零部件先进制造技术应用工程、小水泥综合技术示范推广工程。1998年2月，中科院等离子体研究所大型核聚变装置HT-7超导托卡马克通过鉴定，标志着中国成为继法、俄、日之后第四个拥有该装置的国家。1998年6月24日至26日，全省企业技术进步工作会议召开。会议总结全省企业技术进步工作，重点部署"九五"后三年企业技术进步工作。全省组织实施"六百工程"，即创建100个企业技术开发中心，再创100个名牌产品，新上100个重点企业技术改造项目，培育100个优势企业，综合整治200户国有大中型工业亏损企业。1999年11月6日，安徽省人民政府印发《安徽省人民政府关于进一步扶持高新技术产业发展的若干规定》，提出进一步实施科教兴皖战略，加速推进经济技术升级计划，加大对高新技术产业发展的扶持力度，增强安徽在跨世纪发展中的综合竞争力，提出25条政策措施。2001年11月29日，安徽省人民政府印发《安徽省农业科技发展纲要（2001—2010年）》。2004年，科技部批准合肥为"国家科技创新型试点市"。2008 年，安徽省委、省政府作出建设合芜蚌自主创新综合配套改革试验区的战略决策并强力推进实施，创新型安徽建设进入新的发展阶段。2006 年 4 月，安徽省委、省政府召开全省科学技术大会，作出"走创新型崛起之路，建设创新型安徽"的战略部署，印发了《安徽省科技发展"十一五"规划纲要及 2020 年远景展望》和《关于实施科技规划纲要增强自主创新能力的意见》。2009 年 12 月，科技部经报告国务院，批复同意建设合芜蚌自主创新综合试验区，安徽成为首批国家技术创新工程试点省。2010 年 1 月，合肥被确定为国家首批创新型试点城市。同月，安徽省委、省政府召开国家技术创新工程安徽省试点工作动员大会，加快推进创新型安徽建设。2011 年 7 月，经国务院批准，合芜蚌试验区参照中关村国家自主创新示范区开展重大政策试点，正式与北京中关村、武汉东湖、上海张江并列"3+1"示范试验区。2012 年 7 月，安徽省与中科院合作、合肥市与中科大共建先进技术研究院。

截至 2012 年年底，安徽全省共有各类专业技术人员 182.8 万人，比上年增长 9.7%；科研机构 2091 个，其中大中型工业企业所办机构 671 个；从事研发活动人员 14.5 万人。安徽 2012 年用于研究与试验发展（R&D）经费支出 275 亿元，增长 28.1%，相当于全省生产总值的 1.6%。全省有国家大科学工程 5 个；有国家实验室 2 个，国家重点（工程）实验室 15 个，省级（含重点）实验室 105 个，部属（含院属）实验室 35 个；有省级以上工程（技术）研究中心 397 家，其中国家级 20 家；有高新技术产业开发区 12 个，其中国家级 4 个。全年共取得省部级以上科技成果 878 项。主要科技成果有宽温区制冷系统关键技术研究与应用、车载多普勒测风激光雷达等。全年受理专利申请 74888 件，授权专利 43321 件，比上年分别增长 54.2% 和 32.6%；共签订各类技术合同 6806 项，成交金额 86.2 亿元，比上年增长 32.6%。

3. 建设合肥科学岛

1978 年，中国科学院合肥分院成立。合肥分院建于合肥西郊董铺岛上，面积 2.65 平方公里。2003 年春天，"合肥科学城"横空出世。2003 年 5 月 8 日，中科院合肥分院、中科院安徽光机所、中科院等离子体物理所、中科院固体物理所合并成立"中国科学院合肥物质科学研究院"（以下简称"合肥研究院"），"科学岛"成为合肥研究院的别名。合肥研究院的成立更加凸显了合肥科教城市在全国的战略地位。合肥研究院是中国科学院所属最大的综合性科研机构之一，由安光所、等离子体所、固体所、智能所、强磁场中心、核能安全所、健康所七个研究单元组成；2021 年年底有职工约 2700 名，领军人才如两院院士、海内外高层次人才、国家杰出青年基金获得者、国家重点研发计划首席科学家、关键技术人才等 300 余人；设

合肥科学岛鸟瞰图

有 5 个博士后流动站、19 个博士点和 21 个硕士点，在校研究生约 3100 名；拥有三十多个国家或省部级重点实验室和研究中心，以及十多个大型实验平台。2020 年 7 月，"稳态强磁场国家大科学工程"等 6 项科学岛上的研究成果，获得了 2019 年安徽省科学技术奖。

（三）建设创新型安徽

党的十八大以来，安徽省坚持创新引领战略，围绕科技强省建设，加快自主创新步伐，主动参与长三角创新共同体和 G60 科创走廊建设，积极搭建"五个一"创新主平台和"一室一中心"分平台，实施关键技术攻关，区域创新能力连续十年居全国第一方阵。2016 年 4 月 24 日至 27 日，习近平总书记考察安徽并发表重要讲话。2016 年 4 月 26 日上午，习近平总书记在中国科学技术大学先进技术研究院观看了高新技术企业科技成果集中展示。习近平总书记表示，这些科研成果，表明你们在新兴产业发展方面动作快、力度大、成绩明显。习近平总书记说，合肥这个地方是"养人"的，培养出了这么多优秀人才，是创新的天地。

中共安徽省委、省政府把创新作为最大政策，"下好创新'先手棋'，推进'五大创新'（科技创新、产业创新、企业创新、产品创新、市场创新），抓好'四个强化'（强化企业为主体、市场为导向、产学研相结合的技术创新体系，强化科研院所和高等院校科技创新基础作用，强化企业技术创新主体作用，强化创新人才队伍建设）"，科学谋划全省创新驱动发展顶层设计，先后出台《贯彻落实国家创新驱动发展战略纲要实施方案》《安徽省五大发展行动计划》等顶层设计文件，绘就了安徽加快由科技大省向科技强省跨越的宏伟蓝图。

截至 2021 年年底，全省专业技术人才总量 451.4 万人，其中高层次人才 47.5 万人，共有科研机构 6769 个，从事研发活动人员 27.9 万人。全省已建成全超导托卡马克、稳态强磁场、同步辐射等 3 个国家大科学装置。有国家重点实验室（含国家研究中心）12 个、省重点实验室 171 个；有省级以上工程技术研究中心 521 家，其中国家级 9 家；有省级以上高新技术产业开发区 20 个，其中国家级 6 个；有高新技术企业 11368 家，比上年净增 2809 家。2019 年至 2021 年，长三角协同承担国家重点研发计划项目 682 项，争取国家项目研究经费 109.49 亿元，安徽省与沪苏浙在联合攻关、国际合作、专家共享、成果转化等方面形成了制度政策的有效协同；初步打造出具有全球影响力的科技创新共同体。

1. 科技体制机制改革

"十三五"以来，安徽省坚持以改革推动创新，以创新驱动发展，先后出台实施合芜蚌自主创新示范区先行先试政策、创新型省份建设政策、大院大所合作政策、加强基础研究政策、引导全社会加大研发投入政策等系列政策，加快建设技术和产业、平台和企业、资本和金融、制度和政策四大创新发展支撑体系，逐步构建具有安徽特色的科技创新制度体系。2013 年 11 月 25 日，《安徽省创新型省份建设方案》获科技部原则同意，安徽省成为全国第二个创新型省份建设试点省。2014 年 2 月 23 日，安徽省委、省政府印发《关于实施创新驱动发展战略进一步加快创新型省份建设的意见》，省政府办公厅印发 6 项配套文件，形成"1+6"科技创新政策体系。2015 年，科技创新政策体系升级拓展为覆盖创新驱动全过程的"1+10"政策体系。2017 年 1 月 10 日，合肥综合性国家科学中心建设方案获国家发改委和科技部批复，合肥成为继上海之后的全国第二个综合性国家科学中心。2017 年 1 月 12 日，安徽省委、省政府印发《安徽省贯彻落实〈国家创新驱动发展战略纲要〉实施方案》，提出科技强省建设"三步走"目标：力争到 2020 年建设成为创新型省份，基本建成安徽区域创新体系；到 2030 年跻身创新型省份前列；到 2050 年建成创新型强省。2017 年 9 月 7 日，安徽省委、省政府和中科院联合印发《合肥综合性国家科学中心实施方案（2017—2020 年)》。全省系统推进全面创新改革试验，深入推进科技成果"三权"管理改革，深化"放管服"改革，实施科研人员减负七项行动，大力推动作风学风转变。通过系统性、整体性、协同性创新改革试验，激发了全社会创新活力与创造潜能。

2. 重大创新平台建设

"十三五"以来，安徽省着力打造国家实验室、合肥综合性国家科学中心、合肥滨湖科学城、合芜蚌国家自主创新示范区、全面创新改革试验省等"五个一"创新主平台建设，大科学装置形成了"3+4+4"建设格局，即已建成全超导托卡马克、稳态强磁场、同步辐射等 3 个大装置，正在推进建设聚变堆主机关键系统综合研究设施等 4 个装置，谋划建设合肥先进光源等 4 个装置。截至 2020 年 12 月底，全省已建成各类国家级研发平台 210 家，"一室一中心"28 家，省重点实验室 175 家，省级以上工程技术研究中心 534 家，院士工作站 62 家，安徽已成为国家战略科技力量布局的重要省份。依托"五个一"创新主平台和"一室一中心"分平台和重大科学基础设施，安徽省在量子通信、新能源、新材料等领域取得了一批重大原创成果。2018 年 2 月 11 日，安徽省委、省政府印发《关于组建安徽省实验室安徽省技术创新中心的决定》，决定首批组建 10 个左右的安徽省实验室和 10 个左右的安徽省技术创新中心。2019 年 7 月

24 日，安徽省人民政府印发《关于推进安徽省实验室安徽省技术创新中心建设的实施意见》，明确重点建设任务和保障措施。2019 年 4 月 24 日，全国首座以创新为主题的场馆——安徽创新馆开馆。全省有四个产业集群入选国家首批战略性新兴产业集群，两家企业跻身世界 500 强，制造业增加值、数字经济增加值均超 1 万亿元，以"芯屏器合"为标识的现代产业体系加快构建。

合芜蚌国家自主创新示范区。2008 年 10 月，安徽省委、省政府印发《关于合芜蚌自主创新综合配套改革试验区的实施意见（试行）》。安徽省政府每年安排 5 亿元试验区建设专项资金，并连续五年每年安排 1 亿元创业风险投资引导资金。2009 年 12 月，科技部经报告国务院批复同意建设合芜蚌自主创新综合试验区，将安徽省与浙江省、江苏省一起列为首批国家技术创新工程试点省。2011 年 7 月，经国务院批准，合芜蚌试验区参照中关村国家自主创新示范区开展重大政策试点，正式与北京中关村、武汉东湖、上海张江并列"3+1"示范试验区。2016 年 6 月，国务院批复安徽建设合芜蚌国家自主创新示范区和开展系统推进全面创新改革试验，赋予安徽为全国科技创新探路的重大使命。截至 2021 年 6 月，芜湖市拥有省级以上研发机构达 423 家，新型研发机构 27 个，省级以上重点实验室 16 家，高新技术企业和国家科技型中小企业双双突破 1000 家，全省百强高新技术企业芜湖市占 21 家。

合肥滨湖科学城。2017 年，合肥滨湖科学城建设启动。合肥滨湖科学城包括三个组成部分，在高新区布局建设国家实验室核心区和成果转化区，围绕中科院合肥物质研究院（科学岛）建设大科学装置集中区，依托中国科学技术大学、合肥工业大学、安徽大学建设教育科研区，引导大科学装置、交叉前沿研究平台等创新资源集中在此区域布局。这是滨湖科学城的核心区。90 平方公里的综合性国家科学中心核心区，包括国家实验室核心区、大科学装置集中区、教育科研集聚区、产学研用创新成果孵化加速转化区。2019年8月，《合肥滨湖科学城（国家级合肥滨湖新区）总体规划（2018—2035年）》编制完成。合肥滨湖科学城空间范围包括肥东、肥西2个县和包河、蜀山、庐阳3个区的部分区域，覆盖4个国家级开发区（合肥高新区、合肥经开区、合肥出口加工区、蜀山经开区）和3个省级开发区（肥东经开区、肥西经开区、包河经开区），规划面积491平方公里。

合肥综合性国家科学中心。2017年1月10日，经国务院同意，国家发改委和科技部正式批准安徽省建设合肥综合性国家科学中心，安徽合肥与上海张江、北京怀柔共同成为全国三大综合性国家科学中心。2017年5月，中国科学院发布《中国科学院关于参与建设科技创新中心和共建综合性国家科学中心的指导意见》，明确重点围绕北京、上海科创中心和3个综合性国家科学中心的建设定位，统筹部署基础前沿科学研究、关键核心技术研发和重大科技基础设施建设，加大力度调整优化科技布局和资源配置结构，支撑北京、上海、合肥成为具有世界影响力的科技创新中心和科学中心。2017年9月，安徽省委、省政府和中国科学院联合发布《合肥综合性国家科学中心实施方案（2017—2020年）》，明确合肥综合性国家科学中心将以国家实验室为基石，建设若干"双一流"大学和学科，打造多类型、多层次的创新体系，成为代表国家水平、体现国家意志、承载国家使命的国家创新平台。打造重大科技基础设施集群，持续推进重大科技基础设施建设，持续推进高能级创新平台建设，布局"8+1+N"研究平台，形成覆盖科学发现、技术发现、临床试验、示范应用等全链条融通发展的国家级创新平台。

安徽创新馆。安徽创新馆是中国首座以创新为主题的场馆，是安徽创新发展的引领性工程。安徽创新馆占地面积150亩，建筑面积8.2万平方米。全馆由三栋独立的场馆组成，由"创引擎""创智慧""创未来"三大主题场馆组成，三大主题场馆交织关联，以科技成果转化交易为核心，形成"聚集展示、捕捉寻找、研发转化"的环形功能链。2019年4月24日，安徽创新馆正式开馆运营。安徽创新馆1号馆建筑面积2.2万平方米，征集展示各类创新成果展品1400余件；2号馆建筑面积1.7万平方米，着重体现先行示范功能，构建集知识产权评价、交易、金融服务、产业孵化等功能于一体的安徽科技大市场；3号馆建筑面积1.17万平方米，打造全球路演中心、科技成果发布中心、媒体创新传播中心等。安徽创新馆以实物为主角，辅以实物模型、艺术装置、数字沙盘以及声光电等多媒体手段的运用，阐述安徽创新发展的基因、创新发展的动力、创新发展的成果和未来。

2020年7月17日，安徽创新馆获批国家技术转移人才培养基地。创新馆内集聚了安徽省的亮点科创展品，设计了多种科技体验场景，包括创新安徽秀场、创新平台数字秀、量子时空隧道、智能产品总动员秀等。另外，安徽创新馆还是全国首个5G智能馆，设立了6个站点，为馆内举行大型路演和各大发布会提供"高速率、大带宽"的5G实况直播连线，是全省最大的5G集中体验区。安徽创新馆汇集了安徽省的科技亮点，突出科技创新，突出合肥综合性国家科学中心，突出市场化机制。截至2021年12月，创新馆已引进知名科技服务机构11家，组建技术创新中心3个，举办科技成果转化活动68场，发布创新成果500多个，为全省5000多家企业提供相关科技服务，接待各类参观12.6万多人次，进一步刷新了安徽创新形象，获得社会各界的积极响应。

中国科学技术大学先进技术研究院。2012年5月23日，中国

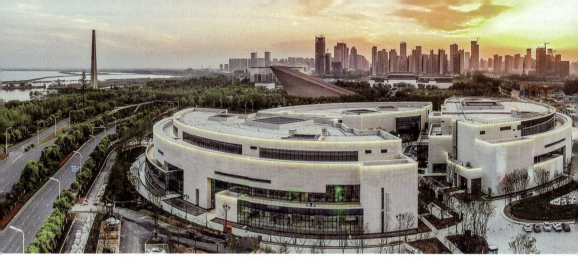

安徽创新馆外景图

科学院、安徽省人民政府确定共同建设中国科学技术大学先进技术研究院。2012 年 7 月 28 日，中科大先研院动工修建。2012 年 10 月 24 日，中科大先研院揭牌。截至 2021 年 12 月，中科大先研院已建设联合实验室 58 家，累计引进各类人才 678 人，累计孵化企业 254 家，培育国家级高新技术企业 44 家，已申请专利 223 项，2018 年、2019 年、2020 年、2021 年连续四年入围安徽省专利百强榜。

安徽科技大市场。安徽科技大市场依托安徽创新馆设立科技成果交易转化区，构建"公司＋政策＋基金＋平台＋项目＋基地"的重大科研成果技术熟化、产业孵化、企业对接、成果落地全链条转化机制，加快建设技术经理人队伍、技术转移机构和转移转化基地，推动科技成果就地交易、就地转化、就地应用，打造成为合芜蚌国家科技成果转移转化示范区核心区。争创一批国家级基础学科研究中心、实验室和技术创新中心、产业创新中心、制造业创新中心、创新联合体。建设一批特色鲜明的科技成果转化示范基地和园区，突出重点领域、注重先试先用，以新产品（新技术）应用场景"引爆"新产业、新业态。优化科技大市场运行机制，实施"四千二百"工程，形成发展成熟的"政产学研用金"六位一体科技成果转化服务体系，加快培育形成省、市、县三级联动，线上线下互动的全省统一的千亿级科技大市场，打造长三角高质量成果转化合作平台。

建立大科学装置成果转移转化机制，择优组织大科学装置衍生科研成果推荐对接、转移转化。出台实施全国首个创新型省份建设促进条例。探索实施"企业出题、政府立题、院所答题、市场阅卷"的"揭榜挂帅"科技攻关新机制，推行科研项目经费"包干制"试点、职务科技成果赋权改革试点等改革，创新创造活力竞相迸发。2021年，全省科技成果转化应用硕果累累，成功举办首届中国（安徽）科技创新成果转化交易会，获批合芜蚌国家科技成果转移转化示范区。全省吸纳、输出技术合同成交额分别达 2175.6 亿元、1754.55亿元，同比增长 92.3%、136.3%，连续五年居全国第九位。全色激光投影、仿鹅绒结构高保暖材料等创新成果应用于 2022 年北京冬季奥运会。

3. 推进关键技术攻关

"十三五"以来，安徽省紧紧围绕经济社会发展需求，坚持科技创新引领，开展关键技术联合攻关，加速产业转型升级，推动科技成果转化。2018 年 2 月 9 日，安徽省人民政府办公厅印发《安徽省半导体产业发展规划（2018—2021 年)》，提出打造以合肥为核心，以蚌埠、滁州、芜湖、铜陵、池州等城市为主体的半导体产业发展弧，构建"一核一弧"的半导体产业空间分布格局。2018 年 5 月11 日，安徽省人民政府印发《安徽省新一代人工智能产业发展规划（2018—2030 年)》，提出建设人工智能产业强省的目标任务。2018年 6 月 3 日，安徽出台《"数字江淮"建设总体规划（2020—2025年)》。2018 年 7 月 27 日，安徽省委、省政府印发《关于加快建设"数字江淮"的指导意见》，提出要着力打造"数字经济、数字政府、数字社会"三位一体的数据引领型发展模式。2018 年 10 月 23 日，安徽省人民政府印发《支持数字经济发展若干政策》，提出 10 条政策措施。

　　完善创新发展支撑体系，建成运行科技创新平台，打造"政产学研用金"六位一体科技成果交易市场。深化科技金融工作，组建运行安徽省科技成果转化引导基金，已累计决策设立 6 支子基金、投资 11 个项目，总投资额 2.66 亿元，安徽省科技融资担保覆盖所有县域，累计完成科技担保 23.75 亿元、服务企业 461 户。实施科技企业孵化器质量提升行动，全省已建省级以上科技企业孵化器 109 家，其中国家级 32 家；众创空间 202 家，其中国家备案 53 家。先后举办大院大所科技成果对接会、"抓创新、抗疫情、促六稳"科技成果发布暨线上交易会，发布科技成果 1900 多项，签约项目 254 个。2019 年，全省吸纳、输出技术合同成交额分别为 610 亿元、452.7 亿元，吸纳输出技术合同交易总额首次突破 1000 亿元，技术合同成交额稳定实现"进"大于"出"，科技成果转移转化活跃度日益增强。

2021 年 4 月 12 日，安徽省科学技术奖励暨加快建设科技创新攻坚力量体系推进大会在合肥召开

大力发展高新技术企业。2014年9月2日，江淮汽车股份公司发布公告，将向美国GTA公司出售"爱意为"纯电动汽车，第一批100台电动汽车于9月3日从合肥港启运。这是我国新能源汽车首次出口到欧美发达国家市场，是安徽省先进制造业和战略性新兴产业发展取得的标志性成就。2015年1月1日，安徽省新增4家国家级科技企业孵化器，分别为合肥市原创动漫园管理有限公司、合肥安大科技园发展有限公司、马鞍山创意软件园管理发展有限公司、芜湖大学科技园发展有限公司。至此，安徽省国家级科技企业孵化器达到17家。2016年以来，全省高新技术企业增长1.1倍，2019年累计达到6636家。全省省级以上高新区达20家，实现全省16个市全覆盖。全省规模以上高新技术产业产值、增加值比2015年分别增长78.9%、73.5%，高新技术产业增加值占工业增加值比重超过40%。高新区和高新技术企业已成为安徽产业转型升级的主力军，尤其是在新冠肺炎疫情以来的经济社会发展中发挥了重要作用。截至2021年年底，全省有省级以上工程技术研究中心521家，其中国家级9家；省省级以上高新技术产业开发区20个，其中国家级6个。有高新技术企业11368家，比上年净增2809家。全年登记科技成果17755项，其中各类财政资金支持形成的科技成果896项。全省12个项目获2020年度国家科技奖，包括基于量子信息技术研究量子物理基本问题，拉曼光谱快速检测毒品毒物的增强基片、方法及仪器的关键技术，绿茶自动化加工与数字化品控关键技术装备及应用，城镇污水处理厂智能监控和优化运行关键技术及应用等。授权专利15.3万件，比上年增长28.2%。截至2021年年底，全省有效发明专利12.2万件。

创新成果不断涌现。2016年8月16日，由中国科学技术大学主导研制的世界首颗量子科学实验卫星"墨子号"成功发射。11月

13 日，中科院合肥物质科学研究院强磁场科学中心自主研制的混合磁体装置调试获得圆满成功，实现 40 万高斯稳态磁场的任务目标，成为磁场强度世界排名第二高的稳态强磁场装置。2017 年 8 月 9 日，"墨子号"卫星首次成功实现千公里级卫星和地面之间的量子纠缠分发、量子密钥分发和量子隐形传态。2017 年 9 月 29 日，量子通信"京沪干线"正式开通，首次实现洲际量子保密通信。2019 年 12 月 30 日，"墨子号"首次实现与可移动量子卫星地面站对接。被称为"人造太阳"的超导托卡马克大科学装置（EAST），多次刷新等离子体运行世界纪录，取得国际核聚变重大突破；成功研制国际热核聚变实验堆首个大型超导磁体线圈竣工并交付；自主研制的国际热核聚变实验堆（ITER）计划校正场首批线圈暨法国聚变研究实验（WEST）装置偏滤器关键部件成功交付。2020 年 9 月 12 日，国内首个超导量子计算云平台在合肥上线。该平台基于超导量子计算机"悟源"，向全球用户提供真实的量子计算云服务。2020 年 12 月 4 日，76 个光子的原型机"九章"问鼎全球最快计算机，使我国成为全球第二个实现"量子优越性"的国家。蚌埠玻璃工业设计研究院超薄电子玻璃屡创纪录，2020 年成功研发中国第一、世界领先的 30 微米柔性可折叠玻璃。科技进步贡献率年均提升 0.8 个百分点，每万人口专利拥有量由 4.3 件提高到 11.7 件。

党的十八大以来，安徽省持续防范化解科技领域重大风险，围绕新兴产业基地、战略性新兴产业及高新技术产业重点领域和关键环节的科技需求，实施 906 项科技重大专项和 1388 项重点研发计划，财政支持经费达 20.14 亿元。2014 年 4 月，蚌埠玻璃工业设计研究院 0.12 毫米超薄电子触控玻璃下线，创造浮法技术工业化生产的世界最薄玻璃纪录。2018 年 5 月 10 日，康宁合肥全球首条 10.5 代液晶玻璃基板生产线建成量产。推进关键核心技术攻关，以集成电路、新型显示、人工智能等为代表的"芯屏器合"产业体系已经成为安徽的崭新名片："芯"——长鑫公司自主研发的动态随机存取存储芯片实现量产；"屏"——合肥京东方全球首条最高世代线第 10.5 代线正式量产，蚌埠玻璃院自主研发的 8.5 代超薄浮法玻璃基板成功国产化；"器"——应流集团研制的航空发动机用单晶叶片打破国外垄断，世界首台光量子计算机诞生；"合"——科大讯飞研制出世界上唯一让机器达到真人说话水平的语音合成系统。"十三五"期间，积极开展高新技术企业培育行动，全省高新技术企业增长 1.1 倍，2019 年累计达到 6636 家，2020 年突破 8500 家。全省省级以上高新区达 20 家，实现全省 16 个市全覆盖。全省规模以上高新技术产业产值、增加值比 2015 年分别增长 78.9%、73.5%，规模以上高新技术产业增加值占全省规模以上工业增加值比重超过 40%。

表 3-1　2012—2021 年部分年份安徽省科技发展情况

	2012 年	2015 年	2018 年	2020 年	2021 年
专业技术人员数（万人）	182.8	220.4	230.7	435	451.4
研究与试验经费（亿元）	275	432	630	—	—
国家大科学工程（个）	5	5	5	6	—
国家实验室（个）	2	1	—	—	—
国家重点（工程）实验室（个）	15	21	26	—	—
省级以上工程技术研究中心（家）	397	557	721	534	521
高新技术产业开发区（个）	12	16	19	20	20
省部级以上科技成果（项）	878	705	888	953	896
受理申请专利（件）	74888	127709	207428		
授权专利（件）	43321	59039	79747	119700	153000

2020 年，新冠肺炎疫情出现，安徽省紧急启动疫情防控应急科技攻关 16 项，中科大"托珠单抗"免疫治疗方案列入第七版、第八版国家诊疗方案向全国推广，东超科技公司研发的"无接触自助机"、合肥通用机械研究院研制的"除菌毒空气净化机"产品相继投入使用，充分体现了科技在疫情防控、助力复工复产中的"硬核"担当。全省深入推行科技特派员制度，省、市、县三级共选派科技特派员 6377 名，其中向贫困村选派 3070 名，覆盖 3000 个贫困村，科技精准扶贫有效助力了脱贫攻坚。全省累计引进高层次外国专家24000 余人次，获批国家级引才引智示范基地 8 家，入选地方高校新建学科创新引智基地（"111 基地"）2 家，实现地方高校入选"111基地"零的突破。高层次人才发挥了"领军、示范、导师、智囊"作用，为提升全省自主创新能力，服务全省战略性新兴产业发展，实现产业转型作出了积极贡献。实施高层次科技人才团队在皖创新创业扶持计划，省级共扶持 220 个高层次科技人才团队落户安徽创新创业，省级财政投入 12.63 亿元，引导地方和社会资金投入近 70亿元，贡献税收超过 4 亿元。合肥芯碁微电子装备股份有限公司顺利通过上交所科创板上市审核，成为安徽省高层次科技人才团队创新创业政策扶持下诞生的第一家上市企业。

4. 科技赋能精准脱贫

科技扶贫，是提高脱贫质量的重要途径。党的十八大以来，安徽省以大别山等革命老区和皖北地区为重点，围绕完善"一个目标、两个机制、三个保障、四个结合"科技服务精准脱贫体系，积极探索一条科技创新驱动精准脱贫之路，递交了一份科技赋能脱贫攻坚的创新答卷。截至 2020 年年底，全省 70 个有扶贫开发任务的县培育"三品一标"农产品 7423 个，占全省总数的 84.4%。2018—2020

年，安徽连续组织开展产业扶贫先进典型评选活动，评选出产业扶贫十大园区、十大企业、十大家庭农场、十大示范村。

围绕一个目标。2013 年至 2020 年，安徽省围绕提升贫困地区科技创新能力目标，聚焦贫困地区尤其是深度贫困地区产业发展的科技需求，不断加大对农业科技投入。累计投入财政经费 3 亿多元，组织实施科技扶贫项目 1073 项，选任科技特派员结对帮扶 3000 个贫困村；累计在贫困地区引进、推广新技术、新品种、新装备 4800 项，直接帮助农村贫困户 11.4 万余户，带动农户近 40 万户，为打赢脱贫攻坚战提供了有力科技支撑。肥西县 2004 年在全省率先建立农业科技特派员制度，截至 2018 年 7 月，全县先后选派农业科技特派员 200 多人次，推广农业实用技术 300 余项，实施农业攻关项目 100 多个，应用转化技术成果 400 多项，累计进行技术培训 200 多场次。

健全两个机制。一是政策联动机制。安徽省出台了《关于加强科技扶贫的实施意见》《安徽省贯彻边远贫困地区、边疆民族地区和革命老区人才支持计划科技人员专项计划的实施方案》《关于深入推行科技特派员制度的实施意见》等一系列政策举措，引导各类科技人员扎根贫困地区建功立业。安徽省还出台了《安徽省大别山等革命老区、皖北及贫困县科技扶贫项目管理办法》，设立科技扶贫专项，单独申报、单独立项、单独评审。全省各地结合当地实际制定出台科技扶贫政策文件 180 余项，形成了科技扶贫工作的政策叠加效应。二是调研指导机制。围绕实施科技扶贫项目和推进科技特派员结对帮扶贫困村工作，省、市、县科技部门联动，通过"四不两直"方式深入基层一线进行实地调研，及时有效解决科技扶贫项目实施中存在的问题，切实发挥科技支撑和引领作用，助力脱贫攻坚，推动乡村振兴。

强化三个保障。一是强化组织保障。坚持党对科技扶贫工作的领导。全省成立了科技扶贫工作领导小组，全面负责科技扶贫的规划指导、统筹协调、工作协同、督导检查；成立了安徽省科技特派员创新创业行动协调领导小组，形成部门协同、上下联动的工作格局。从2016年起，全省每年对国家级、省级贫困县和有扶贫开发任务的县开展科技扶贫考核。二是强化经费保障。从安徽省科技重大专项、重点研发计划和中央引导专项经费中，每年安排一定比例经费用于科技扶贫工作。2016年至2020年，将安徽省科技一般性转移支付资金主要用于科技扶贫工作，并根据省财政对科技经费投入的增加，相应增加对科技扶贫的投入。修订出台了《安徽省人民政府关于支持科技创新若干政策》，2016年将省奖励资金补助金额上浮20%政策从国家级贫困县拓展至省级贫困县，实现贫困县全覆盖。三是强化人才保障。深入推进科技特派员制度，发挥科技特派员骨干作用，引导大学生、返乡农民工、退伍转业军人、退休技术人员、农村青年等参与农村科技创业。引导科技特派员在帮村扶户基础上开展农业全产业链服务，并与服务对象建立利益共同体。

实现四个结合。一是实现人员选任与需求导向相结合。针对农业农村发展特别是脱贫攻坚实际需求，省、市、县三级联动，组织高等院所和企业科技人员作为科技特派员，发挥职业专长，带技术、带成果下沉服务。加大大别山等革命老区、皖北地区科技特派员选任力度，助力贫困地区产业发展。注重多领域选任科技特派员，引导科技特派员创新创业服务由一产向二、三产业拓展。二是实现项目实施与帮村扶户相结合。安徽省成立9个省级产业扶贫专家组，负责全省农业特色产业发展技术服务指导，并定点帮扶大别山革命老区、皖北地区、沿淮行蓄洪区的18个贫困县，每年安排一定转移支付资金支持科技项目。2016年至2020年，各地产业扶贫专家组开展技术指导服务 18.6 万次，共培训自种自养贫困户 573.6 万人次。通过科技特派员、科技项目与区域科技创新有机结合，有力促进了贫困地区先进、成熟、适用技术的应用推广，培育了一大批农业科技型企业和新型农业经营主体，加快了六安黄大茶、砀山酥梨、岳西蚕桑、皖西白鹅等一批特色产业发展。三是实现个体服务与构建体系相结合。构建以涉农高校院所为创新源头，以农业科技园区、农（林）业综合试验站为创新龙头，以"星创天地"科技特派员工作站为创新基点的农业科技创新服务体系。完善科技扶贫工作服务体系，集聚科技创新要素和资源，提升贫困地区科技创新能力。截至 2020 年年底，全省共建设国家农业科技园 18 个，实现国家农业科技园省辖市全覆盖。创建国家"星创天地"89 个，建设省农（林）业综合试验站 14 个、省级农业科技园区 27 个、省级科技特派员工作站 270 个。四是实现助力脱贫攻坚与服务乡村振兴相结合。在安徽贫困地区推广"高校院所＋龙头企业＋科技特派员＋贫困户"等富有成效的帮扶模式。2013—2020 年，全省涌现出一批科技扶贫先进典型，多名科技特派员和安徽农业大学新农村发展研究院受到科技部通报表彰。

四、教育铸魂育人才

中华人民共和国成立以后，特别是进入中国特色社会主义新时代以来，安徽省委、省政府高度重视教育事业发展，先后提出实施科教兴皖战略和人才强省战略，全省教育系统牢固树立新发展理念，以办人民满意的教育为目标，以立德树人为根本任务，以全面深化改革为强大动力，努力办好公平而有质量的教育，教育现代化步伐明显加快，人民群众教育获得感显著增强，教育综合改革向纵深推进，实现了全方位、系统性的整体提升。

（一）夯实教育发展基础

1949年4月15日，皖北人民行政公署成立；5月13日，皖南人民行政公署成立。同时，皖北行署文教处和皖南行署文教处也随之设立，两行署文教处颁布《小学教育暂行实施办法（草案）》，对新解放区的小学实行"维持改造"的方针，进行接收、恢复工作，并实行新的小学教学计划。5月18日至24日，皖北行署在合肥召开第一次教育行政会议，明确当前的教育工作方针、任务，对有关教育行政管理的各项问题作出了决议，并制定了办法和措施。皖北区和皖南区根据"维持现状，逐步改造"的方针，先后接管了各级各类学校计 12671 所，学生 707921 人，其中，高等学校 2 所，学生 1052 人；中学 143 所，学生 30594 人；中专 24 所，学生 5446 人；小学 12399 所，学生 663868 人；幼儿园 102 所，幼儿 6917 人；盲哑学校 1 所，学生 44 人。当时安徽教育远远落后于全国平均水平。

1. 基础教育事业起步与前行

1949 年 10 月 10 日，皖北行署制定印发《皖北教育行政法令（草案）》，要求各地各校按照规定执行。主要内容包括《中等学校暂行编制及行动组织（草案）》《小学教育暂行实施办法（草案）》《小学教师服务暂行规程（草案）》《中小学公杂费修正标准》《中小学收费标准暂行办法》《中小学免费暂行办法（草案）》《中小学人民助学金暂行办法》《私立学校管理办法（草案）》等。1950 年 1 月 13 日，皖北行署发出关于文教工作的训令，印发《皖北区师范教育暂行实施办法》，对师范教育的方针、任务和学校的设置、领导、学制、课程、经费等作出了明确的规定。皖南行署也发布了一系列政策指导性文件，规范和促进各项教育事业发展，如《皖南区私立学校暂行管理办法》《关于中等学校学生参加社会活动的决定》《机关业余文化学校暂行实施办法（草案）》《中等学校学生成绩考察暂行办法》等。

1950 年年初，皖南行署和皖北行署相继召开首次中等教育会议，传达贯彻全国教育工作会议决议，研究确定中等教育的方针、任务，解决学校的政治思想教育、教学和领导管理等问题。1950 年 10 月，皖北行署、皖南行署又相继召开首届农民教育会议，讨论解决关于冬学的教材、师资、经费等问题，并部署了冬学转常年民校工作，提高农民的文化水平。

1950 年 10 月，皖南行署发出《关于各级学校进行土改教育的指示》，要求各级学校本学期的思想政治教育，应以土改教育为中心，深入认真系统地学习有关土改的基本理论与方针政策。皖北行署发出《关于在土改运动中维持学校、团结知识分子的指示》，指出：在土改运动中，各级人民政府必须认真掌握维持改造学校的方针，保证现有公立私立学校不至于发生裁员或停办；对知识分子的争取团结教育改造的既定方针，在土改中应慎重掌握，不应对知识分子歧视打击或置之不理；在土改运动中遇有牵涉学校师生的问题时，处理必须十分慎重，尽可能使学校少受影响；要坚决执行土改政策，稳定学校师生正常情绪，不得偏袒包庇，也不许随意处理；各级学校在进行土改教育中，要防止搬用社会斗争方式，纠正处理思想问题上的粗暴态度。

从 1949 年下半年到 1951 年，皖北地区遭受严重洪水、冰雹和蝗虫灾害，全区受灾耕地面积达 60%，受灾人口超过 50%，受灾小学超过 70%。1950 年，中共皖北区委、皖北行署发出《关于坚持灾区教育和新区维持学校的指示》，指出要转变认识，走群众路线，克服困难，维持灾区学校。灾区小学结合生产救灾，采用适合灾区特点的教学组织形式，坚持办学，小学教育事业不仅得以坚持，且有所发展。1951 年上半年与 1949 年下半年相比，全区小学的数量增加 23.7%，学生数增加 90%，教师数增加 56.2%，受到中央人民政府教育部的表彰。1952 年 8 月 25 日，安徽省人民政府正式成立，安徽省教育厅随之成立，职能是主管全省教育行政事宜。9 月 21 日至 25 日，安徽省教育厅在芜湖市召开全省第一届中等教育会议，传达全国中小学教育行政会议精神，着重讨论加强学校的政治思想领导、改革中等教育、增加师资和提高教学质量等问题，并对各项工作作了部署。这一年安徽经济情况好转，省教育厅、省财政厅决定将全省民办小学由国家包下来改为公办，民办小学教职工转为公办教职工。

截至 1952 年年底，经过三年国民经济恢复，安徽省各级各类教育事业有了较大发展。全省共有高等学校 3 所，在校学生 2621人；中等技术学校 25 所，学生 7606 人；中等师范学校 63 所，学生13995 人；普通中学 147 所，学生 70390 人；小学 23093 所，学生1934410 人；幼儿园 588 所，在园幼儿 22020 人；盲聋哑学校 2 所，学生 100 人。全省各级各类学校在校学生总数比中华人民共和国成立时的 1949 年增长近 2 倍。同时，还有工农群众学习文化的在学人员 400 多万人，为 1949 年的 5 倍多，形成中华人民共和国成立后工农群众学习文化的第一个高潮。

2. 开展扫盲工作

自中华人民共和国成立到"文化大革命"前，安徽省的教育事业在探索中前行，突出的是扫盲工作和业余教育成效显著。1952 年9 月 18 日，安徽省人民政府发出《关于推行"速成识字法"开展扫除文盲运动的指示》，规定以工农干部、产业工人和有组织的青、壮年农民中的文盲为扫盲重点，要求建立省、专署、县、区、乡五级扫盲运动委员会，以加强对扫盲运动的领导。1953 年 8 月 17 日，安徽省扫盲委员会、安徽省教育厅发出《关于目前扫盲工作的通知》，提出四项举措：要妥善处理速成识字班；恢复、整顿常年民校；调

繁昌县平铺镇新林夜校正在对青壮年扫盲学员进行成绩测试

整师资队伍；调训专职教师和扫盲干部。1956年4月13日，安徽省委批转省教育厅党组《关于农村扫盲工作情况和今后工作意见的报告》，指出为广泛动员和组织社会力量、群众力量开展扫盲运动，各级政府均应迅速建立扫盲协会，县以上可设立办事机构，管理日常工作。1956年11月23日，安徽省委、省政府委员会发出《关于扫除文盲工作的指示》，指出必须密切结合工农业生产和整社工作开展扫盲运动，要求各级党委要把扫除文盲工作作为党的经常性工作任务之一，各级政府的教育行政部门要把扫盲工作切实管好，在七年内分期分批地基本扫除农村居民中的文盲，在两年内基本扫除脱产干部中的文盲。1957年11月18日，安徽省委扫盲领导小组为进一步发展扫盲运动，以适应农村社会主义改造高潮的需要，特决定省、地、市、县、区、乡党委均应建立扫盲领导小组，并建立必要的工作制度，要求教育部门要加强业务管理，各级青年团、妇联也要有人分工负责扫盲工作，党委农村工作部应将扫盲工作列为农村工作检查汇报内容之一，在安排农村生产时，要同时安排扫盲工作，以推动"以社办学"的原则切实贯彻。开展扫盲和农民业余教育主要从三个方面进行：一是从组织上结合，在生产组织的基础上建立学习组织，便于全面安排生产和学习。二是从内容上结合，根据"做什么就学什么""需要什么就学什么"的原则，把学习内容同生产、工作需要结合起来，使学习和生产、工作互相推动。三是从时间上结合，基层党组织对生产与学习统一安排，贯彻"不忙多学，小忙少学，大忙不学"的原则，灵活运用休息时间进行文化学习。

3. 业余教育蓬勃发展

针对各群体的业余教育也在蓬勃开展。1950年，皖北行署召开第二次宣教工作会议，部署了举办机关干部业余文化补习学校有关事宜。皖南行署发布《机关业余文化学校暂行实施办法草案》，提出举办机关业余文化学校，是为提高机关工农出身的干部及工作人员的文化水平，以便提高其理论水平和工作效率，或将来进入工农中学、人民大学继续深造。1950年6月，当政务院发出《关于开展职工业余教育的指示》后，皖南行署及时发布《皖南区职工业余教育暂行实施办法纲要（草案）》，皖北行署提出《关于整理与提高职工业余学校的意见》，职工业余教育的发展有了初步章程。职工业余学校于1956年转交行政部门或厂矿企业行政主管。1954年10月，安徽省人民政府召开全省首次农民业余文化教育会议，会议认为：结合农业生产合作社办学，是今后农民业余文化教育发展的基本方向，也是文化教育为农业合作化服务的最好办法，必须积极推行。会议决定将各级扫盲委员会合并于同级政府教育部门，成为教育行政部门的一个组成部分，以加强和统一对扫盲工作的领导。1956年6月16日，安徽省委批转省教育厅、省工会党组《关于召开职工业余文化教育会议的报告》，要求：1958年以前，全部扫除职工中文盲；1962年以前，将近代产业工人全部提高到高小毕业水平；1964年以前，将各类工人全部提高到高小毕业水平；1967年以前，将大部分工人提高到初中毕业水平，并使一部分工人达到高中毕业水平。关于职工教育管理体制，按照"政府领导，行政办学，工会协助"的原则，将职工业余教育交给行政部门或厂矿企业行政主管。从中华人民共和国成立至1957年年底的八年间，工农群众通过业余学习，全省有715925人扫盲毕业，52153人达到高小毕业水平，2204人达到初中毕业水平，为成人教育的进一步发展和提高奠定了初步基础。

1964年10月26日，安徽省委、省政府委员会转发省教育厅《关于积极试办和发展半工（农）半读教育事业的意见》，要求各地区、各部门要在提高思想认识的基础上，结合实际情况，拟订发展半工（农）半读教育事业的具体计划，积极试点，认真办好，逐步推广。安徽省委决定将合肥林校、凤阳农校等 7 所全日制中等农业技术学校改为半耕半读农业技术学校。随后，全省一批普通高、初中也先后实行"七四一"（全年学习 7 个月、劳动 4 个月、假期 1 个月）的安排，本着为社会培养劳动后备力量、为高一级学校培养合格新生的要求，精简课程教材，改进教学方法和考试方法，加强劳动锻炼和社会实践，向半耕半读过渡。安徽省教育厅为加强对半工（农）半读教育事业的领导，1964 年增设了半工（农）半读教育局。1965年 3 月 26 日至 4 月 23 日，在北京召开的全国半农半读教育会议认为，半农半读教育为在我国农村多快好省地普及小学教育和发展中等教育开辟了一条新的道路，是全国教育事业中一次深刻的革命。

4. 注重发展高等教育

合肥工业大学创建于 1945 年，1960 年被中共中央批准为全国重点大学。1958 年，安徽大学以合肥大学、原安徽大学物理系为基础重建。1958 年 9 月，毛泽东视察安徽，并为安徽大学题写校名。1965 年 1 月，安徽劳动大学在宣城县叶家湾正式成立。

截至 1965 年年底，安徽省有全日制高等学校 15 所，在校学生 19328 人；中等学校 3432 所，学生 417675 人；小学 105846 所，学生 4903989 人；幼儿园 338 所，在园幼儿 43184 人；盲聋哑学校 5 所，学生 382 人。全省有半工（农）半读中等学校和农业中学 2719 所，学生 13 万人。此外，全省还有业余高等学校 24 所，学生 1.2 万人；业余中等学校学生 8.1 万人；业余初等学校学生 143 万人。至此，全省各级各类教育事业开始形成一个比较合理的结构。

（二）坚持教育优先发展

1978 年年底，党的十一届三中全会召开，全会兴起的改革春风吹遍了江淮大地，也给安徽教育工作带来良好的发展机遇。全省各级党委和政府认真贯彻中央关于教育工作的一系列指示精神，牢固树立教育优先发展的战略思想，迅速采取切实有效的措施，加快恢复和发展安徽教育事业。

1. 加快发展高等教育

1978 年 2 月 21 日—27 日，安徽省科学技术大会在合肥召开，会议明确了高等院校既是教学中心，又是科学研究中心。全省高考制度逐步常态化、规范化。高校的科学研究应贯彻为经济建设服务的指导思想，以自然科学为突破口，加强基础研究、应用研究、开发与推广研究。

党的十一届三中全会后不到两年的时间，安徽省高等教育规模迅速扩张。经国务院批准，由冶金工业部主管的马鞍山钢铁学院创办成立，在蚌埠市先后成立了中国人民解放军汽车管理学院、蚌埠教育学院。随后，芜湖教育学院、阜阳教育学院、滁州师范专科学校、马鞍山师范专科学校、铜陵师范专科学校、淮南教育学院相继成立，安徽工学院、安徽农学院、安徽机电学院、六安师范专科学校、阜阳师范学院、芜湖师范专科学校、合肥师范专科学校、淮北煤炭师范学院和安徽财贸学院等一大批高校也陆续新建或恢复办学。为扩大培养中学师资和医学、农学等专业人才，安徽师范大学、安徽大学、安徽劳动大学、安徽医学院、安徽农学院等省属高校开始以老带新，在各地设教学点或分校，扩大人才培养规模。中国科学技术大学、合肥工业大学恢复列为全国重点高等学校，分别隶属于中国科学院和机械工业部。1978 年 3 月，中国科学技术大学在全国首先创办少年班，首届招收少年大学生 21 名。1979 年 7 月中旬，邓小平视察安徽，在此期间，他在黄山亲笔为合肥工业大学题写了校名。当年 9 月，安徽省高教局就高教战线实现工作重点转移和贯彻中央"调整、改革、整顿、提高"方针提出实施意见，坚持在调整中前进，保证质量，稳步发展。自此，安徽的基础教育和高等教育进入了大发展时期。

1980 年，安徽省高教局召开全省高等教育工作会议，贯彻全国教育工作会议精神，讨论研究安徽高教工作任务，作出相应部署并继续贯彻落实执行"调整、改革、整顿、提高"的方针，稳步发展高等教育。在高等院校调整中，老校着重整顿和挖潜，改善办学条件，并添设了财经、政法、管理等急需专业，扩大招生能力；新校则加快建设步伐，对全省 17 处大学教学点、专科班进行调整，安庆师范学院等 10 处陆续改为高等院校，其他 7 处则做了收缩。合肥联合大学也在 1980 年创办。同时，加强高等院校教师队伍建设工作也在有序进行。1982 年，中国科学技术大学、合肥工业大学、安徽大学等 18 所高等学校获得首批学士学位授予权。

1983 年 9 月，安徽省委、省政府印发《关于加强高等教育工作的决定》，提出：必须确立经济要发展、教育要先行的观点；全省高等教育事业在 20 世纪 80 年代要有一个较大的发展；实现高等教育十年发展目标，必须从本省实际出发，充分调动各方面的积极性，采取多种形式办学，开辟新的途径；逐步增加教育投资；进一步落实知识分子政策；搞好师资队伍建设；认真搞好高教改革工作；加强和改善高等学校的管理体制。

1988 年 6 月，安徽省委、省政府首次召开全省高等教育工作会议，高等教育事业进入中华人民共和国成立后四十多年来的第一个"黄金发展期"。安徽省贯彻"刻不容缓发展高等教育，认真负责提高教育质量"的方针，加大资源整合和布局调整力度，推动"省部共建"和"省市共建"，支持企业、行业办学，大力发展民办高等教育，优化资源配置，用较少的经费实现较快发展。1993 年，安徽省委、省政府作出《关于高等教育改革和发展的决定》。1991 年至2000 年，安徽对高等教育科类结构作出较大幅度调整，加大高等教育资源整合和布局调整力度。为全面推进高校后勤社会化改革，省教育厅建立安徽省高校后勤管理服务中心，到 2000 年年底，省属高校后勤系统多从学校行政管理体系中分离出来。

20 世纪 80 年代中期，安徽仅有普通高校 36 所，普通本专科招生约 2 万人，排名均居全国中后位次。截至 2000 年年底，全省有普通高校 42 所，当年招生 7.6 万人，在校生 18.2 万人，已跻身全国高教大省行列。此时，多元化的办学格局基本形成，从本专科到博士培养的完整体系已建立，学科门类也基本齐全，办学条件明显改善。

2. 基础教育"双基"达标

1986 年，基础教育以贯彻《中共中央关于教育体制改革的决定》为标志，进入了全面改革、迅速发展的新时期。突出的标志是，简政放权，全面推行分级办学、分级管理，乡、镇基层政府自觉地担当起发展基础教育的责任。在城市则把管理小学、初中和筹措教育经费等主要职责交给市辖区。有计划、分步骤实施九年义务教育，在普及初等义务教育的基础上普及初级中学义务教育。1987 年，安徽省出台《安徽省实施〈中华人民共和国义务教育法〉办法》，标志着安徽省普及九年义务教育开始进入新的发展阶段，基础教育水

金寨县希望小学

平全面提升。与此同时，中等教育结构得到调整，职业教育有了长足发展。1990 年，安徽省率先实施以资助贫困地区失学儿童重返校园、建设希望小学、改善农村办学条件为宗旨的"希望工程"。当年 5 月，全国第一所希望小学在金寨县南溪镇建成。随着上百所希望小学项目的建成，一批贫困地区的小学办学条件得到改善，一大批失学儿童重新回到学校学习。

2000 年，全省基本实现普及九年义务教育。初中阶段适龄人口入学率为 97.1%，小学学龄儿童入学率为 99.7%。同时，省及各地切实重视、加强了教育法制建设。安徽省人大及其常委会先后颁布实施了《安徽省实施〈中华人民共和国义务教育法〉办法》《安徽省职业教育条例》《安徽省实施〈中华人民共和国教师法〉办法》等地方性法规，全省教育开始步入法制化的轨道。

进入 21 世纪，安徽教育体制改革在各个领域全面推进。从 2001 年开始，安徽省结合本省实际，创造性贯彻执行国务院关于基础教育改革与发展的决定，农村义务教育管理体制逐步从以乡镇为主管理向建立省政府统筹规划、分级管理、以县为主的义务教育管理体制转变，经费投入逐步由"农村义务教育农民办"向"农村义务教育政府办"转变。在这种体制和机制下，农村义务教育经费就在财政预算和上级转移支付资金中安排，确保农村义务教育投入不低于税费改革前的水平，并做到逐年有所增加。安徽义务教育管理体制改革的成功试点，为国务院提出农村义务教育实行"以县为主"管理体制提供了实证和经验。

2004 年 11 月，铜陵市推进中小学均衡发展、整体推进基础教育课程改革的经验，在全国基础教育改革会议上介绍，受到教育部和全国各省市的重视。当年 12 月，由国家课改核心组成员和专家组成的教育部调研组到铜陵市调研，对该市推进中小学均衡发展的做法和成功经验给予高度赞扬。2005 年 12 月，《中国教育报》以《铜陵，一个没有择校的城市》为题，对铜陵市把有限的资源向薄弱学校倾斜，提升薄弱学校竞争力、保障生源均衡分布，领导以身作则、大力支持推进教育均衡发展的经验作了专题报道。主要做法是调整城市中小学教育布局，整合教育资源；加大办学投入，合理调配优秀校长和教师，加强薄弱中小学建设；注重内涵建设，提升薄弱学校的办学质量，鼓励各个学校办出自己特色；坚持依法办学，严格执行小学和初中"划片招生，就近入学"政策，保障生源的均衡分布。经过多方努力，铜陵市城区内义务教育总体质量不断提高，不同学校硬件建设方面的差距明显缩小，办学水平大体相当，小学和初中基本刹住了"择校风"，教育乱收费现象也得到有效遏制。铜陵的经验在全省乃至全国产生影响并被推广。

2010 年 12 月，安徽省委、省政府印发了《安徽省中长期教育改革和发展规划纲要（2010—2020 年）》，到 2020 年年底基本实现教育现代化，基本形成学习型社会，全面实施素质教育，全面提高教育质量，实现由教育大省向教育强省的跨越，实现由人力资源大省向人力资源强省的跨越。从 1986 年《中华人民共和国义务教育法》颁布起，经过多年奋斗，安徽省于 2000 年实现了基本普及九年义务教育后，又于 2007 年实现基本扫除青壮年文盲（简称"两基"）的目标，"两基"人口覆盖率达到 100%。2007 年，安徽省人民政府制定《关于进一步推进义务教育均衡发展的意见》。2009 年，安徽省人民政府出台《关于深入推进义务教育均衡发展的意见》，进一步明确各级政府职责和实施要求。此后，全省在基本普及义务教育的基础上，逐步推进义务教育均衡发展，大力实施义务教育民生工程，分阶段进行中小学布局调整，推进素质教育，进行课程改革，义务教育阶段中小学办学水平和教育教学质量稳步提高，涌现了一大批全面贯彻教育方针、实施素质教育、办学各具特色的学校。

3. 民办教育快速发展

2003 年，安徽省以《中华人民共和国民办教育促进法》颁布实施为契机，坚持积极鼓励、大力发展、正确引导、依法管理的方针，积极为民办教育健康发展创造政策环境、社会环境，构建政府资助支持体系和质量评估评价体系。培育投资市场、生源市场和就业市场，重点解决好民办教育的发展环境、发展平台和发展空间问题。2003 年 8 月 29 日，安徽省教育厅和合肥市人民政府联合举办了"安徽省暨合肥市民办教育成果展"，集中展示了全省民办教育事业改革和发展成就。截至 2003 年年底，安徽全省社会力量举办的各级各类教育机构达 2861 所，在校学生达 63.5 万人，毕（结）业生 111.04 万人，专兼职教职工 3.84 万人，总资产达 35.89 亿元。2003 年当年新批准设立、筹建民办高校各 1 所，批准设立 3 所非学历高等教育机构。同时，引导 11 所本科院校引用国有民办机制，试办本科二级学院。截至 2012 年年底，安徽全省经审批设立的各级各类民办学校、幼儿园 4129 所，在校（园）生 175.72 万人。2017 年 10 月 17 日，安徽省人民政府印发《安徽省人民政府关于鼓励社会力量兴办教育促进民办教育健康发展的实施意见》，提出实行非营利性和营利性分类管理，实施差别化扶持政策，积极引导社会力量举办非营利性民办学校，调整优化教育支出结构，加大对民办教育的支持力度。截至 2017 年年底，全省共有各级各类民办学校 6060 所，在校生 264.1 万人。

（三）促进教育提质增效

党的十八大以来，安徽省蹄疾步稳地推进教育全面深化改革，不断完善基础教育办学和管理的体制机制，走出了具有安徽特色的义务教育均衡发展之路；高等教育坚持规模发展与内涵发展并进原则，建立了学科完备的高等教育体系；职业教育面向市场、面向当地经济社会发展的需要，多层次、高质量地培养专业技术人才；教育信息化统筹谋划与教育教学深度融合，打出了"安徽品牌"。

1. 义务教育均衡发展

义务教育均衡发展是教育公平的基石。为了给孩子们创造更优质的教育环境，安徽省历经 2006 年"铜陵经验"的创造性引领，到 2017 年县域义务教育基本均衡全覆盖，再到高位推进义务教育均衡发展三个阶段，走出了具有安徽特色的义务教育均衡发展之路。

2012 年 5 月，为了落实与教育部签署的推进县域义务教育均衡发展备忘录的要求，安徽省人民政府制定印发了《推进关于印发安徽省县域义务教育均衡发展等三项改革实施方案的通知》，省教育厅印发《安徽省推进县域义务教育基本均衡发展规划表（2011—2020年）》。学校办学条件符合标准，教育资源满足教育教学需要，教师配置更加合理，面向每一位学生、办好每一所学校、缩小区域和校际差距成为安徽义务教育均衡发展的初步目标。

2013 年，国家启动义务教育发展基本均衡县督导评估认定工作，安徽省各级政府从加强体制机制入手，着力推进义务教育资源均等化建设，保障办学条件的持续均衡，多措并举解决偏远地区教学资源短缺问题。有了制度保障，各地不断优化办学条件。铜陵市铜官区田家炳小学龙山湖校区，原来是一所村小（柴塘小学），生源逐年萎缩，最少时仅有 46 名学生。2017 年，该区政府开展了农村学校的改建提升工作，在将其异地搬迁重建后，全面改善了办学条件，2018 年学生数增加到 368 名，实现了学校的跨越式发展。地处安徽北部的淮北市相山区，城乡差异巨大，经过调研和探索，该区创造性地通过连片教研的形式，把一些乡村薄弱学校和城区名校结成对子，使得乡村学校的教学水平迅速提高，学生数由过去的逐年萎缩转向逐年增加。

作为一个中部欠发达省份，校区改造的投资建设是安徽省义务教育均衡发展的重点工作，即通过持续实施义务教育学校标准化建设，投入巨额资金改善学校办学条件。2017 年 9 月中下旬，国务院教育督导委员会对安徽最后一批 12 个申报县（区）进行国家督导检查，并抽取已经通过国家督导认定的 22 个县（市、区）进行复查。安徽成为全国第九个实现义务教育发展基本均衡县全覆盖、中西部首个实现基本均衡县全覆盖的省份。全省提前三年实现了县域义务教育基本均衡县全覆盖的战略目标，全省义务教育实现了历史性的转变和跨越。

2017 年，教育部印发《县域义务教育优质均衡发展督导评估办法》，建立了义务教育优质均衡发展督导评估认定制度。安徽省根据教育部的要求，积极主动地推进县域义务优质均衡发展，2018 年印发《安徽省县域义务教育优质均衡发展督导评估实施细则》，全面启动县域义务教育优质均衡发展推进工作。为高位推进义务教育优质均衡发展，安徽省教育厅建立完善了义务教育均衡发展动态监测制度，每年发布《全省义务教育均衡发展监测报告》。全省小学和初中基本均衡平均综合差异系数，从 2016 年的 0.414、0.381 分别降至 2019 年的 0.401、0.364，做到了稳中有降；修订印发义务教育学校办学基本标准，出台《安徽省义务教育学校办学基本标准》，将优质均衡发展作为重要考量，更加突出优质均衡发展督导评估的要求；进一步强化了义务教育均衡发展的县级政府主体责任，在县（市、区）党政领导干部履行教育职责督导考核中，加大了优质均衡评估指标的权重；制定出台了《安徽省县域义务教育优质均衡发展督导评估指导性规划》，明确"三步走"战略：2020 年至 2022 年启动试点，确定一批条件较好的县（市、区）开展县域义务教育优质均衡发展督导评估工作；2023 年至 2030 年全面推进，确保在 2030 年之前 95% 的县（市、区）实现县域义务教育优质均衡发展；2031 年至 2035 年巩固提升，力争在 2035 年之前实现全省县域义务教育优质均衡发展全覆盖。

2.提升高等教育发展内涵

党的十八大以来，按照习近平总书记要"加快一流大学和一流学科建设，实现高等教育内涵式发展"的指示精神，在安徽省委、省政府领导下，安徽省委教育工委、省教育厅围绕地方性、特色化、高水平三个关键，分类建设地方特色高水平大学、应用型高水平大学和技能型高水平大学，全省高等教育逐步实现从外延式发展向内涵式发展的转变，开创了高等教育内涵式发展的安徽路径。

安徽省着力建设一批地方特色高水平大学，加大高校科研创新投入力度。2019 年 10 月，安徽省教育厅公布了安徽省高峰学科建设计划名单，10 所高校获 1.11 亿元学科建设经费支持。2019 年，全省高校在研科研项目总数 3.7 万项，比 2016 年增加 7000 多项；科研拨入经费 81.3 亿元，比 2016 年增加 29.1 亿元。安徽省在创新合作方面，也取得了诸多新进展。2020 年 9 月，安徽大学纽约石溪学院揭牌仪式举行。安徽省建立的中科大量子信息与量子科技前沿协同创新中心成为首批国家级协同创新中心，清华、北大等十多所知名大学共建的产学研中心落户安徽省。这些创新中心以国内外一流标准为标杆，有效带动人才培养质量不断提升，使高校服务经济社会发展能力显著增强。

2016 年 8 月，由合肥学院与德国施特拉尔松德应用科学大学共建的孔子学院成立。作为安徽地方特色应用型高水平大学之一，合肥学院不仅建成中德教育合作示范基地，还探索建立了一整套特色应用型高等教育模式。2017 年，合肥学院提出"中国经济转型与应用型人才培养"战略命题，形成"地方性、应用型、国际化"新型大学办学理念，系统构建"八个转变"应用型大学建设理论与实践体系。教育部指出：合肥学院的经验可复制可推广。教育部《中国新建本科院校质量报告》将合肥学院经验总结为"安徽现象、合肥模式"，引起全国的广泛关注。合肥学院只是全省地方特色应用型高水平大学建设的一个代表。"十三五"期间，安徽省围绕社会发展需求和学校特色，初步构建起特色应用型高等教育体系。2019 年，安徽省教育厅发布《安徽地方特色应用型高水平大学建设标准（试行）》，明确提出建设应用型高水平大学的标准。2021 年，安徽省已立项建设合肥学院、合肥师范学院、安徽新华学院等 9 所地方应用型高水平大学。

在专业建设方面，安徽省大力构建应用型新专业、新学科体系。2015—2018 年投入 3.4 亿元重点建设 128 个应用型新专业，年均投入 1.5 亿元重点支持建设 18 个应用型学科；建立基于产业实际需要的专业结构优化调整机制，三年间新增的应用型专业点占实际招生专业点总数的 42%，应用型学科专业比例超过 75%；构建并完善了国家、省、校三级质量工程体系，建立了招生、培养、就业的联动机制，实现高校毕业生初次就业率连续多年高于全国平均水平 10 个百分点，处于全国领先水平。

在人才培养方面，全省积极构建校企协同育人体系。建立紧缺人才培养基地和联合培养机制，立项建设 600 多个校企合作实践教育基地、260 多个产学研用合作联盟、300 多个省级实习实训基地。成立安徽省和长三角地区应用型高校联盟，开展高校合作、国际合作，推动高校共建学科专业，共享优质资源，共商办学标准。建设中德教育合作示范基地，连续十多年举办中欧应用型高等教育研讨会，联合开设应用型专业，综合培养应用型人才。2020 年 10 月，安徽省地方技能型高水平大学联盟（简称"G33+ 联盟"）成立大会顺利召开。"G33+ 联盟"的成立，开创了全省技能型高水平大学发展新局面。

安徽各地方技能型高水平大学紧紧围绕"地方性、特色化、高水平"三个核心，深化合作、错位发展。一方面，各校通过产教融合、校企合作，与省内、国内大型企业共同培养人才，共建实习实训基地、产学研机构，构建共建共享新模式；另一方面，各校以优化专业布局结构为抓手，专业随产业发展动态调整，积极提高专业设置与产业发展的契合度、人才培养结构与产业结构的匹配度，走出了一条人无我有、人有我优、人优我特的错位竞争、差异化发展之路。2019年，全省增设高职专业布局点178个，涵盖102个专业，停招专业布局点464个，多项新设置专业精准对接国家发展战略和新兴产业建设，为国家高质量发展提供有力支撑。

3. 大力发展职业教育

党的十八大以来，安徽省教育厅认真落细落实国家"职教改革20条"和全省"职教改革18条"，系统推动各项改革举措高效集成，职业教育走出了一条特色发展的新路，为全省战略性新兴产业发展壮大和传统产业转型升级输送出大量"能工巧匠"，为地方经济社会发展提供了坚实的人才支撑。

为让学校培养的人才更适应企业需要，实现"产"与"教"同频共振，推进产业升级和经济高质量发展，省教育厅在政策、平台、改革、联动等方面积极探索，出台安徽省校企合作促进办法和产教融合实施意见，依托行业主管部门成立覆盖主导产业的9个教学指导委员会，组建42个省内职教集团和长三角国际商务职教集团。其中，合肥市现代职业教育集团于2015年成立，成员单位包括政、校、企、所，精准聚焦"服务地方经济"这一职业教育主题，针对企业人才需求，提供全方位的管理、研发、操作、售后等"一站式"供给服务，打造适应合肥地方经济建设的"产教融合，校企合作"重要载体。2019年，实施"扩容提质强服务"行动，吸收17所中高职院校、40家规模以上企业加入职教集团。

合肥市投资打造现代职业教育公共实训中心。该中心占地5万平方米，建有现代制造业、现代电工电子业、现代信息业、现代汽车业、现代服务业等五大技术中心，以建设集教学、实训和社会服务于一体的高水平产教融合实训基地为目标。2018 年 8 月，公共实训中心采取边建设边运行的模式，相继启动了师资培训和学生实训；2019 年 10 月启动驻点实训。自运行至今，公共实训中心为合肥市域内的中高职院校提供高效服务，开展数控、汽车、电子设计、工业机器人等 20 多个专业的实训教学，进场超 3 万人次。现已有 20 多所中高职院校在公共实训中心挂牌设立学生实习实训基地。通过积极发挥专业及设备优势，公共实训中心在环境模拟、流程体验、操作规范等方面打造规范化、仿真化技能实训体验，打通从职业院校到企业的"最后一公里"。通过积极探索，安徽入选了首批国家产教融合型城市试点建设省份，合肥市成为全国首批 20 个国家级产教融合试点城市，马钢集团入选国家首批产教融合型企业重点培育名单。安徽省教育部门积极推进安徽省职业教育创新发展实验区建设，企、校联合申报产教融合类建设项目 77 个。

2019 年，安徽省汽车工业学校积极探索"现代学徒制"企业教学活动。现代学徒制试点从过去的"订单式培养、菜单式教学"到现在的以"招工即招生、入厂即入校、校企双师联合培养"为主要内容，不断创新技能型人才培养模式，提高了技术技能人才培养质量和针对性。学校与安徽多个知名企业开展学徒制试点工作，按照"校企联手，共同制定培养方案；校企联合，完成招生招工计划；校企合作，开展渐进模式培养；校企协作，考核双师团队建设；校企联动，双重角色管理班级"的原则，校企双方共同承担人才共育、利益共享、基地共建、机构共管、校企共需、契约共守等方面协同育人的责任。安徽大力推进现代学徒制试点，省市级现代学徒制试点院校已达到 149 所，其中国家级试点院校 19 所。通过推行现代学徒制，解决了职业院校部分专业就业难、部分企业招工难的问题，实现了职业院校学生就业和企业招工的无缝对接。

4. 推进教育信息化

2014 年 12 月，中西部基础教育信息化应用现场会在安徽举办，安徽经验又一次为全国瞩目。教育部领导充分肯定安徽基础教育信息化取得的成效，是中西部的代表。作为全国教育信息化省级试点之一，安徽省有力发挥了省级统筹作用，全面探索各类机制的可行性、有效性，建立了由省教育厅、发改委、财政厅、经信委、人社厅等部门分工协作的领导机制，基教、电教、教研、装备等统筹协调的管理体制，制定统一的规划标准，实行"五个纳入"的评测机制等，形成高效协同的统筹机制，工作推进取得了明显的成效。

推进网络育人是加强党对宣传思想工作全面领导、落实立德树人根本任务、增强思想教育实效的必要之举。2019 年 4 月，由安徽省委教育工委、省教育厅牵头组建的安徽省高校网络思想政治工作中心在安徽大学正式揭牌。2021 年，安徽省高校网络思想政治工作中心已成为安徽智慧思政的"金字招牌"。其中囊括的智慧思政工作大数据平台承担了统领思政教育、服务、管理等各项工作的核心功能。中心建设聚焦"十大育人"，构建全省高校教育管理服务一体化育人体系，推动全员全过程全方位育人。围绕"一个根本任务"——立德树人，打造"一大平台"——智慧思政，开发"省校两级平台应用"——省级和各学校两级平台应用。省中心平台侧重宏观管理和指导，并为高校思想政治工作提供技术支撑和服务，建设大数据中心，构建"5+N 智能应用中心"，即智慧思政管理、智慧思政课、教育新媒体联盟暨舆情分析监测、智慧资助和省级易班等，进一步拓展学业管理、安全管理、就业管理、社团管理等，为"三全育人"试点省建设提供了基础性平台保障。校级应用平台在省级平台的基础上，结合学校实际，进行再次开发，侧重具体教育、管理和服务工作落实，注重彰显学校特色。

信息技术与学科教学的融合，在安徽全面推进、多点开花。2017 年 8 月，合肥八中建成安徽首

教师利用现代信息技术授课

个智慧校园实践基地，建立起较为完善的智慧课堂体系。在人工智能技术的帮助下，教师可以通过信息平台布置作业、批改试卷，迅速收集学生对知识点的掌握情况，每个阶段还可以通过数据分析，评判学生状态。在教育部第二批智慧教育示范区的蚌埠，蚌埠实验中学的智慧课堂班声名远扬。2017 年，该校在双向自愿选择的基础上从七年级新生中选取 200 名学生，组建了 4 个信息化课改实验班，即智慧课堂班。第一次摸底测试，4 个班级总平均分与普通班级几乎持平。随着智慧课堂在各学科的常态化应用，实验班的优势逐渐显示出来，与普通班级慢慢拉开差距，总平均分也稳定高出普通班20~40 分。与此同时，丰富线上教学资源这一基础性工作也一直在稳步推进。

2020 年新冠肺炎疫情流行期间，省级平台的资源集聚显示了巨大优势——统一组织全省 3400 多名骨干教师、680 多名技术教师，选取 160 多个录制场所，录制了 5033 节线上优质课程，覆盖各学段、各学科、各版本教材，实现全省 800 多万名中小学师生"停课不停教、停课不停学"。2021 年，安徽又组织录制 5264 节线上课程。截至 2021 年 12 月，全省智慧课堂累计开课 493 万节。

"数据"是省级高校大数据中心的金字招牌，通过整合智慧思政

课、网络舆情、新媒体、智慧资助、易班等各系统数据，学校可以清楚地了解学生的思想和言行动态，了解学生的困难和需求，及时响应，强化思想引领。其中的教育新媒体联盟暨舆情分析功能模块更是安徽加强教育引领的话语权和主动权的创新做法，做到思政话语传递更及时、更广泛、更深入，将教育的理念和教育系统的声音传播出去。目前，省级高校大数据中心正加快建设，省校两级一体化智慧思政工作大数据平台已开发完成，相关功能模块已实现平台聚合，任务部署、项目申报等工作已通过平台开展。2020年疫情流行期间，依托该平台开发了新冠肺炎疫情监测服务系统，覆盖122所高校143万师生，在疫情精准监测、防护知识教育、心理咨询服务、师生思想引导、服务线上教学等方面发挥了重要作用。

5. 积极开展教育扶贫

扶贫必扶智，治贫先治愚。脱贫致富不仅要"富口袋"，更要"富脑袋"。在脱贫攻坚过程中，教育、人才、文化对于贫困地区和贫困群众而言，是紧缺而格外珍贵的。党的十八大以来，安徽省坚持把教育作为阻断贫困代际传递的治本之策，尽锐出战，奋力完成教育扶贫各项任务。

构建完整的教育扶贫体系。全省围绕义务教育有保障，重点做好控辍保学、精准资助等教育扶贫工作，相关做法被中央教育工作领导小组以《安徽精准落实教育脱贫攻坚要求》为题印发简报，专题推介。到2017年年底，全省所有县通过国家义务教育发展基本均衡县（市、区）督导评估认定，31个贫困县摘帽时义务教育巩固率均接近、达到或超过全省平均水平。2020年全省学前教育毛入学率94.9%，义务教育巩固率95.5%，高中阶段毛入学率92.3%。全省"两类学校"达标率100%。贫困家庭学生失学辍学问题实现动态清零。坚持精准资助确保建档立卡学生"一个不少、一个不漏"。不断完善学生资助政策体系，织就一张保障家庭经济困难学生的兜底网，实现三个全覆盖，即从学前教育到研究生教育所有学段全覆盖，公办民办学校全覆盖，家庭经济困难学生全覆盖。2016 年至 2020 年，全省累计资助建档立卡家庭学生 514 万人次、61.6 亿元，实现全覆盖、最高档。加大智慧学校建设力度，实现全省贫困县小规模学校全覆盖。2020 年年底，全省实现贫困县 2030 所小规模学校（教学点）智慧学校全覆盖，建成 3959 所乡村中小学智慧学校，其中贫困地区建成 2664 所。实施定向招生计划，让寒门子弟共享人生出彩机会。全省农村贫困地区学生上重点高校人数逐年增长，截至 2020 年年底，累计近 5 万名考生通过专项计划录取进入重点高校。创新县管校聘制度，推动乡村教师队伍建设。2013 年至 2020 年，全省共选派近万名骨干教师赴全省边远贫困地区和革命老区进行支教工作，惠及学校 2000 余所。

实施教育扶贫模式。一是实施"炎刘模式"。针对学校结构性缺编的现状，安徽省教育厅驻炎刘镇扶贫工作队主动与淮南师范学院联系，合作开展顶岗支教扶贫工作。2015 年至 2020 年共选派 10 批 310 名大学生在炎刘学区 9 所小学开展顶岗支教扶贫活动，极大改善了农村学校的师资短缺与结构失衡问题，被教育部总结提炼为"大学校与小学校、大学生与小学生"多方共赢的教育扶贫"炎刘模式"，其还被列为全国教育扶贫的典型案例，推广到安徽阜阳及新疆和田等贫困地区。二是创新开展求学圆梦行动。组织遴选省内 26 所具有特色的本专科高等院校针对农民工群体进行专业招生，涉及农学、电子商务等二十多个专业，共招收各类农民工近 1.6 万人。利用安徽继续教育网络园区，实施"互联网＋"农民工继续教育，形成助力求学圆梦行动的安徽模式，入驻园区高校及其他教育机构 108 所，所建共享课程 5000 多门，农民工在线学习教育人数有 2.5 万多人。三是建立科技扶贫示范基地。依靠教育资源和人才优势围绕贫困地区当地产业和优势特色农业，找准科技与精准扶贫工作的结合点，建设科技扶贫示范基地，抓好科学技术推广和成果应用，形成企业、科技人员、贫困户的利益共同体，带动贫困村退出、贫困户脱贫。四是开展高校食堂"面向采购"。本着方便就近、优势互补的原则，安排省内所有高校分别定点对接贫困县进行食堂采购，并在学生公寓、学生食堂、图书馆、体育场馆、教职工生活区等公共区域铺设消费扶贫智能专柜，全省高校共设置智能专柜 1019 台。截至 2020 年年底，全省高校面向贫困县累计采购农产品 5956 万公斤，总金额达 3.3 亿元。

五、徽风皖韵创文明

中华人民共和国成立以来，安徽省始终坚持"为人民服务、为社会主义服务"方向、"百花齐放、百家争鸣"方针和"创造性转化、创新性发展"原则，坚持马克思主义在意识形态领域的指导地位，大力传承中华民族优秀传统文化，扎实推进文化体制改革，网络空间日益清朗，精神文明硕果累累，文艺精品持续涌现，公共文化服务提质增效，文化产业快速发展，文化贸易逐年扩大，文化强省建设扎实推进，全面文化小康顺利实现，文化成为经济社会发展的精神动力，也丰富了人民群众的精神文化生活。

（一）发展社会主义文化

1949 年 4 月，安徽全境解放，文化建设进入社会主义文化奠基探索阶段。全省秉承文化为人民大众服务的主旨，形塑文化建设主体，坚持"百花齐放、百家争鸣"的发展方针和"古为今用、洋为中用"的发展路径，不断改造旧文化，建立新文化，有计划、有步骤地发展人民文化、人民文艺、人民教育，文艺工作者满腔热情地深入生活，创作了一大批表现人民群众改天换地创举的雅俗共赏的文艺精品，初步建构了一个精神自立、文化自强、话语自觉的文化安徽，为江淮儿女提供了重要精神支撑，全省文化呈现出百花齐放的良好局面。

1. 净化社会风气

1950年3月，皖北、皖南各地广泛宣传政府禁毒决定，采取不同措施规劝烟民，严惩制毒贩毒分子。皖北行署公安局发布改造游民指示，对赌棍等连续三年未改者列为劳动改造对象，加以收容改造。1952年4月，中共中央发布《关于肃清毒品流行的指示》，安徽省公安部门对皖南、皖北两区的制毒、贩毒、运毒的138个集团、3373名贩毒人员、745家烟馆集中整治。到1952年年底，全省逮捕制毒、贩毒、运毒等罪犯1505人，其中判处死刑22人，判处有期徒刑930人，缴获烟土约34460两、副品2998两，收缴烟具6589件。到1953年年底，全省所有烟馆、烟行全部被摧毁，烟毒基本禁绝，社会治安明显好转。

中华人民共和国成立后，党和政府把取缔娼妓制度作为改造社会的一项重要内容。1949年11月26日，蚌埠市人民政府发布公告，决定立即封闭一切妓院，对所有妓院老板加以审查处理。皖北、皖南各地相继取缔卖淫嫖娼，给妓女医治性病，并帮助她们学习政治、文化和生产技能，使她们自觉从良成为自食其力的劳动妇女。截至1952年年底，全省取缔了数十家妓院，1012名妓女恢复自由，返回原籍从事正当职业，全省根除了娼妓制度。

1949年5月，皖北、皖南区人民政府发布布告，严禁各类赌博活动。1949年9月，安庆市公安局取缔34家赌场，惩罚84名赌棍。1950年，全省共逮捕200多名赌头、赌棍。1953年，全省公安机关抓赌5000余人次，治安处罚赌徒450人，依法逮捕赌头、赌棍100

余人，社会赌博之风得到有效控制。

广泛宣传《中华人民共和国婚姻法》（以下简称《婚姻法》）。1950 年 5 月 1 日，《中华人民共和国婚姻法》颁布施行。这是中华人民共和国制定的第一部法律。新中国成立前，安徽农村包办婚姻盛行，包办婚姻占 90% 以上，买卖婚姻、强迫成婚的现象也普遍存在。全省各级政府在城乡大张旗鼓地开展群众性的普及、宣传及检查《婚姻法》执行情况的运动。1950 年 6 月 12 日，皖北行署制定发布《婚姻登记暂行办法（草案）》。同时，皖南行署编印《婚姻法》宣传材料，发放到各乡村。各级人民政府依法严厉惩处了少数虐待、残害妇女和干涉婚姻自由并造成严重后果的犯罪分子，维护了妇女权益，大批包办婚姻家庭中的妇女获得解放。截至 1951 年年底，皖北、皖南各级法院受理婚姻案件 3 万余件，比 1950 年增加了 91%，当年办结 2 万余件。

2. 开展新文化建设

中华人民共和国成立初期，安徽文化十分落后，文盲率超过 80%，全省各类文化机构只有 194 个，从业人员只有几百人，文艺人才十分匮乏，文化设施极端落后，提高广大人民群众的文化水平成为摆在新生人民政权面前的重要任务。

1949 年 12 月 7 日，皖北文艺界联合筹备委员会成立。1950 年 1 月，皖北行署召开文教会议，提出要按照为人民服务的方针开展新文艺运动，工作重点是领导农村剧团和开展群众性文娱活动。1950 年 10 月，皖北文学工作者协会、戏剧工作者协会、美术工作者协会、音乐工作者协会、民间文艺研究会等五个组织的筹备委员会相继成立。1951 年 10 月，全省建立业余剧团 2000 个。1952 年 6 月 1 日，安徽省委机关报《安徽日报》在合肥创刊，安徽人民广播电台正式播音。1952 年 7 月，开始组建安徽省群众文化网，组织文化干部赴肥西、巢县协助建网工作，初步形成省、县、区、乡、村五级文化网。1952 年 12 月，皖北、皖南区党委相继发出《关于大力开展抗美援朝、保家卫国运动的时事宣传的指示》，各地把抗美援朝的宣传作为重要政治任务，利用各种会议和文化活动广泛开展抗美援朝宣传。1953 年 4 月，安徽省黄梅戏剧团建团。当年 8 月，安徽省黄梅戏演出队启程赴朝鲜演出，慰问中国人民志愿军及朝鲜军民。1954 年 12 月 3 日至 9 日，安徽省第一次文学艺术工作者代表大会召开，正式成立安徽文学艺术界联合会。1956 年，安徽省歌剧团和安徽省徽剧团先后成立。到 1956 年年底，共有省、省辖市、县级公共图书馆 16 个。1958 年，安徽电影制片厂成立。1960 年，安徽艺术学院成立。

1950 年 8 月，举办了皖北区第一届戏剧研究会，学习"推陈出新"的戏曲改革方针，皖南的芜湖、屯溪等地也同时组织戏曲艺人学习"改戏"政策。1951 年，安徽省文化局组织开展改人、改制、改戏的"三改"文化改造活动，废除职业戏班老板制、职业戏班养女等封建陋规，尊重艺人，提高其政治、文化及业务水平，同时将民间戏剧班社和民间艺人集中安排生活和学习。1952 年，全省暑期艺人训练班在合肥举办，521 人集中学习"改戏"政策，结合各剧种的剧目进行学习讨论。1953 年 4 月，安徽花鼓灯艺人田振启、冯国佩等参加第一届全国民间音乐舞蹈会演，随后花鼓灯被选为参加北京庆祝"五一"专场演出的节目。

中华人民共和国成立初期，安徽创作了一大批现实主义的文艺作品，各地文艺工作者纷纷登台献艺。桐城的黄梅戏班演出了《万人欢》，和县的倒七戏班演出了《白毛女》，合肥的平民剧社相继排演了《天翻地覆》《官逼民反》《刘巧团圆》等剧目，合肥业余话剧团演出了改编自高尔基名著《底层》的大型话剧《夜店》，淮北泗州戏也演出了《血泪仇》《逼上梁山》《三打祝家庄》。1954 年 8 月至 11 月，安徽省组成戏剧会演代表团和话剧会演代表团参加华东区话剧、戏剧观摩会演大会。安徽话剧团参加会演的话剧是《春风吹到诺敏河》。安徽省有 7 个剧种参加戏剧观摩演出，分别是徽戏、黄梅戏、倒七戏、泗州戏、皖南花鼓戏、河南梆子、曲子戏。其中，黄梅戏《天仙配》获剧本一等奖、优秀演出奖、导演奖和音乐奖，黄梅戏演员严凤英、王少舫、潘璟琍，庐剧演员王本银、丁玉兰，泗州戏演员李宝琴、霍桂霞获演员一等奖。1956 年 2 月，由上海天马电影制片厂拍摄的黄梅戏《天仙配》开始在国内外发行并引起轰动，国内票房达 1.4 亿人次。在《天仙配》电影放映的影响下，黄梅戏舞台演出大受欢迎，全国各地相继组建了一批职业黄梅戏剧团。

1956 年，独幕剧《归来》获得全国首届话剧观摩演出一等奖、剧本创作一等奖和导演奖、演员奖、舞美奖等多个奖项，并被邀请到中南海怀仁堂演出。1957 年，安徽省组织庐剧（倒七戏）、泗州戏

1956 年 2 月，严凤英和王少舫主演的电影《天仙配》剧照

进京汇报演出团在北京公演，并在中南海怀仁堂演出。《人民日报》《光明日报》《戏剧报》等报刊高度赞扬安徽省这两个剧种在艺术改革上取得的成绩。1958 年 4 月 18 日，安徽省委发出广泛收集新民歌的通知。到 1959 年 4 月，全省共搜集各类民歌 3 万多首。1959 年 11 月，由人民文学出版社出版的《安徽歌谣》，收录了 300 多首民歌。1956 年至 1957 年，安徽省搜集、编校、出版了《安徽省传统剧目汇编》共 54 册，2000 余万字。1959 年 8 月，中国戏剧出版社出版了《中国地方戏曲集成·安徽省卷》，该书保存了许多安徽戏曲遗产。

1963 年 3 月 5 日，毛泽东题词"向雷锋同志学习"。随后全省广泛开展学习雷锋活动，每年的 3 月 5 日成为学雷锋纪念日。1969 年 1 月 28 日至 2 月 4 日，安徽省召开普及农村广播网会议，总结、交流建设广播网的经验，讨论、制订普及农村广播网计划。1970 年 7 月 15 日，合肥无线电厂试制成功 701 型黄山牌黑白电视接收机，改变了安徽不能生产电视机的历史。20 世纪五六十年代，安徽出现一批优秀文艺作品，如陈登科的中篇小说《活人塘》和长篇小说《淮河边上的儿女》《风雷》，江流的中篇小说《还魂草》，严阵的诗歌《老张的手》，吕宕的电影《林则徐》，等等。1958 年至 1964 年，安徽美术创作飞速发展，安徽国画作品入选国家专业美展作品 31 件，油画《淮海大捷》被中国国家博物馆收藏。1966 年至 1976 年，文化发展遭受严重挫折，文艺遭遇空前劫难，多数剧团被改、撤、并，文化遗迹遭到大量破坏。

（二）探索文化体制改革

1978 年 12 月召开的党的十一届三中全会，重新确立了马克思主义的思想路线、政治路线、组织路线，实现了新中国成立以来党的历史上具有深远意义的伟大转折，开启了我国改革开放和社会主义现代化建设的新时期。安徽省文化改革开放全面展开，文化艺术事业逐步从严重挫折中恢复过来，全省明确在艺术创作上提倡不同形式和风格的自由发展，在艺术理论上提倡不同观点和学派的自由讨论，提出建设社会主义精神文明，文化发展迎来春天。

1. 文化恢复发展

改革开放初期，文化建设主要任务是尽快结束"文化大革命"造成的文化断裂，实现文化建设上的拨乱反正，维护社会稳定，服务人民群众。在此阶段，文化战线主要实现了文化单位、文化组织、文化机构的恢复和建立，各类文化活动恢复开展。

1978年4月3日至7日，安徽省社会科学会议暨省社联第二次代表大会召开，会议选举产生安徽省哲学社会科学联合会第二届委员会。1978年5月10日至23日，安徽省文艺工作者会议在合肥召开，随后安徽省文学艺术界联合会恢复成立，中国作家协会安徽省分会、省剧协、省美协、省音协、省摄协等机构也相继成立。安徽省社会科学院、安徽省地方志编纂委员会及办公室等机构恢复成立，安徽省社会科学联合会所属的哲学、经济学、历史学、发展战略、行政管理等一大批省级学会、研究会也先后恢复建立。《江淮论坛》《安徽史学》《学术界》等社会科学学术性刊物复刊或创刊。1979年2月，《安徽戏剧》恢复出版并于1980年1月更名为《戏剧界》。1979年10月，大型文学刊物《清明》创刊。1984年10月，《传奇·传记文学选刊》创刊。1985年，安徽省在全国率先成立安徽文学院。

1978年5月13日，《安徽日报》转载《光明日报》特约评论员文章《实践是检验真理的唯一标准》，真理标准问题讨论随即在安徽掀起。其间，安徽哲学社科界先后组织召开经济学理论工作座谈会、社会科学会议、全国西方哲学史讨论会、全国真理问题讨论会、思想政治工作座谈会、城市精神文明建设活动交流会、戏曲电影工作座谈会等，有力地推动了全省思想解放，促进了文化发展。全省文化系统开展文艺院团改革，促进国有艺术院团经营方式的转变，实行"承包责任制"和"双轨制"改革。在精简与调整专业艺术表演团体的同时，推进文艺事业市场化，允许文化事业单位开展各种有偿服务和"以文补文"活动。促进文化对外开放。1980 年，安徽省杂技团受文化部派遣出访西非六国 19 个城市演出 56 场，成为安徽省出访的第一个大型文艺团体。加强精神文明建设。1982 年 2 月，安徽省委发出《关于开展"五讲四美""全民文明礼貌月"活动的通知》，举办第一个"全民文明礼貌月"活动。积极开展安徽特色文化活动。1984 年 11 月至 1985 年 1 月，安徽省首届戏剧节举办。1987 年 6 月，第一届安徽省艺术节在六安市开幕，参演的 36 台戏剧、歌舞在安徽各地市分会场演出。截至 2018 年，先后举办十一届安徽省艺术节。从 2019 年开始，安徽省艺术节更名为安徽国际文化旅游节。1989 年，马鞍山市举办中国国际吟诗节。从 2006 年开始，马鞍山国际吟诗节更名为马鞍山中国李白诗歌节。截至 2020 年 10 月，马鞍山中国李白诗歌节已经举办三十二届。1990 年，第一届安徽花鼓灯会在蚌埠市举行，全省 12 支代表队参加，1031 名演出人员演出节目 102 个。

安徽省拍摄了故事片《野妈妈》、黄梅戏故事片《徽商情缘》等优秀影片。安徽作家发表了一大批有影响的长篇、中篇、短篇小说，诗歌、散文和报告文学，鲁彦周创作的中篇小说《天云山传奇》1979 年发表在《清明》杂志创刊号上，成为当时全国当代文学新时期反思文学的代表作之一。1981 年 4 月，《天云山传奇》获 1977—1979 年全国中篇小说一等奖，1981 年改编成同名电影在全国放映，改编电影获得电影金鸡奖最佳编剧奖、电影百花奖最佳编剧奖。张锲的《热流》获 1977—1980 年全国优秀报告文学奖；公刘的《沉思》、张万舒的《八万里风云录》、梁如云的《湘江夜》、刘祖慈的《为高举和不举的手臂歌唱》、韩翰的《重量》、梁小斌的《雪白的墙》等获 1979—1980 年全国优秀新诗奖。

1981 年 3 月，张弦的《被爱情遗忘的角落》获全国优秀短篇小说奖；1982 年 2 月，经改编拍摄的同

1981 年 11 月，电影《天云山传奇》电影海报

名电影《被爱情遗忘的角落》获第二届电影金鸡奖最佳编剧奖。祝兴义创作的短篇小说《抱玉岩》，陈登科、肖马创作的长篇小说《破壁记》，严阵创作的长篇诗体小说《山盟》，石楠创作的长篇传记小说《张玉良传》，彭拜创作的长篇小说《斜阳梦》，肖马创作的中篇小说《钢锉将军》等出版后引起强烈反响。在此时期，以赖少其的新徽派版画、萧龙士的中国画、鲍加的油画作品为代表的绘画作品，以李百忍为代表创作的书法作品，以《在希望的田野上》为代表的歌曲，以《女子排椅》为代表的杂技节目等，都成为当时具有全国影响力的艺术品牌。1986 年 4 月，黄梅戏《无事生非》应邀参加首届中国莎士比亚戏剧节。1987 年，该剧获第一届安徽省艺术节演出奖、优秀创作奖和导演奖。1989 年 10 月，庐剧《奇债情缘》搬上舞台，并在第二届中国戏剧节上获优秀剧目奖。1987 年 4 月，黄梅戏电视连续剧《女驸马》获全国第五届大众电视金鹰奖优秀戏剧片奖。1990 年 11 月，黄梅戏电视剧《天仙配》获全国第八届大众

1981 年 9 月，电影《被爱情遗忘的角落》在全国上映

电视金鹰奖优秀戏剧片奖。20 世纪 80 年代，安徽省先后完成了国家艺术科研重点项目《中国戏曲志·安徽卷》《中国民族民间舞蹈集成·安徽卷》《中国戏曲音乐集成·安徽卷》《中国民间文化集成·安徽卷》《中国民歌集成·安徽卷》等。

1979 年 7 月 11 日 至 15 日，邓小平视察黄山，提出"黄山是发展旅游的好地方""要有点雄心壮志，把黄山的牌子打出去"。他对黄山风景区的规划、建设和发展旅游业作了重要指示，拉开了当代中国旅游业发展序幕。1982 年 11 月，黄山、九华山、天柱山等被列为第一批国家名胜风景区。

1985 年 9 月 3 日，泾县云岭新四军军部旧址陈列馆开馆。1986 年 12 月，亳州、歙县、寿县被列为国家历史文化名城。随后，安庆（2005 年）、绩溪（2007 年）、黟县（2021 年）、桐城（2021 年）也被列为国家历史文化名城。1990 年 12 月 15 日，黄山被联合国教科文组织列入世界文化与自然遗产名录。1989 年，安徽省人民政府批准安庆、凤阳、桐城、黟县为第一批安徽省历史文化名城；1996 年，安徽省人民政府批准蒙城、涡阳、潜山、和县、贵池、宣州、绩溪为第二批安徽省历史文化名城。2000 年 11 月 30 日，西递、宏村被联合国教科文组织列入世界文化遗产名录。

2. 培育文化品牌

安徽省提出"打好徽字牌，唱响黄梅戏，建设文化强省"的文化发展战略，强调一切工作服务于经济建设，以文化繁荣促进经济发展。

1994 年 3 月，安徽省文明委确定，集中力量实施以营造精神支柱为主题的"长城计划"和落实重在建设为主旨的"万年青计划"。1994 年 7 月，安徽省首届精神文明"十佳"人物评选揭晓。1997 年 6 月，中宣部向社会公布了首批一百个爱国主义教育示范基地，安徽省陶行知纪念馆入选。

1992 年 10 月 6 日，第一届中国黄梅戏艺术节在安庆隆重开幕。截至 2021 年 9 月，安徽先后举办九届中国（安庆）黄梅戏艺术节。1993 年 1 月，《新安晚报》《江淮文史》创刊。1993 年 12 月，首届"安徽文学奖（天鹅杯）"颁奖。1994 年 1 月，安徽经济广播电台正式开播。1994 年 4 月 15 日，安徽省黄梅戏剧团赴中国台湾演出，这是 45 年来大陆黄梅戏艺术团体首次访问祖国宝岛台湾，促进了皖台文化交流。

1996 年 11 月 11 日，安徽省委、省政府在黄山市召开全省旅游经济工作会议。2000 年 7 月 28 日，安徽省委、省政府印发《关于加快"两山一湖"旅游经济发展的若干意见》，集中力量加快以黄山、九华山、太平湖为重点的"两山一湖"地区旅游经济的发展，加速形成以"两山一湖"带动全省旅游经济大发展格局。2001 年 5 月，安徽省人民政府批转《安徽省文化体育出版产业"十五"计划（摘要）》。2001 年 12 月，安徽省人民政府出台《关于继续支持文化事业促进文化产业发展若干经济政策的通知》。2002 年 1 月 25 日，安徽省人民政府印发《关于进一步加快旅游业发展的意见》。2012 年，安徽省接待入境游客 331.46 万人次，旅游外汇收入 15.63 亿美元，同比增长 26.1% 和 32.53%；接待国内游客 2.92 亿人次，国内旅游收入 2519.08 亿元，增长 30.21% 和 38.79%。四项指标增幅均居中部第一位。

3. 文化体制改革试点

安徽省围绕经营性文化事业单位转企改制、文化大部制改革、文化事业单位内部三项改革、文化市场综合执法等四项任务，自主开展文化体制改革试点。2002年6月，安徽日报报业集团成立；9月，安徽新华发行集团在原新华书店和省外文书店基础上正式组建。2004年，安徽省确定在合肥、芜湖、安庆、淮北、黄山等地和省直艺术院团、新安晚报社等单位开展文化体制改革试点。2005年11月，安徽出版集团有限责任公司成立。2006年1月，中安在线网站正式开通。2006年6月11日至12日，全省文化体制改革试点工作会议在芜湖市召开，传达贯彻中央关于深化文化体制改革的部署，研究推进全省文化体制改革试点工作。2006年9月16日，安徽省委、省政府印发《关于深化文化体制改革的实施意见》。2008年7月17日，安徽省委、省政府召开全省文化体制改革工作会议，提出在2010年前全面完成文化体制改革试点任务。2008年11月18日，时代出版传媒股份有限公司成立暨上市大会在合肥召开。时代出版传媒股份有限公司是全国新闻出版领域第一家真正意义上主业整体上市企业。2008年12月23日，安徽广播电视台成立大会在合肥举行。2009年2月，中宣部改革办编辑《文化体制改革经验100例》，安徽省入选8例。

2009年8月28日，安徽省委、省政府印发《关于加快建设文化强省的若干意见》。2009年9月18日，安徽新华传媒股份有限公司上市申请通过中国证监会发审会审核。这是全国新华书店系统第一家通过在境内整体首发上市的文化企业。2010年6月，安徽省在全国率先完成文化体制改革重点任务目标，401家经营性文化事业单位完成转企改制，成为自主经营市场主体，22104人核销事业编制。

2009 年 10 月 23 日，由文化部、国家新闻出版总署、国家广电总局和安徽省人民政府共同主办的第二届中国国际动漫创意产业交易会在芜湖市开幕。2010 年 2 月，安徽演艺集团、安徽广电传媒产业集团成立。2010 年 5 月 7 日，首届安徽省民俗文化节在铜陵市开幕。2010 年 8 月 9 日，安徽省文化产权交易所、版权交易中心揭牌成立。2011 年 4 月 30 日至 5 月 1 日，全国文化体制改革工作会议在合肥市召开，安徽省及 16 个省辖市全部被评为全国文化体制改革工作先进地区。

2008 年 1 月 2 日，文化部批准在安徽省黄山市、绩溪县和江西省婺源县设立徽州文化生态保护区，这是全国首个跨省域的国家级文化生态保护区。2008 年 8 月 29 日，中国（合肥）非物质文化遗产园在合肥市长丰县举行奠基仪式，这是中国建设的首个非物质文化遗产园。2008 年 3 月 7 日，文化部公布第二批 551 名国家级非物质文化遗产项目代表性传承人名单，安徽省有 22 人入选。2008 年 4 月 18 日，芜湖方特欢乐世界开园。2009 年 4 月 26 日，第四届中部

2011 年 4 月 30 日至 5 月 1 日，全国文化体制改革工作会议在合肥召开

博览会·第五届徽商大会文化产业项目推介会暨签约仪式在合肥市举行，62 个项目现场签约，投资总额 17.2 亿元。2010 年 5 月 21 日，全国首家省级网络电台——安徽网络电台正式开播。2010 年 6 月 24 日，以"观世博、游安徽"为主题的世博安徽旅游国际推介会在上海市浦东国际会议中心举行。2008 年 11 月 9 日，以"歌颂改革开放、歌颂美好家园、歌颂和谐新农村"为主题的"在希望的田野上"首届中国农民歌会，在中国农村改革发源地的滁州市隆重开幕。2009 年、2010 年、2011 年、2015 年、2017 年，第二、三、四、五、六届中国农民歌会连续在滁州市举办。2018 年 9 月 23 日，作为首届"中国农民丰收节"系列活动之一，第七届中国农民歌会在滁州市唱响。2021 年 9 月 23 日，第八届中国农民歌会在滁州市再度唱响。

2007 年 9 月 18 日，第一届全国道德模范评选，安徽省徐辉、李玉兰两人入选。截至 2019 年，共评选七届，安徽省有 22 人当选，历届当选总数居全国第一位。2009 年 1 月 20 日，安徽省一批先进典型在全国精神文明建设工作表彰大会上受到表彰。其中，马鞍山市荣获"全国文明城市"称号，成为中部地区唯一获此殊荣的城市。

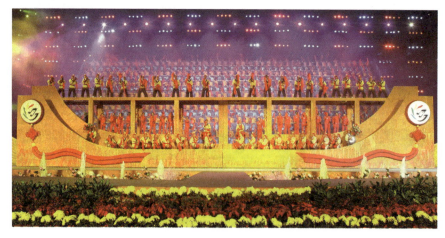

2008 年 11 月 9 日，首届中国农民歌会在安徽省滁州市举行

（三）实施文化强省战略

党的十八大以来，安徽省坚持走中国特色社会主义文化发展道路，加强社会主义意识形态建设，践行社会主义核心价值观，弘扬中华优秀传统文化，深入推进文化体制改革，发展文化事业和文化产业，构建现代公共文化服务体系，繁荣发展社会主义文艺，持续开展文化惠民活动，打响区域文化品牌，文化建设呈现出高质量、跨越式发展的崭新局面，安徽文化整体影响力大幅提升，安徽文化为美好安徽建设贡献了新增量。

1. 深化文化体制改革

2012年1月16日，全省文化体制改革工作专题会议召开。会议提出安徽省实施文化产业"3115"行动计划，力争到"十二五"末，培育30个重点文化产业园区、100家骨干企业，助推10家企业上市，文化产业增加值占生产总值比重超过5%，整体实力和竞争力进一步提升。2012年2月17日至18日，全国文化体制改革工作会议在山西省太原市召开，安徽省暨16个省辖市再次全部荣获全国文化体制改革工作先进单位。2012年4月18日，安徽省委办公厅、省政府办公厅出台《关于加快推进文化科技融合发展的实施意见》，提出开展文化科技攻关、文化科技创新成果转化、文化标准化建设、文化品牌打造"四项行动"，实施文化和科技融合示范基地建设、文化科技创新平台建设、文化科技企业培育、文化数字化建设、现代传播体系建设、文化科技人才集聚"六大工程"。2012年5月11日，安徽省委办公厅、省政府办公厅出台《关于加快文化产业发展的若干政策意见》等六个进一步加快文化强省建设配套文件。2012 年 5 月 19 日，合肥国家级文化和科技融合示范基地入选首批 16 个国家级文化和科技融合示范基地。2012 年 12 月，全国第一个国家广播影视科技创新实验基地落户合肥。2013 年 4 月 17 日，国家工商总局认定芜湖广告产业园为国家广告产业园试点园区。2014 年 6 月 13 日，安徽省委办公厅、省政府办公厅印发《安徽省深化文化体制改革实施方案》。2014 年 7 月 1 日，安徽新媒体集团挂牌成立。2016 年 6 月 29 日，合肥被确定为第一批国家文化消费试点城市。2016 年 12 月 5 日，时代出版传媒股份有限公司荣获"中国版权金奖"。2017 年 7 月 16 日，合肥三孝口新华书店成为全球首家共享书店。全省先后印发了《关于推动国有文化企业把社会效益放在首位、实现社会效益和经济效益相统一的指导意见》《国有文化企业进一步健全法人治理结构的若干规定》。在全国率先建立文化企业综合业绩考核体系，选取安徽演艺集团作为社会效益考核评价的全国试点。2018 年 10 月 24 日，2018 首届世界声博会在合肥召开，7500 多家智能语音及人工智能技术开发者参会。2019 年 11 月 22 日，安徽省文化投资运营有限责任公司成立。2020 年 9 月 29 日，安徽省委、省政府印发《贯彻落实〈新时期爱国主义教育实施纲要〉若干措施》。截至 2020 年年底，安徽省属文化企业资产总额合计 658.73 亿元，所有者权益合计 272.94 亿元，较"十二五"末分别增长 38.7%、71.7%；省属文化企业资产总额、所有者权益分别位居全国第六、第七。2021 年 9 月，安徽出版集团、安徽新华发行集团连续 12 年入围全国文化企业 30 强。

2. 加强基础设施建设

党的十八大以来，安徽省马鞍山、安庆、铜陵、蚌埠等四市成功创建国家公共文化服务体系示范区，淮南市少儿文艺发展等 8 个项目成功创建国家公共文化服务体系示范项目。省会合肥建设了安徽名人馆、渡江战役纪念馆、安徽创新馆、安徽百戏城、安徽省美术馆、安徽省科技馆新馆、安徽省城乡规划展示馆、合肥滨湖国际会展中心等一批文化建筑群，部分市县也建立了博物馆、文化馆、科技馆、影剧院、广播电视中心、文化公园、文化空间、新时代文明实践中心、名人馆等一批文化建筑。安徽名人馆是全国首家地方籍名人展馆，拥有全国最大全息多媒体展厅、全国唯一光电高科技场景，馆内汇聚了 800 多位安徽名人及特色文化风采。截至 2020 年年底，全省拥有文化馆 123 个、公共图书馆 131 个、博物馆 230 个（含非国有博物馆）、乡镇街道综合文化站 1505 个，与 2016 年相比，全省图书馆、文化馆、博物馆、美术馆面积分别增长 54%、42%、21%、21%，乡镇文化站实现全覆盖，村级综合文化中心覆盖率从不足 30% 提高到 96%。截至 2020 年年底，全省广播电视台 78 座，广播节目综合人口覆盖率 99.9%，电视节目综合人口覆盖率 99.9%；有线电视用户 771.7 万户。截至 2020 年年底，全省有各级国家综合档案馆 125 个，馆藏档案资料 5554.8 万卷（件、册），档案馆总建筑面积 63.1 万平方米。

3. 加快文化强省建设

2012 年 5 月 3 日，安徽省委印发《关于贯彻落实党的十七届六中全会精神进一步加快文化强省建设的实施意见》。2012 年 10 月 22 日，安徽省委、省政府印发《文化强省建设实施纲要》。2014 年 2 月，安徽省委宣传部将"打造充满活力的文化强省"的愿景细化分为理论社科强、思想道德强、新闻出版强、广电影视强、网络舆论强、文化演艺强、文化产业强和文化开放强等八个方面。

2013 年 1 月 12 日，第二届安徽省动漫大赛"金喜鹊"奖颁奖晚会在合肥举行，《十二生肖》《黑脸大包公之无悔青天》等 32 件作品获奖。为改变村级文化建设的薄弱现状，安徽省美好乡村建设工作领导小组办公室、安徽省文化体制改革领导小组办公室于 2013 年7 月联合印发《安徽省农民文化乐园建设试点工作方案》，在全省按照"一场（综合文体广场）、两堂（讲堂、礼堂）、三室（文化活动室、图书阅览室、文化信息资源共享工程室）、四墙（村史村情、乡风民俗、崇德尚贤、美好家园）"的硬件设施标准，采取新建和改扩建办法，打造能满足学教礼仪、文体活动、乡风展示、议事聚会等功能的村级公共文化服务综合体。截至 2015 年年底，全省农民文化乐园数量超过 500 家。2014 年，全省首届文化惠民消费季启动，推出大戏小戏看过瘾、我们精彩我们展示、群星璀璨耀江淮、美术走进生活等四大板块 58 项 212 场系列展演展示活动，深受城乡群众喜爱。截至 2020 年年底，安徽省连续举办七届文化惠民消费季。2020年第七届文化惠民消费季组织重点活动 100 余场，吸引 1100 余家特约商户参与，惠及消费者 6500 万人次，直接交易金额 4365.78 万元，间接拉动文化消费 20 亿元。

2016 年 1 月，安徽省委办公厅、省政府办公厅印发《关于加快构建现代公共文化服务体系的实施意见》。2017 年 7 月 20 日，安徽省委、省政府印发《安徽省实施中华优秀传统文化传承发展工程工作方案》。2018 年，全省实施了文化事业提质增效、文化产业优化升级、文化企业瘦身强体的"三大工程"。2018 年 11 月 29 日至 12月 2 日，安徽省与上海市、江苏省、浙江省联合举办首届长三角国际文化产业博览会。2021 年 2 月 1 日，由北京市委宣传部和安徽省委宣传部联合组织策划创作的电视剧展播剧目、重大革命历史题材史诗巨制《觉醒年代》在央视一套黄金档播出，在观众中引起强烈反响，获广泛好评。

4. 提升居民文明素质

全省积极营造向上向善的社会生态，加强新时代思想道德和精神文明建设，大力树培先进典型，积极传播真善美传递正能量。2014 年 3 月 27 日，全国首家省级好人馆——安徽好人馆开馆。截至 2021 年，安徽省 1610 人入列"中国好人榜"，入选人数连续十一年位居全国第一，形成"中国好人安徽多"的现象。2014 年 7 月 30 日，大型组合式话剧《好人安徽大舞台》在合肥市首演。2014 年 9 月 13 日，黄梅戏《小乔初嫁》、话剧《徽商传奇》、电视纪录片《大黄山》等 8 部作品获中宣部第十三届精神文明建设"五个一工程"奖。截至 2019 年 8 月，安徽省获得全国"五个一工程"奖作品共 60 多部，安徽省委宣传部多次获得组织工作奖（见表 5-1）。2015 年 10 月 10 日，安徽名人馆正式开馆，成为国内面积最大、聚集名人最多的名人专题类博物馆。2015 年 12 月 25 日，中宣部授予高思杰"时代楷模"荣誉称号。2016 年 12 月 12 日，安徽省 12 户家庭获第一届"全国文明家庭"荣誉称号。2017 年 2 月 28 日，全国学雷锋志愿服务"四个 100"公布，安徽省 15 个先进典型入选。2017 年 3 月 29 日，安徽省新增渡江战役纪念馆、淮南市大通万人坑教育馆、王稼祥事迹陈列馆 3 个全国爱国主义教育示范基地，全省总数达 13 个。2019 年 9 月 5 日，第七届全国道德模范表彰活动在北京市举办。安徽省叶连平、朱恒银、张家丰分别当选助人为乐、敬业奉献、孝老爱亲类全国道德模范，冯根银等 7 人荣获提名奖。至此，安徽省共有 22 人当选全国道德模范，本届当选数和历届当选总数均居全国第一位。2021 年 1 月 4 日，中央文明办印发《关于确定 2021—2023 年创建周期全国文明城市提名城市名单的通报》，安徽省亳州、池州、淮南、六安 4 个市，肥东、肥西等 13 个县（市）被确定为新一轮全国文明城市提名城市。至此，安徽省 16 个省辖市全部入列全国文明城市或全国文明城市提名城市。

表 5-1　安徽省荣获中宣部精神文明建设"五个一工程"奖部分作品名单

评选届次	作品种类	作品名称
第一届 （1991 年）	戏剧	《红楼梦》（黄梅戏）
	理论文章	《加强党的意识形态工作若干问题的思考》
第二届 （1992 年）	电视剧	《挑花女》
	图书	《百将传奇》
	戏剧	《吕布与貂蝉》（徽剧）（提名奖）
第三届 （1993 年）	戏剧	《程长庚》（京剧）
	图书	《跨世纪的丰碑——中国希望工程纪实》
	理论文章	《论社会主义的发展动力》
第四届 （1994 年）	电视剧	《大老板程长庚》
	戏剧	《老板娘》（皖南花鼓戏）（提名奖）
第五届 （1995 年）	电视剧	《家》
	图书	《心灵长城——中华爱国主义传统》
	图书	《青春风景创作丛书》
第六届 （1996 年）	戏剧	《刘铭传》（徽剧）
	电视片	《春》
	电影	《徽商情缘》
	图书	《中华三德歌》
	理论文章	《坚定不移地依靠职工办企业——阜阳化工总厂调查》

评选届次	作品种类	作品名称
第七届 （1999年）	电影	《月缺月圆》（特别奖）
	戏剧	《风雨丽人行》（黄梅戏）
	歌曲	《走进校园》
	广播剧	《大岭村的故事》
	图书	《起点——中国农村改革发端纪实》
	图书	《鸽子树的传说》
	理论文章	《改革是人民群众的伟大创造——小岗村农业"大包干"的启示》
	理论文章	《走改革、创新、创业之路——安徽新集矿区调查》
第八届 （2001年）	戏剧	《风驰瑶岗》（话剧）
	歌曲	《忠诚》
	歌曲	《走向西部》
	广播剧	《永远的恰巴山》
	广播剧	《阳光行动》
	图书	《世纪壮举——中国扶贫开发纪实》
	理论文章	《论创新》
第九届 （2003）	组织工作奖	安徽省委宣传部
	电视剧	《新四军》
第十届 （2007年）	组织工作奖	安徽省委宣传部
	电视剧	《大姐》（优秀奖）
	电视剧	《历史的天空》（北京市委宣传部、上海市委宣传部、安徽省委宣传部）（优秀奖）
	广播剧	《母亲的童谣》（优秀奖）
	电影	《美丽的村庄》（入选奖）
	电视剧	《台湾首任巡抚刘铭传》（入选奖）
	戏剧	《六尺巷》（黄梅戏）（入选奖）
	歌曲	《好一个花鼓灯》（入选奖）

评选届次	作品种类	作品名称
第十一届 （2009年）	电视剧	《祈望》
	戏剧	《万世根本》（话剧）
	歌曲	《站起来》
	广播剧	《"傻子"传奇》
	图书	《四面八方》
	图书	《走进帕米尔高原——穿越柴达木盆地》
第十二届 （2012年）	组织工作奖	安徽省委宣传部
	电影	《第一书记》
	电视剧	《永远的忠诚》
	歌舞剧	《徽班》（舞剧）
	歌曲	《追寻》
	广播剧	《举起你的右手》
	图书	《新安家族》
第十三届 （2014年）	组织工作奖	安徽省委宣传部
	电影	《一八九四·甲午大海战》
	电视剧	《杨善洲》（云南省委宣传部、安徽省委宣传部）
	戏剧	《小乔初嫁》（黄梅戏）
	话剧	《徽商传奇》
	电视纪录片	《大黄山》
	广播剧	《爸爸的脊梁》
	图书	《梦焰》
	图书	《少年与海》

续表

评选届次	作品种类	作品名称
第十四届 （2017年）	组织工作奖	安徽省委宣传部
	广播剧	《板车女孩》（北京市委宣传部、安徽省委宣传部）
	歌曲	《多想对你说》（国家新闻出版广电总局、 安徽省委宣传部）
	歌曲	《走在小康路上》（国家新闻出版广电总局、吉林省委宣 传部、安徽省委宣传部）
第十五届 （2019年）	组织工作奖	安徽省委宣传部
	电视剧	《黄土高天》（陕西省委宣传部、安徽省委宣传部、 上海市委宣传部、江苏省委宣传部）
	电视剧	《大禹治水》（电视动画片）
	广播剧	《小岗新传》（安徽省委宣传部、天津市委宣传部）
	图书	《经山海》

5. 加强文艺精品创作

党的十八大以后，安徽作家陆续推出了《新安家族》《淮军四十年》《每个人身体里都有一点老子和庄子》《中国文章》《书犹如此》《农民工》《农民的眼睛》《皖北大地》《一网无鱼》《放下武器》《男人立正》《屋顶上空的爱情》《麦子熟了》《焚烧的春天》《夏天的公事》《百花井》《大野》《领跑者》《一条大河波浪宽》《大江大海》《井中人》和"徽州文化系列"等精品力作，为人民美好生活的逐步提高贡献了精神力量。2012年12月12日，首届鲁彦周文学奖颁奖典礼在合肥举行，长篇小说《大江边》《蓝旗袍》，中篇小说《像老子一样生活》《葛仙米》《欢乐》《水乳交融》，电影文学剧本《我是植物人》获奖。2015年7月18日，首届安徽诗歌奖颁奖，严阵、薛庆国、荣光启、卢炜、徐春芳等19人获奖。2016年4月22日，安徽省委印发《关于繁荣发展社会主义文艺的实施意见》。安徽在全国率先开展"千名文艺家下基层采风"活动，1500多名文艺家深入基层、深入生活，扎根人民群众"采、创、送、种"，创作生产了一大批文艺原创成果。2012年至2021年，安徽先后有6人获得中国戏剧"梅花奖"（见表5-2）。

表5-2 1987—2021年"梅花奖"安徽省获奖演员名单

获奖者	年份	届别	获奖者推荐单位
马 兰	1987年	第四届	安徽省黄梅戏剧团
黄新德	1992年	第九届	安徽省黄梅戏剧院
李龙斌	1994年	第十一届	安徽省徽剧团
董 成	1998年	第十五届	安徽省徽剧团
韩再芬	2000年	第十七届	安徽省安庆市黄梅戏二团
吴亚玲	2002年	第十九届	安徽省黄梅戏剧院
张晓东	2002年	第十九届	安徽省宿州市华夏酒业艺术团
赵媛媛	2004年	第二十一届	安徽省安庆市黄梅戏一团
李 文	2004年	第二十一届	安徽省黄梅戏剧院
蒋建国	2007年	第二十三届	安徽省黄梅戏剧院
周源源	2009年	第二十四届	安徽省黄梅戏剧院
王丹红	2011年	第二十五届	安徽省徽京剧院
王 琴	2013年	第二十六届	安庆市黄梅戏艺术剧院
孙 娟	2013年	第二十六届	安徽省黄梅戏剧院
韩再芬	2015年	第二十七届	安庆再芬黄梅戏艺术剧院
何 云	2015年	第二十七届	安徽省黄梅戏剧院
汪育殊	2017年	第二十八届	安徽省徽京剧院
吴美莲	2021年	第三十届	安徽再芬黄梅文化艺术股份有限公司

2018 年 8 月，安徽诗人陈先发的诗集《九章》荣获第七届鲁迅文学奖诗歌奖。李凤群中篇小说《良霞》和胡竹峰散文集《中国文章》获提名奖。季宇、李凤群分别获得"弄潮杯"2018 年度人民文学奖中篇小说奖和长篇小说奖。小品《等爱回家》获第十届中国曲艺"牡丹奖"文学奖，舞蹈《命运》和舞剧《大禹》分别获得第十一届中国舞蹈"荷花奖"现代舞奖和舞剧奖，摄影家汪强荣获第十二届中国摄影金像

2018 年 8 月，陈先发诗集《九章》获鲁迅文学奖

奖纪实摄影类大奖，《清明》荣获第四届中国出版政府奖先进出版单位奖等。此外，安徽省 394 件美术作品入选国家级美术展览，43 人参与中国书协举办的各类展览。2020 年 2 月 21 日，安徽科学技术出版社出版《新型冠状病毒消毒防控规程（挂图）》，这是全国首套针对新型冠状病毒消毒防控规范操作的正式出版物。2020 年 11 月 11 日，由国家广播电视总局主办、中国广播电视社会组织联合会承办的首届（2017—2018 年度）中国广播电视大奖·广播电视节目奖评选结果揭晓，安徽省电视作品《留住长江的微笑》和广播作品《周家班，从安徽菠林村到世界》《"责任状"岂能满天飞》获奖。安徽的版画艺术继承传统，在表现现代生活、赋予时代精神方面显示了强大的生命力。朱曙征的系列版画《九华山》邮票和师松龄运用版画元素设计的《黄山》（小版张）邮票，分别荣获全国最佳邮票奖。徽州"三雕"、皖北剪纸、花鼓灯、寿州锣鼓等民间文艺

焕发生机，许多作品频频在全国大赛中摘金夺银；安徽花鼓灯艺术多次获得中国民间文艺"山花奖""群星奖"，并走向世界巡回演出，赢得广泛赞誉。

截至 2020 年年底，安徽省共有民营院团 3900 多家，数量全国第一，成为艺术繁荣发展的生力军。2020—2021 年安徽全省举办"乡村春晚"4000 多场。"文化扶贫·携手小康"惠民巡演累计超过 1 万场。"送戏进万村"年均演出 2 万多场。作为安徽文化品牌的黄梅戏，在音乐、题材、剧本和表演方法等方面持续改革创新，《孔雀东南飞》《徽州女人》《六尺巷》《大清名相》等一批优秀剧目获得全国大奖。

6. 促进文旅融合发展

2013 年 12 月 23 日，中国合肥国际智能语音产业园暨安徽省信息产业投资控股有限公司揭牌，标志着安徽千亿语音产业园区建设正式启动。2014 年 3 月 5 日，经国务院同意，国家发改委正式批复《皖南国际文化旅游示范区建设发展规划纲要》。示范区范围包括黄山、池州、宣城、马鞍山、芜湖、铜陵、安庆等 7 个市共 47 个县（市、区），黄山、池州以及宣城和安庆的部分县为其核心区。2016 年 7 月，由安徽新华发行（集团）控股有限公司发行的可交换公司债券在上海证券交易所正式交易。这是国内文化上市企业发行的第一单可交换公司债券。2017 年 4 月 4 日，安徽省委、省政府印发《关于将旅游业培育成为重要支柱产业的意见》。2017 年 4 月 5 日，全省旅游业发展大会召开，强调要以新发展理念引领旅游业改革创新，全力推进旅游强省建设。2019 年 5 月 19 日，文化和旅游部在黄山市举办以"文旅融合、美好生活"为主题的 2019 年"中国旅游日"主会场活动。

2020 年，安徽省旅游业增加值占生产总值比重达到 5.47%，成为国民经济支柱性产业。全省旅游产业对住宿、餐饮、民航、铁路客运业等贡献超过 80%，从业人员占全省就业总人数的 10% 以上。安徽省坚持文化扶贫，完善乡村文化设施，实施文化惠民工程，丰富农民文化生活。2014 年，安徽省制定出台《关于村级基本公共文化服务标准化建设的指导意见》，在全国率先提示"五个一标准化"。2016 年印发《安徽省"十三五"时期贫困地区公共文化建设实施意见》，在贫困地区实施"四扶一加强"行动。2018 年出台《关于繁荣兴盛农村文化推进乡风文明建设的实施意见》，实施乡风文明"八大工程"。2016 年至 2020 年，安徽省贫困地区文化建设累计投入资金 13.16 亿元，建立"非遗扶贫就业工坊"新模式，扶持柳编、剪纸、戏剧、雕刻、挑花等贫困地区"非遗"项目研发生产。截至 2020 年 12 月，全省扶持了 333 个重点旅游扶贫村，34 个乡村入选全国乡村旅游重点村名录，旅游带动 40 万人脱贫。有 4 个乡村旅游扶贫模式入选世界旅游联盟旅游减贫案例。

安徽省积极推进长三角文化和旅游一体化发展。2018 年 11 月，长三角三省一市党委宣传部联合举办首届长三角国际文化产业博览会。2020 年 11 月，长三角三省一市搭建了长三角文化产业投资联盟、长三角数字出版创新发展联盟、长三角文旅专家智库等平台。皖南国际文化旅游示范区加强与浙江省旅游目的地对接，重点实施杭黄国际黄金旅游线、皖浙 1 号风景道及"千岛湖—新安江大画廊"文化旅游综合体开发。

表 5-3　2012—2020 年安徽文化及相关产业增加值统计

指标	2012 年	2015 年	2016 年	2017 年	2018 年	2019 年	2020 年
文化及相关产业增加值（亿元）	714.43	903.2	1052.3	1196.0	1537.3	1665.4	1607.2
比上年增长（%）	29.0	15.3	16.5	13.7	28.5	8.3	−3.5
文化及相关产业增加值占省国内生产总值比重（%）	4.15	3.79	4.0	4.03	4.52	4.52	4.22
比上年提高（个百分点）	0.29	0.31	0.21	0.03	0.49	0	−0.3

7. 保护传承文化遗产

安徽省历史悠久，文化厚重，名人辈出，文化遗产丰富，是中华文明的重要发祥地。全省积极开展中华优秀传统文化和文化遗产传承保护，加大中华文明探源力度，深入研究阐释安徽文明史，编纂出版典籍文献，传承安徽精神，开发文化创意产品，增强安徽文化认同感、归属感，提高安徽文化整体影响力。2012 年 11 月 7 日，由文化部和安徽省人民政府主办的首届中国（黄山）非物质文化遗产传统技艺大展隆重开幕。截至 2021 年 10 月，先后举办 5 届中国（黄山）非物质文化遗产传统技艺大展。2012 年 12 月，安徽省人民政府印发《安徽省人民政府关于公布大运河遗产安徽段保护规划的通知》。2014 年 6 月 22 日，在第三十八届世界遗产大会上，中国大运河（包括通济渠安徽段）被联合国教科文组织列入世界文化遗产名录。安徽省的淮北柳孜运河遗址、通济渠泗县段两个申遗点入列大运河遗产名录。2015 年 3 月，国家文物局下发《国家文物局关于大运河柳孜运河遗址保护管理规划编制立项的批复》。2016 年 11

月 9 日，故宫博物院驻安徽黄山徽州传统工艺工作站成立。2018 年 11 月 9 日，安徽省委、省政府印发《安徽省革命文物保护利用工程（2018—2022 年）实施方案》。2021 年 11 月 19 日，安徽省人大常委会第三十次会议通过《安徽省红色资源保护和传承条例》，2022 年 1 月 1 日起施行。

2019 年 2 月 21 日，歙县、黟县被确认为中国地名文化遗产"千年古县"，安徽省的"千年古县"继寿县、全椒县后增至 4 个。截至 2020 年年底，安徽省共有各类文物遗存 1.76 万处，共登录文物藏品 303994 件（套），实际数量 1158334 件，涵盖陶器、瓷器、铜器、书法、绘画等 35 个门类，成为登录文物超百万的文物大省之一。安徽拥有黄山、西递、宏村以及中国大运河（安徽段）等世界文化遗产，歙县、寿县、亳州、安庆、绩溪、黟县、桐城等入选中国历史文化名城，凤阳、蒙城、涡阳、潜山、和县、贵池、宣州、滁州等入选省级历史文化名城，屯溪老街入选中国历史文化名街。

"十三五"期间，安徽省新增 47 处国保单位，全省国保单位总量达 175 处。寿春城等 5 处大遗址列入国家考古遗址公园。截至 2020 年 12 月，安徽省有县级以上非遗名录 5500 多项，徽州传统建筑营造技艺、宣纸传统制作技艺、中国珠算等 3 项入选人类口述和非物质文化遗产代表作名录，国家级非物质文化遗产代表性项目 88 项。有县级以上"非遗"传承人 7000 多名，其中国家级 119 人。国家级"非遗"生产性保护基地总数居全国第四位，省级"非遗"传习基地（传习所）87 个。安徽省入选中国重要农业文化遗产名录 4 项，分别是安徽省寿县芍陂（安丰塘）及灌区农业系统、安徽休宁山泉流水养鱼系统、安徽省黄山区太平猴魁茶文化系统和安徽省铜陵白姜生产系统。2014 年 5 月 29 日，联合国教科文组织名录遗产与可持续发展黄山对话会在安徽省黄山市举行。2018 年深圳文博会

上，安徽省推出 252 款 1800 余件文创精品。2019 年 12 月 26 日，
徽州文化生态保护实验区入选国家级文化生态保护区。2020 年 8 月，
安徽省文化和旅游厅同意设立安庆戏剧文化生态保护区。

六、医疗发展促健康

人民健康是民族昌盛和生活幸福的重要标志。中华人民共和国成立以来，安徽卫生健康事业逐步实现了从疫病横行到可防可控，从缺医少药到病有所医，从只能本地报销到逐步异地结算，从单纯医院就医到家庭医生签约服务覆盖面不断扩大，医疗技术水平和服务能力不断提升，"互联网＋医疗健康"持续发展，全省卫生健康水平大幅提升。

没有全民健康，就没有全面小康。党的十八大以来，健康安徽行动深入推进，加快融入长三角卫生医疗体系，医药卫生体制改革取得突破性进展，更加注重改革的整体性、系统性、协调性，更加注重医疗、医保、医药"三医"联动。增加优质医疗资源供给，加快国家和省级区域医疗中心建设，深化紧密型县域医共体和城市医联体建设，推进县级医院综合能力提升工程。卫生健康领域补短板工程启动实施，建立安徽省健康科普巡讲专家库，开展安徽省食品安全宣传周活动，启动母婴安全行动提升计划，推进癌症早诊早治和心脑血管疾病筛查干预，加强重大传染病、血吸虫病防治，扎实开展儿童青少年近视防控光明行动，开展全国婴幼儿照护服务示范城市创建活动。健全突发公共卫生事件应急指挥体系，加强早期监测预警，构建"1+5+N"重大疫情分级分层分流医疗救治体系。抗击新冠肺炎疫情取得重大成果，人民生命健康得到有效维护。2020
年 12 月，全省人均预期寿命达到 77.3 岁，人民健康水平稳步提高。
2021 年年底，2 个国家级、9 个省级区域（专科）医疗中心提速建设，
4 个中医药传承创新工程加快推进。2021 年，全省新增普惠托育机
构 105 家，创建"全省示范性老年友好型社区"98 个，其中 44 个获
批国家级示范社区，有利于健康的生活方式、生产方式、经济社会
发展模式和治理模式正在逐步形成。

（一）建立医疗卫生制度

中华人民共和国成立初期，安徽医疗卫生资源极度匮乏，广大
农村地区普遍缺医少药，传染病、地方病横行，居民健康水平极为
低下。1950 年，第一届全国卫生工作会议召开，确定了"面向工农
兵，预防为主，团结中西医"的卫生事业发展方针。1952 年，第二
届全国卫生工作会议又提出"卫生工作与群众相结合"的发展原则。
1965 年，毛泽东发出"六二六指示"，指出医疗卫生工作的重点放
到农村去，在这些原则和政策的指导下，安徽实施了三级预防保健
网、赤脚医生、农村合作医疗三大制度，使严重威胁群众健康的重
大传染病得到有效控制，卫生系统的服务能力和技术水平大幅提升，
安徽医疗卫生服务体系的根基在这个时期基本形成。

1. 组建专业医疗机构

中华人民共和国成立后，安徽省各级人民政府重视发展医疗事
业。在"国家办为主、集体个人办为辅、中西医共同发展"的方针
指引下，首先抓县以上卫生行政主管部门和重点医疗卫生单位的设

置。积极整顿恢复原接管卫生单位，并大力组建多支医疗防疫队，与兄弟省、市及解放军支援安徽救灾的卫生队伍，统一协调配合，深入灾区、病区、原革命根据地和边远地区，开展巡回医疗和卫生防疫工作。

1949 年 12 月，上海私立东南医学院内迁至怀远县，1952 年又从怀远县迁至合肥市，改为安徽医学院。1951 年，根据全国卫生工作会议《关于健全和发展全国卫生基层组织的决定》和《关于调整医药卫生事业中公私关系的决定》，出台《皖北人民行政公署关于开展医药卫生工作的指示》，继续大力组建县以上医院和卫生防疫、妇幼保健专业机构。20 世纪 50 年代，私人诊所多数组成联合诊所，与此同时，各行业开办门诊部，各级医院开设家庭病床。1959 年，安徽省卫生厅出台《关于人民公社卫生医疗机构若干问题的意见》《关于加强综合医院管理工作的意见》。建立健全各项管理制度，采取各种措施，改善医疗条件，提高医疗技术水平，医疗事业得以稳步发展。

截至 1965 年年底，全省有各级各类医疗卫生机构 7888 个（其中医院 423 个），床位 45421 张，卫生技术人员 60637 人，并新建和扩建一批医院，增添医疗设备，装备了一般常用医疗器械。20 世纪 70 年代以后，一些医院逐渐装备 B 型超声诊断仪、纤维内窥镜等较为先进的医疗仪器，少数医院装备电子计算机 X 线断层摄影装置、500 毫安以上的医用 X 线诊断机等大型贵重医疗器械。

2. 开展卫生防疫工作

中华人民共和国成立后，皖北、皖南行政公署先后成立卫生防疫大队，深入基层开展卫生防疫工作。1952 年，皖北、皖南行政区合并后，成立省及各级卫生防疫站及疟疾、血吸虫病、麻风病、性病等专科防治机构。通过大规模调查摸底，初步掌握了几种主要急性传染病和寄生虫病、地方病的流行范围和流行规律，分别制定了防治规划和保证规划实现的有关政策条例，为有组织、有计划地开展全省卫生防疫工作奠定了基础。

1950年11月，华东区皖南血吸虫病防治所在歙县成立。1951年，印发了《皖北人民行政公署关于开展医药卫生工作的指示》，以"两管五改"为主要内容的爱国卫生运动扎实推进。1952年，在屯溪、安庆分别成立了安徽省第一、第二血防所。1953年4月，安徽省爱国卫生运动委员会成立。1955年3月，安徽省委发出《关于加强血吸虫病防治工作的指示》，同年10月，安徽省血防所在合肥市成立。1958年1月14日，安徽全省举行除"四害"（苍蝇、蚊子、老鼠、麻雀）誓师大会，此后在全省范围内掀起了以除"四害"为中心的爱国卫生运动。1958年9月，省委血防领导小组在繁昌县荻港镇召开湖泊地区灭螺工作会议。1958年年底，全省建立37个血防所、站，累计治疗血吸虫病人20多万人，一些地方较重的血吸虫病疫情得到有效控制。

1961年1月2日，安徽省委、省人委发出《关于突击治疗疾病、保护人民身体健康的紧急通知》。至1965年年底，全省共有各级卫生防疫站85个（不含专科防治机构），专业人员1957人，其中专业技术人员占85%。在此时期，全省普遍开展了各种疫苗的预防注射，集中力量进行了粪、水管理和饮食卫生管理，有效地控制了一些传染病的流行和发生。20世纪60年代初期，鼠疫、天花、霍乱在安徽省已告灭绝。公共卫生建设极大地改善了人民群众的生活环境，人民整体健康水平显著提升。同时，民众的卫生观念、卫生行为也逐渐改变，对医疗保健的重视程度不断提升。

3. 建立赤脚医生队伍

1965年以后，安徽贯彻落实毛泽东"六二六指示"，把医疗卫生工作的重点放到了农村。1966 年，安徽省卫生厅印发《当前卫生工作中几项主要工作的意见》，指出一切卫生工作都要在党的领导之下，从实际出发，面向工农兵，依靠群众，坚持自力更生，大力培养赤脚医生和赤脚卫生员。在具有一定的医疗知识和能力的代代相传的医学世家或是知识分子中选拔略通医理者建立赤脚医生队伍。各医疗院校都要面向农村，为农村培养赤脚医生。赤脚医生由基层政府指派和领导，没有正式编制和固定薪金。"一根银针、一把草药"，看病就在田间地头，是赤脚医生的典型画像。到 1970 年年底，安徽省基本实现了每个大队有 3 名赤脚医生（其中一名为女性），每个生产队有 1~3 名卫生员。这支广覆盖的医疗卫生队伍，医治处理农村的常见病、多发病，满足了广大农民的初级医护需要。

4. 开展农村合作医疗

合作医疗是由农民自愿参加，个人缴费、集体扶持和政府资助多方筹资，以大病统筹为主的农村医疗互助共济制度。1969 年 2 月 1 日，濉溪县蔡里公社南庄大队建起了安徽省第一个村办合作医疗。到同年 11 月，全省 406 个人民公社 2212 个生产大队实行合作医疗，占全省生产大队总数的 10.81%。截至 1976 年年底，全省 26241 个生产大队，实行合作医疗的有 24788 个，占大队总数的 94.46%。这种低成本医疗合作制度实现了"花最少的钱，实现最大的健康收益"。

5. 发展妇幼保健事业

中华人民共和国成立初期，安徽农村妇幼保健事业近于空白。皖南行署卫生局 1949 年调查资料显示，芜湖市婴儿死亡率为 50%。1950 年，全省新法接生 5302 人次，新法接生率仅为 0.5%，妇女分娩多由"稳婆"（旧产婆）接生，新生儿破伤风发病率高，妇女因难产、产褥感染和其他妇女病死亡者甚多。为保护妇女儿童的健康，各级党委和政府采取积极措施，发展妇幼保健事业。1950 年至1951 年，皖南行署卫生局、皖北行署卫生处派出妇幼卫生工作队 22人（后并为省妇幼卫生工作队），深入农村推行新法接生、新法育儿，培训妇幼卫生人员。在此期间，全省逐步建立县及县以上妇幼保健机构。1952 年，全省县及县以上妇幼保健机构计有 108 个。从20 世纪 50 年代中期起，各地妇幼保健机构不断充实技术力量，改善医疗设备，推行避孕等。20 世纪 70 年代以后，妇女子宫脱垂新发病例极少，全省培训了大批节育技术人员，全省妇幼卫生事业发展较快。

（二）推进医疗卫生体制改革

从 1980 年起，安徽初步建立城镇医疗保险制度、城镇居民医疗保险制度和新型农村合作医疗制度。2003 年非典型肺炎疫情发生后，全省卫生投入快速增长。"十一五"期间，围绕卫生发展重要领域和关键环节，组织实施带有全局性、基础性的 10 项卫生重点工程，全省医疗服务能力进一步提高，应急处置能力显著提升，卫生信息化建设快速发展，覆盖全省的公共卫生信息网络基本形成。

1. 加强医疗服务能力建设

20 世纪 80 年代初，安徽已形成以省级综合医院、各类专科医院为核心，以地、市综合医院为骨干，以县及农村区、乡和工矿企业医院为基础，结构比较合理，门类比较齐全，技术力量较强的医疗网络。截至1985年年底，全省有家庭病床3611张，全年有1万多名病人在家中享受到医疗服务；全省有各类门诊部（所）3538个，卫生技术人员17711人。此外，驻皖部队86、104、105、116医院等具有省级综合医院水平的多所医院，部分医疗项目具有国内先进水平，个别医疗项目达到国际先进水平。"十一五"期间，利用国债资金和省、市、县配套资金，重点办好代表区域水平的综合性医院、中医院和特色专科医院，完成省化学中毒救治基地建设，建成省心脑血管医院、省肿瘤医院，改扩建5所省级综合医院、5所专科医院及40所县医院和40所中医院，80%县医院达到二级甲等标准。结合新农村建设规划，加强乡镇卫生院业务用房建设和必备设备添置，改善乡镇卫生院的基础设施条件，提高服务功能。多渠道、多途径发展社区卫生服务，创新社区卫生服务机制，开展社区卫生服务机构建设，新建社区卫生服务机构1000个。实施学术和技术带头人培养计划，建立一批国内有影响的国家级、省部级重点学科和重点实验室，培养各级、各类卫生专业人才，继续招募大专毕业生到乡镇卫生院工作，全面提高卫生人才队伍素质。

2. 医改经验全国推广

1997年7月20日，安徽省委、省政府发布《关于贯彻〈中共中央、国务院关于卫生改革与发展的决定〉的实施意见》，确定了全省卫生工作改革与发展的近远期目标。2009年6月29日，安徽省委、省政府印发《关于深化医药卫生体制改革的实施意见》，在全国率先启动基层医药卫生体制综合改革，11月，在32个县（市、区）实施以基本药物零差率销售为突破口的基层医药卫生体制改革试点。基层医药卫生体制综合改革成效明显，在全国率先探索出建立基本药物制度的新路，建立起了维护公益性、调动积极性、保障可持续性的新的体制机制，全省所有政府办基层医疗卫生机构和一体化管理的村卫生室实行了零差率销售，人民群众看病就医费用明显下降。2010年1月21日，国务院医改办、中央编办、财政部、人社部、卫生部在合肥市召开第一次全国医改现场会，推广安徽省基层医改经验。

3. 构建医疗保障体系

1999年6月8日至9日，全省城镇职工医疗保险制度改革工作会议召开，确定建立与现阶段生产力发展水平相适应的广覆盖的城镇医疗保险制度。1999年7月10日，《安徽省实施城镇职工医疗保险制度改革的若干意见》颁布实施。安徽省于2003年开展新型农村合作医疗工作，2005年在首批10个试点县的基础上，不断扩大合作医疗的覆盖面，进一步提高受益率，完善筹资机制和方案，加强合作医疗管理和经办机构建设。"十五"末，新型农村合作医疗制度实现县域全覆盖，参保农民受惠幅度进一步提高。

2007年，作为十二项民生工程之一，安徽省人民政府出台《关于开展城镇居民基本医疗保险工作的意见》，在马鞍山、淮北两市先行试点的基础上，在全省全面实施城镇居民医疗保险制度，把全省各地未纳入城镇职工基本医疗保险制度覆盖范围的非从业城镇居民的基本医疗保险进行制度安排，把城镇职工之外的城镇未成年人、低保人员、重度残疾人员、年老和无业居民纳入社会保障。至此，安徽省基本实现了全省城镇居民基本医疗保障制度全覆盖。

4. 完善公共卫生服务体系

1978年后，全省卫生防疫机构不断充实加强，各项管理制度和法规陆续制定。1982年，《中华人民共和国食品卫生法（试行）》颁布后，食品卫生管理实现了法制化。通过对工矿企业的新建、改建、扩建工程的评价和生产环境监测、职工体检，加强了工业卫生管理和职业病防治。结合建设新农村，逐步改变乡村环境卫生面貌和住宅条件。学校卫生日益受到全社会的重视和支持。1984 年起，世界卫生组织资助安徽省装备冷链设备，至 1985 年全省有 22 个县、市的冷链设备投入使用，有力地保证了全省计划免疫的实施。1991 年 3 月 20 日，世界卫生组织、卫生部联合评审组宣布：安徽省如期实现了以县为单位儿童计划免疫接种率达到 85% 的标准，全省已消灭或基本消灭了天花、回归热、黑热病，控制了头癣、白喉、麻疹、百日咳、脊髓灰质炎等疾病的流行。2003 年 4 月 26 日，安徽省非典型肺炎防治工作总指挥部成立，全省公共卫生事业进入快速发展的新时期，采取一系列措施全面加强公共卫生体系建设，在原卫生防疫站基础上调整组建了各级疾病预防控制中心、卫生监督所。全省各级政府投入 10 亿多元，建设 79 个疾病控制中心，96 个市、县传染病医院、传染病区，市紧急救援中心，初步建成了疾病预防控制、卫生监督、医疗救治三个体系。在完成公共卫生体系机构和基础设施建设的同时，重点加强服务能力建设，完善工作机制，改善设备装备，加强人员培训，服务能力全面提升。各级政府建立了突发公共卫生事件应急机制及制订了应急预案，为 1700 多个卫生院、200 多个县及县以上医疗机构建立了公共卫生信息系统计算机工作站，建成了公共卫生信息网络，实现了突发公共卫生事件和疫情网上直报。同时开展应急培训演练，提高处置突发公共卫生事件的能力和水平。

（三）实施健康安徽行动

党的十八大以后，安徽省卫生健康工作重点逐渐由解决看病难、看病贵，转向管健康、促健康。2015 年，安徽被列入首批国家综合医改试点省，针对卫生体系的医疗、医药、医保等三大领域推出了一系列改革举措。2016 年 8 月，全国卫生与健康大会召开，习近平总书记提出了新时代卫生与健康工作方针。10 月，《"健康中国 2030"规划纲要》出台，绘制了新时期以健康为中心的国家发展战略规划，把全民健康与全面小康的国家发展目标紧密结合起来。2017 年，安徽省委、省政府印发《"健康安徽 2030"规划纲要》，提出健康安徽建设发展目标：到 2030 年，全民健康素养水平大幅提升，健康生活方式基本普及，居民主要健康影响因素得到有效控制，因重大慢性病导致的过早死亡率明显降低，人均健康预期寿命得到较大提高，居民主要健康指标水平位列全国先进水平，健康公平基本实现。

1. 全面推进综合医改

2012 年 9 月 22 日，安徽省人民政府印发《关于县级公立医院综合改革试点的意见》，全面启动实施县级公立医院改革。2014 年 4 月 1 日，安徽肥西等 41 个县（市）被列入全国县级公立医院综合改革第二批试点县名单。至此，全省 62 个县（市）纳入省级试点。5 月 8 日，合肥市等 14 个市被列入第三批公立医院改革国家联系试点城市名单，加上此前已列入首批试点的芜湖市和马鞍山市，全省 16 个市全部被纳入公立医院改革国家联系试点城市，在全国率先实现公立医院改革国家联系试点城市全覆盖。医药方面，推出了基本药物制度、"零加成"政策、集中招标采购等举措。医保制度方面，2013 年 6 月 28 日，安徽新农合大病保险试点启动，参合农民医疗费用补偿比例最高可达 80%。首批试点在芜湖市、定远县等 11 个县（市）进行。2014 年 8 月 15 日，安徽省儿童医疗联合体组建，这是全省首家医联体。成立后的安徽省儿童医联体以经营管理、医疗技术合作为纽带，探索建立行之有效的业务指导与合作机制，让优质卫生资源下沉到基层。医改进入深水区、攻坚期。

2015年2月6日，安徽省人民政府印发《安徽省深化医药卫生体制综合改革试点方案的通知》，提出十一个方面41项改革任务，明确到2020年基本建成全覆盖、保基本、多层次、可持续的基本医疗卫生制度的目标。2015年2月10日，全省深化医药卫生体制综合改革试点工作会议召开，全面部署深化医改工作。2015年4月1日，在全省所有100所城市公立医院同步开展取消药品加成、调整医疗服务价格和药品耗材联合带量采购的"三同步"改革。安徽在全国第一个率先彻底破除"以药补医"。探索创新县域医共体、编制"周转池"、乡镇卫生院"公益一类保障二类绩效管理"等多项改革经验，"天长模式"成为全国医改典型。2016年12月23日，国务院医改办、国家卫计委在天长市召开全国第三次医改现场会，推广天长市县级公立医院综合改革经验。

2. 创新医疗卫生制度

2015年，安徽省首创县域医共体"天长模式"。2020年，紧密型县域医共体实现全省全覆盖，全省建立城市（城乡）医联体107个、医疗集团17个、专科联盟118个、远程医疗协作网104个，紧密型城市医联体试点扩大至35个，重点人群家庭医生签约服务率达65.5%。同时，现代医院管理制度逐步健全。积极推进医院治理体系和管理能力现代化，5家三级公立医院绩效考核进入全国百强，199家公立医院核定周转池编制5.4万名。2015年6月26日，安徽省首家省级公办民营医院——安徽省中西医结合医院开诊，标志着社会资本参与公立医院改革迈出第一步。7月13日，安徽省儿童医院分院——安徽金色童年儿童医院正式开诊。作为托管方，安徽省儿童医院从人才、技术等各方面向该院提供支持，意味着安徽省首次尝试"民办公助"的医疗新模式。全民医保制度日益完善。统一全省城乡居民基本医保和大病保险保障待遇政策，紧密型县域医共体实行按人头总额预付，按病种付费病种达 422 个，占总出院人数的 46.5%，处于全国领先水平。药品供应保障制度更加规范。率先开展省级药品耗材集中带量采购并实行"两票制"，建立短缺药品监测网络、会商联动机制及清单管理制度，创建"17+13+X"种抗癌药降价惠民保障机制。此外，通过实施监管主体责任制、监管力量协同制、监管内容清单制、不良执业记分制、诉求回应平台制、结果应用联动制等六项监管制度，将省级 132 项权力纳入"最多跑一次"清单。

2020 年 9 月 17 日，由国家卫生健康委基层卫生司、卫生发展研究中心主办的紧密型县域医疗卫生共同体建设片区经验交流会在安徽省阜南县召开

3. 完善医疗卫生服务体系

截至 2020 年年底，全省有医疗卫生机构 29391 个，其中医院 1388 个、基层医疗卫生机构 27400 个、专业公共卫生机构 481 个、其他卫生机构 122 个。基层医疗卫生机构中，卫生院 1361 个，社区卫生服务中心（站）1870 个，村卫生室 15710 个；专业公共卫生机构中，疾病预防控制中心 121 个，专科疾病防治院（所、站）43 个，妇幼保健院（所、站）123 个，卫生监督所（中心）105 个。全省卫生技术人员 41.2 万人，其中执业（助理）医师 16.3 万人，注册护士 18.8 万人，乡村医生和卫生员 3.1 万人。医疗卫生机构床位 40.8 万张，其中医院 31.8 万张，基层医疗卫生机构床位 7.9 万张。"15 分钟就医圈"基本形成，县域内就诊率达到 83%，次均费用低于全国平均水平，个人卫生支出占比下降到 30%。

医疗资源配置布局更加合理。优质医疗资源供给不断增加，国家儿童创伤区域医疗中心落户安徽，积极推动心血管、神经、中医等国家区域医疗中心试点，以及中科院临床研究医院（安徽临床研究医院）、合肥离子医学中心等前瞻性项目。布局蚌埠、阜阳、芜湖、安庆 4 个省级区域医疗中心，实施全民健康保障工程，开展中央预算内投资项目 277 个，争取国家资金 60.4 亿元，在 5 家省属医院实施疑难病症诊疗能力提升工程，推进有关省属医院与市、县级医院合作共建省级区域专科医疗中心，逐步提高市、县级医院医疗服务能力。建设一批国家级、省级临床重点专科。截至 2021 年年底，完成 5 个省级区域专科医疗中心合作共建。全省卫生健康资源数量持续增加，质量不断提升。2020 年，县域内就诊率 83% 以上。

"互联网＋医疗健康"示范省建设取得阶段性成效。2018 年 9 月，安徽省人民政府办公厅发布《关于促进"互联网＋医疗健康"发展

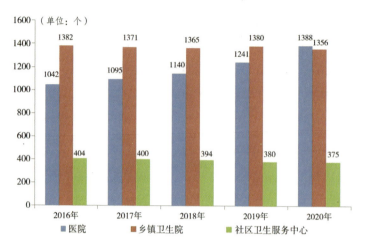

图 6-1 2016—2020 年安徽省医疗卫生机构数

图 6-2 2016—2020 年安徽省医疗卫生床位数增长

的实施意见》，鼓励医疗机构应用互联网等信息技术拓展医疗服务空间和内容，构建覆盖诊前、诊中、诊后的线上线下一体化医疗服务模式。允许在实体医院基础上，运用互联网技术提供安全适宜的医疗服务，在线开展部分常见病、慢性病复诊。到 2020 年年底，全省三级公立医院全面提供互联网医疗服务。"智医助理"覆盖全省基层医疗卫生机构，搭建安徽省医学影像云平台，省、市、县、乡四级远程医疗服务体系逐步建立，智慧医院建设不断推进，已设立互联网医院 27 家。发展互联网医院和远程医疗，电子病历、智慧服务、智慧管理"三位一体"的智慧医院建设取得初步成效。2021 年，全省 14 家省属医院、71 家市级医院、96 家县级医院、3725 家基层医疗卫生机构完成用卡环境改造，电子健康卡发卡总量 1868 万张，用卡总量 1.11 亿人次，逐步实现看病就医"一卡通行"。

4. 努力促进健康公平

健康优先是党和国家谋求发展的战略基点。2013 年至 2019 年，安徽省各级财政医疗保障投入从 223.7 亿元增加到 396.5 亿元，年均增长 10%，占同期医疗卫生支出 57.2%。全民基本医疗保障覆盖人群 6726 万人，参保率超过 95%。同期城乡居民医疗保险财政补助标准由人均 280 元提高到 520 元，增长 86%。统筹城乡医疗救助补助资金近 100 亿元，建立"351""180"综合医疗保障体系，惠及全省建档立卡贫困户，有效缓解因病致贫、因病返贫问题。截至 2020 年年底，安徽省基本医疗保险参保率达 99%；全省贫困人口全部纳入基本医保覆盖范围，贫困人口就医负担全面减轻。在全国率先实施城乡居民高血压、糖尿病门诊用药保障机制。全面完成生育保险和职工基本医疗保险合并实施，探索开展长期护理保险制度国家试点，省本级和 12 个省辖市建立职工大病保险制度。

在全国较早出台《安徽省基本医疗保险监督管理暂行办法》，建立了 15 个部门参与的医疗保障基金监管联席会议制度，实施欺诈骗取医保基金行为举报奖励，建立典型案件"曝光台"，开展基金监管方式创新试点、基金监管诚信体系建设试点和智能监控示范点建设，基金监管工作在全国名列前茅。顺利实现长三角跨省异地就医门诊直接结算，打通与沪、苏、浙异地门诊结算信息系统双向通道。异地就医住院定点医疗机构覆盖范围进一步扩大。2019 年

后，安徽省 1114 家定点医院接入全国异地就医管理系统，覆盖全省
16 个市 104 个县（市、区），参保群众异地就医更加方便快捷。健
康脱贫取得决定性成效。基层医疗卫生服务体系和服务能力不断加
强，全省 108 所中心卫生院达到二级综合医院水平，常住人口 8 万
人以上的乡镇卫生院全部达到二级医院水平，10 家社区卫生服务中
心被评为"全国百强社区卫生服务中心"。

2019 年至 2020 年，安徽省组织开展健康脱贫"百医驻村"专
项行动，省属 17 家医疗机构每单位选派驻村帮扶医生 2~4 人，共选
派近 50 名医生，重点驻村帮扶贫困村；从市级三级医院选派 50 名
左右医生重点驻村帮扶非贫困村，累计选派近 100 名医生，消除了
168 个村医"空白点"和 161 个村卫生室"空白点"。2020 年，安徽
省卫生健康委员会、安徽省财政厅、安徽省人力资源和社会保障厅、
安徽省医疗保障局四部门联合发布了《关于实施乡村医疗卫生服务
能力提升"百千万"工程的通知》，组织开展以省市三级医院"百医
驻村"、市县级医院"千医下乡"、乡村医生"万医轮训"为内容的
乡村医疗卫生服务能力提升"百千万"工程。截至 2020 年年底，全
省每个乡镇有 1 个政府办的乡镇卫生院，每个行政村（乡镇卫生院
所在行政村等除外）有 1 个标准化的卫生室，每个行政村卫生室至
少有 1 名合格村医，实现了全省 4800 万农村服务人口村级医疗卫生
服务的全覆盖。

贫困人口住院医药费用个人自付比例控制在 10% 左右。贫困人
口大病专项救治病种扩大到 34 个，对有诊疗需求的贫困人口实现家
庭医生签约服务"应签尽签"，首创基本公共卫生服务"两卡制"，
实现"智医助理"全覆盖，通过健康一体机、移动终端、AI 赋能等
将居民健康数据传入信息化系统，取消纸质健康档案。家庭医生们
既为贫困人口诊治常见病和多发病，也提供各类公共卫生惠民政策

宣传和健康知识普及、康复指导、健康管理等服务，实现"一人一策""一病一方"，精准管理，全程服务。开展农村贫困失能半失能人员医养结合照护试点，推广贫困人口高血压、糖尿病等常见慢性病用药"长处方"。2020年2月起，为助力疫情防控和企业复工复产，安徽省阶段性实施职工基本医保缴费"减延缓"政策，两年间为全省15.43万家企业减负29.61亿元。

5. 提升公共卫生服务效能

贯彻落实公共卫生"1+7"政策措施体系，抓紧补短板、堵漏洞、强弱项，筑牢公共卫生安全屏障。完善疾病预防控制体系。按照"整体谋划、系统重塑、全面提升"的总要求，全面深化改革，优化疾病预防控制资源配置，改革疾控机构绩效管理制度，创新医防协同机制，充分发挥政府主导、公益性主导、公立医院主导的救治体系应对重大疫情重要保障的作用，在全省构建"1+5+N"传染病医疗救治体系，进一步健全"平战结合"机制和分级分层分流的重大疫情救治机制。完善公共卫生应急管理体系。把增强早期监测预警能力作为健全公共卫生体系当务之急，构建公共卫生大应急管理格局。加快推进各级疾控中心核酸检测实验室建设，全省116家疾控中心均具备核酸检测能力。安徽省重点传染病监测预警平台于2021年年底上线试运行。依托智医助理收集基层医疗机构就诊信息开展早期症候群监测预警，在合肥市基层医疗卫生机构开展新冠肺炎症状监测直报试点。安徽省公共卫生临床中心和芜湖、阜阳分中心等3个省级重大疫情救治基地全部开工建设。完善公共卫生科研攻关体系。依托安徽科技创新攻坚力量框架体系，加快布局建设公共卫生科技支撑平台，加快建立公共卫生应急攻关响应机制，加快公共卫生科技成果转化应用，加快提高疾病防控公共卫生领域战略科技力量和战备储备能力。完善公共卫生法律法规体系。强化立法引领作用，强化执法保障作用，强化守法促进作用，全面提高依法防控、依法治理能力，坚持依法防控，在法治轨道上统筹推进各项防控工作。

2013年至2020年，安徽省将基本公共卫生服务人均财政补助标准由30元提高至74元，免费向城乡居民提供基本公共卫生服务项目增加至十二大类45项。慢性病防控稳步推进。建成国家级慢性病综合防控示范区16个、省级示范区56个。传染病防治和重大疫情防控救治能力不断增强。"十三五"期间完成艾滋病患者抗机会感染医疗救治3万余人次、贫困结核病患者救治4.5万余人，免疫规划疫苗接种率保持90%以上，5岁以下儿童乙肝发病率控制在1%以下，疫苗可预防传染病发病率降至历史最低水平。实施重大疾病预防控制，实现消除疟疾目标。同时，慢性病防控稳步实施，建成国家级慢性病综合防控示范区16个、省级示范区56个，实施癌症早诊早治和心脑血管疾病筛查干预等项目。

2020年年初，面对近百年来人类遭遇的影响范围最广的新冠肺炎疫情的严峻考验，安徽省委、省政府坚持人民至上、生命至上，在全国较早启动新冠肺炎疫情防控一级响应，全省动员、全面部署、快速反应，采取了最全面、最严格的防控举措，打响了一场疫情防控的人民战争。从政府管控、数字治理、信息公开三个维度，在企业、教育、交通、市场等领域均落实疫情防控相关措施，通过省级、市级政务服务平台快速搭建了疫情防控服务平台，提供疫情信息发布、疫情线索申报、医疗服务、同行程人员查询、口罩预约等服务，同时各级政府也通过新闻发布会等及时公布疫情相关数据，对一些谣言及时进行辟谣。一个月控制住疫情蔓延，一个半月左右时间实现住院患者"清零"，三个月左右时间取得重大战略成果。上至年逾百岁的老人，下至出生不久的婴儿，没有一个患者被放弃。在基本医保、大病保险、医疗救助等按规定支付后，个人负担部分由财政给予补助。

截至 2020 年 5 月底，安徽省统筹安排新冠肺炎疫情防控相关资金 38.3 亿元，出台医疗救治保障政策、一线医务人员激励保障政策，建立疫情防控困难群众兜底保障体系，开辟疫情防控绿色通道。按照国家防控和诊疗方案要求，针对新冠肺炎毒株变异和季节特点，充分发挥中医药特色优势，推进中医药防治同质化、规范化。2020 年，安徽省疫情防控指挥部出台《关于进一步落实新冠肺炎中西医结合救治工作的紧急通知》，对所有无症状感染者和确诊病例，都要在第一时间服用中药汤剂。原则上无症状感染者和确诊病例由中医专家给予"一人一案"辨证论治，中药汤剂由指定医院煎煮配送保障。区分不同人群，指导开展中医药早期干预，提高公众机体免疫力和中医药防控水平。在全国快速控制新冠肺炎疫情过程中，社区防控发挥了不可替代的作用。成千上万奋战在抗疫一线的基层卫生工作者切实把疫情防控作为当前最重要的政治任务，不折不扣落实中共中央、国务院和各级党委政府的决策部署要求，迅速健全完善疫情防控工作领导组和应急指挥部，建立疫情防控工作机制和网格化工作体系，迅速开展病例检测追踪、科普宣传、健康提示、信息报告、爱国卫生运动等综合防控工作，有力有效控制疫情扩散和传播。

6. 推进中医药传承发展

安徽的中医事业有着十分悠久的历史。东汉华佗，创"麻沸散"和"五禽戏"，医术神奇。安徽地域内代有名医，见于史传的名医就有 1400 多名。中华人民共和国成立后，遵照党和人民政府的卫生工作方针政策，在毛泽东关于"中国医药学是一个伟大的宝库，应当努力发掘，加以提高"的思想指导下，安徽从 20 世纪 50 年代初即逐步采取建立管理机构、设立中医院、兴教育、促科研、继名医经验、抓队伍建设、倡导中西医结合等各项措施，并采取选拔中医任领导干部、吸收中医参加公立机构工作、解决老中医的生活困难、评定中医技术职称、给予中医学徒优惠等特殊政策，使全省中医事业得以持续稳步发展。1985 年，全省形成结构比较合理的中医医疗网络，有中医院 48 所、中医门诊部 10 个，中医病床 6203 张；全省中医药人员 14471 人，其中中医 9936 人。

党的十八大以来，围绕继承、发展、利用好中医药，国务院出台了《关于贯彻中医药发展战略规划纲要的实施意见（2016—2030年）》，安徽省编制了《安徽省中医药健康服务发展规划（2015—2020 年）》《安徽省中药产业发展"十三五"规划》等重大专项规划，为中医药发展营造了良好的环境。安徽省委、省政府将中医药工作纳入经济社会发展规划、县级以上人民政府将中医药事业发展经费纳入本级财政预算、将促进中医药传承创新发展纳入考核等"三个纳入"。2020 年 3 月出台《安徽省中医药条例》，2020 年 8 月出台《关于促进中医药传承创新发展具体举措》等多项政策措施，不断完善政策体系，实施"十大专项行动"，打响"十大皖药"品牌，支持亳州"世界中医药之都"、大别山"西山药库"等产业集聚区建设，打造中医医疗服务高地、现代中药产业高地、中医药科研高地、中医药文化高地。安徽省现有各级各类中医院 153 所，基本实现"县县都有中医院"的目标。100% 的社区卫生服务机构、乡镇卫生院，98% 的社区卫生服务站，96% 的村卫生室能够提供中医药服务。推动建设 13 个国家中医临床重点专科、20 个国家中医药管理局重点学科和 42 个国家中医药管理局重点专科。全省拥有国医大师 3 人、全国名中医 3 人、岐黄学者 2 人。

开展促进中医药传承创新发展行动。依托亳州市打造"世界中医药之都"，建设全国最大的中药饮片产业集群。亳州市被确定为首批国家中医药健康旅游示范区建设单位，霍山大别山药库等 4 个单位被确定为首批国家中医药健康旅游示范基地建设单位，中医药健康产业发展迅速。2021 年，安徽省中医院、安徽省针灸医院等 4 个国家中医药传承创新工程项目全面开工建设，黄山市中医院、亳州市中医院等 4 个建设项目入列国家中医特色重点医院建设项目，积极推动省中医院与上海曙光医院共建国家区域医疗中心。安徽省卫生健康委（省中医药管理局）印发《安徽省中医医疗中心建设方案》，建立名中医工作室 38 个、中医药学术流派传承工作室 14 个、长三角名中医工作室 12 个；认定 3 个省临床医学研究中心，推动组建省新安医学研究院、华佗中医药研究院、大别山中医药研究院；开展新安医学、华佗医学和 12 个省国医名师经验活态传承；开展中医药古籍保护和传统知识收集整理，推进数字化、影像化记录。依托科研平台，取得以国家科技支撑计划"新安医学传承与发展研究"为代表的国家级项目 400 余项，获得国家科技进步奖、国家发明奖等国家和省部级科技奖 70 余项，一批科技成果得到成功转化。安徽中医药大学与美国布莱诺大学、加拿大安大略中医学院、希腊雅典大学等 29 家境外单位签署合作协议，并与 50 多个境外机构开展教师、学生的交流、交换及医药项目合作等活动。

7. 实施健康安徽行动

2017 年 10 月，安徽省出台《"健康安徽 2030"规划纲要》，提出实施健康安徽战略将更好地推动高效、公平的全民健康转型，包括转向"三全"健康管理模式，即全生命周期管理、全人群健康管理、全社会健康管理，同时发展新兴健康产业，包括健康大数据、健康人工智能、健康远程服务、健康机器学习等。2020年1月6日，安徽省人民政府印发《健康安徽行动实施方案》，从全方位干预健康影响因素、维护全生命周期健康、防控重大疾病三个方面，开展15项行动，推进"健康安徽"建设。方案提出：到2022年，健康促进政策体系基本建立，全民健康素养水平稳步提高，健康生活方式加快推广。到2025年，安徽省重大疫情和突发公共卫生事件应对能力显著提升，生育水平适当提高，人民身心健康素质明显提高，人均预期寿命达到78.8岁。到2035年，卫生健康体系基本实现现代化，基本医疗卫生制度更加完善，强大的公共卫生体系和整合型医疗卫生服务体系全面建立，健康公平基本实现。

建设三级健康教育基地。截至2000年年底，安徽省59个县区开展国家级或省级健康促进县区建设工作，其中11个国家级和20个省级健康促进县区已通过评估验收。开展健康城市与健康村镇综合试点，实施农村改厕、病媒生物监测，开展城乡环境卫生整治示范村建设。实施环境健康危害因素监测。开展城乡饮用水卫生监测、农村环境卫生监测、公共场所健康危害因素监测，以及空气污染等对人群健康影响监测和人体生物监测。

开展健康科普专项行动。加强健康科普平台建设，举办省级健康类节目和栏目，打造权威健康科普平台，推进健康科普示范和特色基地建设开发，评选和推广优秀科普作品，培养健康科普人才，建设健康科普专家库和资源库，充分利用互联网、移动客户端等新媒体传播健康知识，推进"12320"卫生热线建设。大力培养城乡健康指导员，开展健康中国行活动，重点围绕合理膳食、适量运动、控烟限酒、心理健康、减少不安全性行为和毒品危害等主题，全面提升城乡居民在科学健康观、传染病防治、慢性病防治、安全

2019 年 3 月 19 日，安徽省"幸福微笑—救助唇腭裂儿童"公益活动在滁州市启动

与急救、基本医疗、健康信息获取等方面的素养。开展中医中药中国行——中医药健康文化推进行动。对妇女、儿童、老年人、残疾人、流动人口、贫困人口等重点人群，开展符合其特点的健康素养促进活动。建立覆盖县（市、区）的健康素养和烟草流行监测系统。开展控烟专项行动。推动无烟环境立法，强化公共场所控烟主体责任和监督执法，逐步实现室内公共场所全面禁烟。推动相关部门加大控烟力度，运用价格、税收、法律等手段提高控烟成效。开展国民营养行动计划。开展营养、食品安全知识科普宣传，实施贫困地区营养干预行动、生命早期 1000 天营养行动、学生营养改善行动、老年人群营养改善行动、临床营养行动、平衡膳食与全民健身行动，开展营养和食品安全监测与评估，构建营养、食品安全基础数据平台。开展流动人口基本公共卫生计生服务均等化、流动人口健康促进行动、流动人口卫生计生动态监测。开展尘肺病防治攻坚行动，省内首批 15 个尘肺病康复站全部运行，康复患者满意率为100%。职业病危害监测评价水平持续提升，重点职业病监测覆盖全省，职业病诊断机构报告率达到 100%。开展残疾人精准康复服务行动。全面实施残疾预防行动计划，将残疾人康复纳入基本公共服务，

实施精准康复，为有康复需求的残疾儿童和持证残疾人提供基本康复服务。

加强妇幼保健服务工作。构建基于"孕前—产前—生后"的三级出生缺陷防控体系，建立省、市、县危重孕产妇和儿童救治中心，实施学生眼疾病筛查、新生儿疾病筛查、妇女常见病及"两癌"筛查项目。开展多种形式的婴幼儿照护服务试点，人口监测和家庭发展工作不断推进。2021年制定《安徽省托育服务补短板工作方案》《安徽省托育机构登记备案管理办法（试行）》，支持社会力量发展社区托育服务设施和综合托育服务机构，落实中央预算内资金3645万元，将普惠托育服务纳入省民生工程，科学规划托育机构建设，开展全国婴幼儿照护服务示范城市创建活动。2021年全省新增普惠托育机构105家。

开展健康老龄化行动。实施老年人健康管理、老年心理健康与心理关怀，开展医养结合试点、长期护理保险试点。鼓励支持各类存量养老机构向护理型床位转型升级。2020年年初，安徽省卫健委等八部门联合印发安徽省第一个关于老年健康服务体系的指导性文件《关于建立完善老年健康服务体系的实施意见》。截至2020年年底，全省养老机构护理型床位比例已经达到40%。目前，安徽省逐渐形成了医养结合的四种模式，即医养签约合作，养老机构设立医疗机构，医疗机构设立养老机构，医疗卫生服务以嵌入式延伸至社区、家庭，初步呈现出医疗服务与养老服务融合发展的格局。在医养结合方面，建设医养结合综合示范区4个、示范基地（园区)6个、示范项目机构27个、社区示范中心31个。

全民健身与全民健康深度融合。开展全民健身公共设施建设，实施健康安徽体育惠民工程"121"行动计划、全民健身计划、运动促进健康专项行动、青少年体育活动促进计划，举办全国绿色运动健身大会、全民健身运动会，推进国民体质测试、特殊人群体质健康干预计划。开展基本公共卫生服务。深入实施全民健身行动，丰富各类群众性体育赛事供给，引导全民健身活动全面开展。全省大力建设贴近社区、方便可达的中小型全民健身中心、多功能运动场、体育公园、健身步道、健身广场、小型足球场，着力补齐全民健身场地设施短板。截至 2020 年年底，全省拥有体育场地 17.8 万个，体育场地面积 1.34 亿平方米，其中大型体育场馆 179 个、体育公园 139 个、全民健身路径 3.38 万条、健身步道 4014 条，农民体育健身工程建成 1.5 万多个，实现行政村全覆盖。

"共建共享、全民健康"，是建设健康安徽的战略主题。全省坚持预防为主、推行健康生活方式的理念。截至 2020 年 12 月，全省居民健康素养提升、居民膳食减盐减油减糖、无烟党政机关创建、青少年近视防控、慢性病综合防治、传染病防控等重点工作全面实施，主要监测指标达到预期目标，全省居民健康素养水平达到 26.17%，优于全国平均水平。成人吸烟率下降到 22.6%，经常参加锻炼的人群比例为 32.17%。人均预期寿命达到 77.5 岁，婴儿死亡率、5 岁以下儿童死亡率、孕产妇死亡率下降至 3.77‰、4.54‰、0.12‰，主要健康指标都好于全国平均水平。

8. 参与长三角医疗一体化发展

实现信息互联互通。上海、江苏、浙江、安徽三省一市推进公共卫生服务标准化、便利化，创新跨区域服务机制，推进长三角医疗一体化，让患者享受更多便利、更多实惠。2016 年，长三角地区三省一市成立"长三角城市医院协同发展战略联盟"，该联盟由上海市第一人民医院、江苏省人民医院、浙江省人民医院、安徽省立医院等发起，来自三省一市 30 多座城市的上百家医院自发组建，推进了分级诊疗，发展区域医联体，形成有效的转诊机制，促进医疗诊断和检查信息互认互联。建立健全异地就医直接结算信息沟通和应急联动机制，推进电子健康档案信息平台跨区域联通，完善住院费用异地直接结算，开展异地就医门诊、急诊医疗费用直接结算试点工作。新冠肺炎疫情期间，长三角地区加强基本公共卫生服务合作，推进重大传染病联防联控。截至2021年12月，长三角地区三省一市全部41个城市实现医保"一卡通"，长三角地区三省一市门诊费用跨省直接结算实现全覆盖，实施长三角三省一市"健康码"互认通用、数据共享，为区域共同抗疫打下基础。

推动医疗健康协同创新。建设长三角区域协同创新产业体系，联合提升原始创新能力。在医疗服务方面，依靠信息技术建成互联网医院。在医药研发上，加大生物医药研究投入，积极培植一批拳头产品、骨干企业和优势产业，使长三角成为全国生物技术与生物医药产业的领头羊。推动长三角中医药一体化发展，推动长三角中医药质控一体化建设，支持区域中医诊疗中心合作共建及中医专病专科联盟建设，推动长三角国家中医药发展高地建设。

加大共享优质资源力度。优化配置长三角区域医疗卫生资源，推动大中城市高端优质医疗卫生资源统筹布局，全面实施医师区域注册，鼓励采取合作办院、设立分院、组建医联体等形式，促进医疗卫生服务均质化发展，扩大优质医疗卫生资源覆盖范围。同时，共建以居民健康档案为重点的全民健康信息平台和以数字化医院为依托的医疗协作系统，实现双向转诊、转检、会诊、联网挂号等远程医疗服务，实现优质医疗卫生资源共享。此外，长三角区域协同推进健康科技创新，深化中医药创新合作，建设中医专科联盟，逐步建立统一的急救医疗网络体系和卫生健康综合执法监督联动协同机制。

实施养老服务合作。长三角地区共同研究制定产业资本和品牌机构进入养老市场指引，培育养老从业人员专业化市场，支持民营养老机构发展，建设一批国内外知名的健康医疗服务、养生养老基地，稳步扩大长期护理保险试点范围，让长三角区域的老年人更好地享受养老健康服务。

加强联合执法。联合开展长三角地区卫生监督执法队伍演练和业务培训，互相支持和配合调查取证、线索共享，联合查处跨省市重大违法违规案件，互通违法违规案件查处情况。加强区域执法协作，在打击无证跨区行医，消毒产品、涉水产品和餐饮具集中消毒标准制定等领域先行先试，建立巡查线索信息共享平台，不断扩大和推广综合监督执法沟通协查机制在卫生健康领域的应用，加强长三角毗邻区域联合执法。

七、水利建设保安澜

中华人民共和国成立以来，安徽省的水利建设从大规模治淮开始，以长江、淮河干流防洪工程为主要内容，取得了前所未有的成就，由堤防、行蓄洪区、水库、分洪河道、枢纽控制工程组成的淮河中游防洪工程体系初步形成并日益完善。中国特色社会主义进入新时代，治淮 14 项骨干工程全面建成，启动进一步治理淮河工程，以淮河干流蚌埠—浮山段行洪区调整和建设工程的完工为标志，淮河防洪体系进一步优化。以引江济淮等国家重大水利工程为重点，一批大江大河和区域水资源配置骨干水利基础设施加快推进，安徽省水利基础设施网络不断完善，水灾旱灾防御能力不断增强，有效保障了人民群众生命财产安全和经济社会持续健康发展。

（一）基本水利设施建设

1. 淮河治理工程

1949 年和 1950 年夏季，淮河连续两年发生大洪水，淮河大堤多处溃决，灾情非常严重。仅 1950 年 6 月至 8 月，皖北 35 个县市中有 30 个县市受灾，受灾面积 3163 万亩，倒塌房屋 89 万余间，灾民超过 990 万人，约占全区人口的 50%，灾后断粮人口 581 万人，无衣、无食、无家可归者 109 万人。当年 7 月至 9 月，毛泽东对治理淮河工作作出了四次批示。8 月 25 日，周恩来主持召开第一次治淮会议，根据毛泽东 7 月至 9 月的指示，研究根治淮河的方略，制定了"蓄泄兼筹，以达根治之目的"的治淮方针和豫、皖、苏"三省共保，三省一齐动手"的治淮原则，确定上游以蓄洪为长远目标，中游蓄

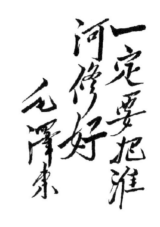

毛泽东题写的"一定要把淮河修好"

泄并重，下游则开辟入海水道。会议还建议成立治淮委员会，统一领导治淮工作。11 月 6 日，治淮委员会在蚌埠市成立。10 月 14 日，政务院发布了《关于治理淮河的决定》，明确了根治淮河的总原则。10 月，皖北行署，皖北军区司令部、政治部发布《治淮动员令》，全区先后有 300 万民工、民兵，数万技术人员走上工地，仅修建治淮公路就达 41 条 2910 余公里，安徽大规模的治理淮河拉开了序幕。

1951 年 5 月，毛泽东发出"一定要把淮河修好"的伟大号召，掀起了新中国第一次治淮高潮。安徽先后兴建大别山区五大水库，开辟蒙洼等 22 处沿淮行蓄洪区，加高加固淮河堤防，整治干支流河道，开挖茨淮新河、新汴河等人工新河，建设了一大批闸站工程。

佛子岭水库 1952 年 1 月 9 日开工兴建，1954 年 9 月 16 日竣工，是中华人民共和国成立初期中国自行设计、施工的大型钢筋混凝土连拱坝水库。水库位于霍山县淮河支流东淠河的上游，总库容 4.96 亿立方米，是以防洪、灌溉为主，结合发电、供水的综合性水利工程。佛子岭水电站是淮河流域第一座水电站，扩建后的总装机容量

为 3.1 万千瓦，计划年发电量 1.24 亿千瓦时。1975 年洪水暴发以后，曾对佛子岭水库的大坝进行加高加固，并在西侧扩建溢洪道一孔。2002 年 10 月至 2004 年年底，对佛子岭水库进行了除险加固，投资 1.66 亿元，设计洪水标准为百年一遇，校核洪水标准为五千年一遇，总库容 4.91 亿立方米。

梅山水库 1954 年 3 月 26 日开工兴建，1956 年 4 月主体工程基本完工，1958 年开始蓄水，是国内继佛子岭水库之后的第二座连拱坝水库，也是当时世界上最高的一座连拱坝，全长 443.5 米，最大坝高 88.24 米。水库位于金寨县大、小梅山之间，库容 22.75 亿立方米，是以防洪、灌溉为主，兼有发电等综合效益的大（Ⅰ）型水利工程。2008 年 4 月至 2010 年 12 月，对梅山水库进行了除险加固，设计洪水标准为五百年一遇，校核洪水标准为五千年一遇，洪水期泄洪规模能达到安全泄量 1200 立方米 / 秒。梅山水电站于 2013 年 10 月至 2018 年 3 月进行了增效扩容改造工程，总装机容量达到 5 万千瓦，年均发电 1 亿千瓦时。

响洪甸水库 1956 年 4 月开工兴建，1958 年 7 月大坝竣工，1961 年 4 月全部工程建造完成。响洪甸水库大坝是中国第一座自行设计、施工的钢筋混凝土重力拱坝。水库位于金寨县淮河支流西淠河的上游，总库容 26.1 亿立方米，是一座以防洪、灌溉为主，结合发电、供水等综合利用的大（Ⅰ）型水利工程。响洪甸水电站第一台 1 万千瓦机组于 1959 年 9 月并网送电。至 1961 年 4 月，4 台机组全部运行，总装机容量 4 万千瓦。2009 年 7 月至 2012 年 7 月，对响洪甸水库进行了除险加固，包括在大坝右岸新建一座泄洪隧洞和一座溢洪道、老泄洪洞加固、大坝基础处理、大坝表面处理及大坝裂缝修补、坝面保温防护、左岸坝肩加固、完善大坝观测设施与管理工程等，总投资约 1.93 亿元。

磨子潭水库 1956 年 9 月开工兴建，1958 年 6 月完工。水库在佛子岭水库坝址上游 25 公里处，总库容 3.47 亿立方米。主要作用是结合佛子岭水库溢洪道扩大，使佛子岭水库的防洪标准提高到千年一遇的水平。1959 年 12 月，磨子潭水电站 1.6 万千瓦机组投入运行。2003 年 10 月至 2005 年年底，对磨子潭水库进行除险加固，总投资 9970 万元，设计洪水标准同佛子岭水库加固工程。

龙河口水库 1958 年 11 月开工兴建，1961 年停建，1966 年复工续建，1970 年 4 月竣工。水库位于舒城县巢湖水系支流杭埠河上游龙河口，总库容 7.87 亿立方米，控制流域面积 1120 平方公里，设计灌溉能力 151 万亩，属于淠史杭沟通综合利用工程的组成部分，也是杭埠河灌区的水源工程，是以防洪、灌溉为主，结合养殖等综合利用的大型水库。1975 年、1976 年，又相继加高大坝和改建非常溢洪道等工程，2005 年以后，又投资 5982.9 万元，历时五年进行了龙河口水库除险加固工程，设计防洪标准为百年一遇，校核洪水标准为万年一遇。

1958 年 8 月，淠史杭沟通综合利用工程开工兴建。1972 年，灌区干渠和分干渠以上的工程完工，形成了全国最大的人工灌溉工程淠史杭灌区。该灌区以佛子岭水库、梅山水库、响洪甸水库、磨子潭水库等大别山水库群为水源，以横排头、红石嘴、龙河口三大渠首为枢纽，沟通淠河、史河、杭埠河三大水系，以七级 5 万里固定渠道、6 万多座渠系建筑物、1200 多个中小型水库、21 万多个塘堰，构建蓄、引、提并举长藤结瓜式灌溉网络，惠及安徽、河南 2 省 4 市 17 个县区。截至 1995 年年底，灌区累计灌溉面积 1.2 亿亩。1983 年 4 月，水利电力部同意安徽省淠史杭灌区续建配套工程列为重点工程项目，由此开始了淠史杭灌区配套工程建设，续建配套工程后灌区面积达到 1026 万亩。1986 年，启动淠史杭—巢湖地区农业

1958年8月19日，建设淠史杭工程开挖第一锹土，从此，开始了建设淠史杭工程的伟大壮举

综合开发项目，总投资9.8亿元，1992年年底通过世界银行验收。这一项目是安徽"七五"期间最大的农业利用外资项目，利用世界银行贷款9200万美元。项目内容包括：修复和完善淠史杭地区灌溉设施；建造牛屯河等溢洪道和凤凰颈、神塘河控制闸、抽水站等；对17万公顷面积提供防洪保证，使22万公顷农田灌溉得到保证；提高巢湖周围2.3万公顷面积的排水能力。该项目的实施，进一步完善了淠史杭灌区的灌溉和防洪设施。截至2018年年底，淠史杭工程城市供水的体量数以十亿计，大大改善了超过1330万人口的饮水条件。同时，合肥等地的城市用水和生态补水也主要来自淠史杭灌区。如2017年，合肥市董铺水库、大房郢水库从淠史杭调水，补水总量约4.13亿立方米。

安徽省还利用沿淮两岸湖泊洼地兴建蓄洪工程。其中1950年冬至1951年春，在正阳关以上利用蒙河洼地，润河、谷河洼地，霍邱的城西湖以及姜家湖、唐垛湖、邱家湖、孟家湖等湖泊洼地，蓄洪72.7亿立方米，并在润河集修建分水闸，控制正阳关以上淮河洪水。1951年3月29日，润河集分水闸工程正式开工，7月20日建成。该工程由进湖闸、拦河闸、固定河床和淮河老河道拦河坝等四部分组成，是中华人民共和国成立后第一个治淮大型水利工程。润河集闸的竣工，标志着1951年度治淮工程任务完成，共修筑淮河大堤、行洪堤等903公里，筑土方2281万立方米。淮河流域人民开始摆脱

"大雨大灾，小雨小灾"的灾难状况。1953 年 1 月至 7 月，在淮河上游与中游交界处的阜南县王家坝村修建了大型水闸王家坝进洪闸。王家坝闸因特殊的地理位置，被誉为淮河防汛的"晴雨表"，是淮河灾情的"风向标"。自 1954 年起，至 2020 年，王家坝闸有 13 个年份 16 次开闸蓄洪，至 2007 年，累计蓄洪量 75 亿立方米，为削减淮河洪峰，减轻上游灾害，确保上下游堤防安全和沿淮大中城市、两淮能源基地、京九和京沪铁路交通大动脉干线的安全起着重要作用。

蒙洼蓄洪区与王家坝闸密切相关，是淮河干流中游第一座蓄滞洪区，也是淮河流域第一座调洪设施和安全屏障，西起王家坝进水闸，东依曹台孜退水闸，背靠蒙河分洪道，南临淮河。蒙洼蓄洪区兴建于 1951 年至 1953 年，防洪堤长 95 公里，辖 7 个乡镇和 1 个阜蒙农场，总面积 180 平方公里，设计蓄洪水位 27.8 米，库容 7.5 亿立方米。王家坝泄洪首先会淹没蒙洼蓄洪区的大量良田，居民被迫转移，导致的经济损失巨大。截至 2007 年年底，泄洪的直接经济损失超过 35 亿元，但泄洪后的社会效益远远超出损失值，由此形成了舍小家为大家的王家坝精神，也是中华优秀传统文化的重要组成部分。

该阶段，安徽淮河干流和支流也修建了各类水利枢纽工程。如蚌埠闸枢纽工程 1958 年年底开始修建，1962 年基本竣工。其中，1960 年蚌埠闸建成，1961 年蚌埠船闸建成，1970 年至 1973 年增建南岸分洪道，1984 年至 1987 年续建水电站二期工程，2000 年 8 月开工兴建 12 孔节制闸扩建工程，2003 年 7 月对 28 孔老节制闸进行除险加固，2007 年 9 月复线船闸开工建设。蚌埠闸为淮河中游大型水利枢纽工程，位于蚌埠市西郊淮河干流上，距淮河上游临淮岗洪水控制工程约 230 公里，下游离洪泽湖 250 公里。整个工程由 28 孔节制闸、12 孔新节制闸、船闸、水力发电站、分洪道五部分组成，是一座以社会效益为主的大（Ⅰ）型水利枢纽工程，具有防洪、灌溉、航运、发电、公路交通等多项综合功能。该枢纽工程设计洪水标准为百年一遇，节制闸、溢洪道的设计泄洪流量各为 10140、2860 立方米／秒，在汛期可以调节洪峰，减轻淮北大堤的压力，保证沿岸城市安全，在防洪方面有突出的作用。蚌埠船闸可通过 2×1000 吨运输船队，建成后，淮河正阳关至红山头 278 公里河段实现渠化通航。水电站装机容量为 6×800 千瓦，年均发电量达 3500 万千瓦时，并可以灌溉农田 60 万公顷。

涡河蒙城闸枢纽 1960 年建成，位于蒙城县城北关。该枢纽原设计泄洪流量 1600 立方米／秒，标准过低，壅水严重，影响上游农田排涝。1969 年开始增建分洪闸、船闸，1971 年船闸建成，1972 年分洪闸建成，主要配合节制闸宣泄洪水，并用于交通航运。蒙城闸成为一座集防洪、排涝、蓄水灌溉、交通航运于一体的大型枢纽工程。由于船运及农业灌溉等的变化，2018 年该枢纽实现迁建。新蒙城枢纽下移至蒙城县王集乡全集村境内，距原枢纽 10.3 公里，总投资 14.5936 亿元。新枢纽仍由节制闸和船闸等组成，节制闸二十年一遇设计流量 2400 立方米／秒，五十年一遇校核流量 2900 立方米／秒。该工程建成后，新、老闸址之间设计水位抬高 7.5 米，增加有效蓄水近 1500 万立方米，增加有效灌溉面积 30 万亩，将涡河航道等级由五级提升到四级，并可改善附近地区的城市水环境。

阜阳闸枢纽工程，坐落于淮河第一大支流沙颍河中游，1958 年开工兴建，节制闸 1959 年 6 月通过竣工验收，船闸 1963 年 6 月通航。该枢纽设计过闸流量 3000 立方米／秒，闸上蓄水量 1.35 亿立方米。建成后，在灌溉、排涝和通航方面发挥了其他涵闸不可替代的作用。特别是 1975 年和 1991 年淮河两次洪灾，阜阳闸都有效控制了上游来水，缓解了淮河防汛压力。2007 年后，阜阳闸还增加了污水控制功能。为充分发挥水体自我净化功能，从 2010 年开始，淮委防污办要求阜阳节制闸全年小流量下泄，流量约控制在 25 立方米 / 秒。1995 年至 1996 年、2001 年至 2002 年、2005 年至 2006 年，对阜阳闸实施了三次较大规模的除险加固工程。2009 年又投资 1.6 亿元，对船闸进行了原址重建，新船闸按 Ⅳ 级单线 500 吨级设计，年单向通过能力为 400 万吨，是老闸的 4 倍。

为疏通淮北平原积水，开始修建新汴河、茨淮新河、怀洪新河等一系列人工河道。新汴河，1966 年 11 月动工，1970 年 5 月竣工，全长 127.1 公里，在宿县戚岭子截沱河，向东截濉河，至江苏泗洪县境内的溧河注入洪泽湖，贯通皖、苏两省。新汴河工程为濉河、沱河、唐河及新北沱河四个流域 13554 平方公里创造了全面开展治涝的条件，截去了濉河、沱河上游 6562 平方公里的高水直接入洪泽湖，扩大并增加了上游水流的出口，减轻了中、下游洪涝威胁及五河地区的洪水压力，改变了淮北平原洪涝长期制约农业生产的局面，还为沿河地区的灌溉、航运、供水、水产养殖提供了水源，改善了生态环境。

1971 年，国务院治淮规划小组决定在安徽淮北地区开挖茨淮新河和怀洪新河，并将之列入治淮战略性骨干工程。

2. 长江、新安江流域治理和蓄水工程

中华人民共和国成立后，安徽长江流域的水灾等也比较频繁，1949 年夏，安徽境内暴雨成灾，长江、淮河大堤多处溃决。1949 年 10 月，皖南、皖北区党委组织发动群众堵口复堤，计动员民工 75 万人，投工 2400 万个，长江、淮河大堤基本修复。为了防范灾情，中华人民共和国成立后，安徽对长江两岸的堤防进行了多次加高培厚、除险加固。1954 年长江大水后，于 9 月 28 日成立长江堵口复

堤指挥部，领导开展长江堵口复堤工程。到 1988 年，安徽境内长江干堤超过 700 公里，同马大堤、广济圩堤、枞阳江堤、无为大堤等形成了重要的防洪屏障。

安徽也开始在长江、新安江流域兴建了一系列蓄水和灌溉工程。董铺水库工程于 1956 年 11 月开工兴建，1958 年 2 月竣工。水库位于合肥西郊巢湖支流南淝河上，总库容 1.7 亿立方米，控制流域面积 207.5 平方公里，是以防洪为主，结合城市和工业供水、养鱼及灌溉等综合利用的大型水库工程。水库承担了合肥城区 34.24% 的防洪任务，对合肥市的防洪起到了重要的屏障作用。特别是 1991 年，合肥地区遭受到百年不遇的特大洪涝灾害，董铺水库拦蓄了大于兴利库容两倍的洪水，削减下泄洪峰流量达 90%，从而减免合肥市因洪涝造成的直接损失 4 亿至 5 亿元。董铺水库还是合肥城市饮水的重要水源，1997 年以来，董铺水库和大房郢水库联合运用，向合肥市提供优质生产和生活用水，日供水能力达 85 万吨。自 1980 年开始，董铺水库可以在干旱季节通过滁河干渠引来上游淠史杭灌区的优质大别山水源。党的十八大以来，随着城市用水量的剧增，通过淠史杭干渠补水日益增加。2017 年，董铺水库、大房郢水库从淠史杭灌区调水即达到 4.13 亿立方米；2020 年，董铺水库先后 4 次从淠史杭灌区引水约 5.1 亿立方米；2021 年上半年，董铺、大房郢水库两次从淠史杭灌区补水 2.35 亿立方米，完成城市供水 2.84 亿立方米。

花凉亭水库，位于长江流域皖河支流长河的上游，大坝在太湖县老城北 5 公里处，1958 年 8 月开工兴建，1976 年基本建成，是一座以防洪、灌溉为主，结合发电、供水、养殖、航运、旅游等综合性功能的大型水利枢纽工程。2009 年 9 月至 2012 年 10 月，对花凉亭水库进行了除险加固，总投资约 2.12 亿元，消除了安全隐患，水利工程面貌焕然一新。从正式蓄水开始到 2000 年，花凉亭水库先后拦蓄大小洪水 130 余次，可灌溉其下游的太湖、宿松、望江、怀宁四县 105 万亩农田，即使在干旱之年，其发电尾水也能确保灌溉需求。水电站装有 4 台 1 万千瓦发电机组，1981 年至 1987 年陆续并入华东电网运行。水质清亮洁净，适宜发展水产养殖业，每年可产鲜鱼 150 万公斤。

陈村水库位于青弋江上游，坝址在泾县水东翟村以上 3 公里处，1958 年 8 月开工兴建，1962 年停建，1969 年复工，1970 年 10 月建成蓄水，第一台 5 万千瓦发电机组投入运行，1975 年 7 月，第三台机组安装投产。水库总库容 24.76 亿立方米，设有安徽省最大的水电站，装机 3 台，总容量 15 万千瓦，多年平均发电量 3.16 亿千瓦时，在发电、防洪、灌溉、航运等方面都发挥了显著的效益。1970 年至 1988 年，陈村水库共拦蓄 1000 立方米／秒以上的洪峰 85 次，减免下游农田受淹面积约 100 万亩，使青弋江下游圩区防洪标准提高到二十年一遇。

黄栗树水库位于全椒县境内滁河支流襄河上游的黄栗树村，1959 年秋开工，1965 年基本建成。水库总库容 1.89 亿立方米，规划灌溉面积 34 万多亩，多年平均灌溉面积 19.3 万亩，是以灌溉为主，兼有防洪、水产等综合效益的水利工程。水库建成后，可控制襄河全流域 36% 的山区来水面积，大大降低中、下游的洪峰流量，减轻了沿河两岸圩堤和全椒县城的防洪压力，也减轻了滁河的洪水威胁。2002 年 3 月至 2004 年 9 月，对黄栗树水库进行了除险加固，总投资 2633.28 万元，使水库的防洪标准提高到五百年一遇。

驷马山灌区工程 1969 年年底开工，1980 年停建，1998 年至 1999 年续建，2003 年至 2005 年续建配套设施和技术改造工程。灌区地跨皖、苏两省 10 个市县（区），如安徽境内的肥东县、巢湖市、定远县、全椒县、南谯区、琅琊区、来安县、含山县、和县及江苏省南京市浦口区的一部分。该灌区为安徽省第二大灌区，也是安徽省最大的提水灌区，以提引长江水至安徽省缺水的江淮分水岭和东部丘陵高岗区，以解决这些地区的农业灌溉和农村饮水问题。该灌区自 1971 年启用以来，即在防洪、灌溉、洪水和航运、生态等方面发挥重要作用。在防洪除涝方面，驷马山分洪道可以分泄滁河上中游 60%~70% 的来水。2020 年，滁河发生大洪水，滁河上中游 70% 的来水从此处入江，最大泄洪流量达到了 1060 立方米 / 秒，排泄洪水 12.38 亿立方米，对减轻滁河流域防洪压力、保障沿滁两岸人民生命财产安全起着至关重要的作用。灌区设计可灌溉农田 243.6 万亩，2005 年有效灌溉面积已经达到 120.9 万亩。

3. 农田水利基本建设

中华人民共和国成立后，安徽即组织广大农民群众开展大规模的农田水利基本建设，逐步形成农田水利工程的基本框架。20 世纪 50 年代，兴建了一大批防洪、灌溉、除涝、供水、水土保持等工程设施，使全省的农田水利条件得到很大的改善。在沿江圩区，进行有计划的联圩并圩，兴建排灌设施，不断提高圩区的防洪除涝能力。在淮北平原地区，从 20 世纪 50 年代到 70 年代，先后对 30 多条小河道进行了疏浚治理，调整了排水水系，提高了防洪除涝能力。20 世纪 60 年代以后，陆续开展了台田、条田建设，发展了井灌和喷灌，进行了除涝配套和土壤改良等工程。

1949 年中华人民共和国成立之初，皖北、皖南区党委即确定了大修农田水利的计划。1949 年 11 月 28 日，皖北区党委发出《关于大力兴修水利的决议》，确定当年冬季和 1950 年春季以以工代赈的方式大兴水利，修复长江、淮河及内圩水利工程；12 月 1 日至 8 日，召开皖南区修复圩堤会议，确定了修复圩堤计划。1949 年 12 月上旬，皖北境内江淮堤圩冬修工程开工，全部工程共用土石 4200 万立方米。中央人民政府拨粮 4845 万公斤，行署拨粮 4000 万公斤，实行以工代赈、生产救灾。皖北人民银行贷款 875 万公斤原粮，协助兴修内圩。1952 年 7 月 1 日，安徽省第一个电力灌溉工程淝河电力灌溉站第一抽水站试行抽水灌田，抽水站位于合肥市郊城东乡求心庵，受益农田超过 6000 亩。1953 年 2 月，南淝河疏浚工程开工。这是中华人民共和国成立后第一次对南淝河航道进行的较大的人工疏浚，1954 年 3 月结束。疏浚后，南淝河航道枯水季节保持 1 米水深，30 吨以下的机动船可常年通航，同时缓解了合肥市的供水和泄洪矛盾。1957 年 6 月，安徽省第一座大型锅驼机排水站建成。该工程位于无为县下九连圩，可确保 38 万亩农田免除涝灾。1966 年，坐落在定远县西部的炉桥电力灌溉工程基本竣工。炉桥灌区有六级七站，装机 42 台套 13200 千瓦，有效灌溉面积 30.85 万亩。

发展井灌是淮北平原地区农田水利建设的重要内容之一。中华人民共和国成立前，淮北水井主要用于浇菜和人畜饮水，1949 年仅有土井、半砖井 1109 眼，灌溉面积仅 2000 多亩。20 世纪 50 年代开始，淮北地区开始掀起了打井群众运动。据 1959 年统计，1952 年以后，阜阳专区共打砖井 4.8 万眼，配备马拉水车 36665 部，有效灌溉面积 38.5 万亩，实际灌溉面积 14 万亩。20 世纪 60 年代，安徽省又从河南、山东引进打井技术，用无砂混凝土做井筒，井深加大到 25~40 米，出水量也增大至 30~40 立方米 / 小时，可用离心泵抽水。至 1970 年，淮北地区有砖井、土井 5.3 万眼，有效灌溉面积 96.28 万亩。1972 年，包括安徽省在内的北方 17 个省市的井灌建设被纳入国家计划。1973 年，安徽省规划将萧县、砀山、濉溪、亳县、涡阳、蒙城六县确定为打井重点县，界首、太和、灵璧、泗县北部地区以发展井灌为主。淮北地区的机井数量增长迅速，截至 1977 年年底，已有机井 7.62 万眼，配套 5.4 万眼，井灌面积 300 万亩。1978 年出现全省范围的严重干旱，安徽省委提出"主攻小麦，发展灌溉"的战略措施，仅 1978 年安徽省就完成打井 39183 眼，配套 41132 眼，在当年的抗旱中发挥了一定的作用。1949 年至 1988 年，安徽兴建大、中、小型水库共 4689 座，兴建大、中、小型涵闸 7765 座，修整塘坝近百万处，建成万亩以上灌区 384 处，发展机电排灌设备 260 多万千瓦。1988 年，全省有效灌溉面积 3727 万亩，比 1949 年增加近 3 倍。

（二）建设重大水利工程

改革开放以来，以长江、淮河干流防洪工程为标志的水利建设取得了前所未有的成就，安徽省水利建设实现了一系列重大跨越。

1. 淮河干支流防洪工程

茨淮新河 1971 年 11 月开工，1992 年竣工。西起阜阳市的颍河茨河铺，东至蚌埠市怀远县的荆山口注入淮河，全长 134.2 公里。该人工河道以防洪为主，同时具有排涝、灌溉、供水、航运等综合效益。2020 年 7 月中下旬以来，淮河流域普降大到暴雨，局部特大暴雨，淮河干流水位迅速上涨。7 月 20 日至 8 月 2 日，茨淮新河上桥抽水站抽排涝水 1.1 亿立方米，基本解除了茨河及跃进沟两流域 1000 多平方公里的涝灾。

1991 年夏，安徽发生特大洪涝灾害，5 月中旬至 7 月中旬，出现两个雨季，大面积、高强度、长时间降雨不断，造成外洪内涝交汇，江河湖泊水位暴涨。全省受灾人口 4400 万人，其中特重灾民

1458.9 万人，重灾民 1372.9 万人；38 个县市城区进水，43779 个村庄 892 万人被水围困；夏秋两季作物受灾面积达 7536.77 万亩，其中成灾 6544 万亩、绝收 2393 万亩。当年，国务院召开了治淮、治太工作会议，作出了《关于进一步治理淮河和太湖的决定》，要求坚持"蓄泄兼筹"的治淮方针，近期以泄为主，用十年时间在过去治淮工程的基础上基本完成以防洪除涝为主要内容的新的 19 项治淮骨干工程，涉及安徽的项目有 14 项，其中就有怀洪新河续建工程、淮河中游临淮岗洪水控制工程、白莲崖防洪水库工程、涡河近期治理工程等。

怀洪新河 1972 年开工，1979 年决定缓建，1991 年淮河流域大水后工程复工续建，2004 年竣工。该河因西起安徽省怀远县、东止于洪泽湖而得名，全长 121 公里，其中安徽境内 95 公里，江苏境内 26 公里。1991 年复工续建总投资 12 亿元。该工程为新中国成立后安徽省第二次大规模治淮工程。怀洪新河是茨淮新河的姊妹河，主要功能是分泄淮河中游干流和涡河洪水，确保涡河口以下淮北大堤的防洪安全，提高漴潼河水系排涝能力，兼有灌溉、供水、改善通航、养殖等功能。2003 年淮河流域发生流域性大洪水，怀洪新河启用相机分洪，分泄洪水 16.7 亿立方米，防洪效益达到 23 亿元。怀洪新河河道全线贯通以后，几乎每年都有排涝任务，年均排水 30 亿立方米以上。怀洪新河还可为农业生产提供引水灌溉，年均引水约 1 亿立方米。2013 年，怀洪新河流域降雨较往年大幅减少，何巷闸 9 次开闸向怀洪新河补水抗旱，全年引水 2 亿立方米，确保了沿河两岸 143 万亩农田抗旱及夏种用水，同时也大大减少了沱湖螃蟹养殖基地因缺水造成的损失。怀洪新河也是沿线城镇用水的重要水源，年供水量达到 3000 万立方米。

1958 年开始在淮河中游兴建临淮岗工程，最初按照综合利用

2020 年 5 月，临淮岗洪水控制工程（上游）

水库设计，目的是灌溉和防洪，1962 年因国家经济困难停建。1991年，临淮岗洪水控制工程被确定为 19 项治淮骨干工程之一，主体工程位于安徽省霍邱、颍上两县交界处。1999 年 12 月 26 日，临淮岗下引河扩大工程开工，临淮岗控制工程在停工四十多年后恢复兴建。2001 年 6 月，水利部批复初步设计报告，总投资 22.67 亿元。2001年 12 月主体工程正式开工，2003 年 11 月 23 日胜利实现淮河截流，2006 年 6 月主体工程完成，2007 年 6 月通过竣工验收并投入运行。临淮岗洪水控制工程属一等大（Ⅰ）型洪水控制工程，是整个淮河防洪体系中的关键性工程，为淮河增加了一道安全屏障，结束了淮河中游无防洪控制性工程的历史，对完善淮河流域防洪体系、促进流域水资源综合利用、保障流域经济社会的稳定和发展具有极其重要的作用。当淮河发生百年一遇洪水时，可减少淹没面积 1290 平方公里，确保淮北大堤保护区内 1000 万亩耕地 600 多万人口以及沿淮重要工矿和城市安全，一次性防洪减灾效益 306 亿元，多年平均年减灾效益 2.8 亿元。

白莲崖水库工程的兴建，使大别山区的大型水库群从 5 座增至

6座。水库总库容 4.6 亿立方米，其中调洪库容 2.81 亿立方米，电站装机容量 50 万千瓦，总投资 9.09 亿元，是一座以防洪为主，兼顾灌溉、供水、发电等综合利用的大（Ⅱ）型水利水电枢纽工程。水库工程 2004 年 8 月开工，2005 年年底成功截流，2010 年年底基本完工，2014 年通过竣工验收。白莲崖水库是提高下游佛子岭水库防洪标准不可替代的工程，通过实施佛子岭、磨子潭、白莲崖水库联合调度，可以将佛子岭水库的防洪标准由四百年一遇提高到五千年一遇。

2006 年 12 月 5 日，总长 546 公里的淮北大堤加固工程安徽段全线开工，并于 2009 年年底完工。淮北大堤加固工程为国务院确定的 19 项治淮骨干工程之一，总投资近 22 亿元。工程完工后，配合临淮岗水控制工程的运用，可使淮北大堤保护区的防洪标准提升至百年一遇，对建立完善的淮河干流防洪体系、提高淮河防洪能力和淮北地区社会经济的发展都具有极为重要的意义。

2. 实施长江治理工程

1983 年 6 月至 7 月，安徽省出现 7 次大面积暴雨，安庆长江水位达 17.95 米，仅次于 1954 年历史最高水位，全省成灾面积 1349 万亩，受灾人口 1475 万人。通过全省百万军民团结抗灾，长江、淮河干堤和绝大多数万亩以上大圩安全度汛，减少了损失。此后，长江洪灾也时有发生，最为严重的是 1996 年、1998 年和 1999 年。1998 年 8 月，中共中央、国务院作出"灾后重建、整治江湖、兴修水利"的战略决策，加大对江堤建设的投资力度，安徽境内长江干流及与干流堤防构成防洪堤圈的支流河堤，全面实施除险加固，还对长江干流河崩岸全面治理，总投资 52.5 亿元。1999 年 7 月 17 日，长江岸线黄溢圩破堤，4850 亩农作物受淹。7 月 26 日，朱镕基来安徽看望受灾灾民，督促长江的抢险。7 月 28 日，朱镕基在合肥市主持召开湖北、江西、安徽、江苏四省负责人会议，研究治理长江问题。会议研究决定，由中央财政拨款 300 亿元，治理四省迎江堤坝，以石块水泥或水泥预制板护堤，厚度 12 厘米以上。2002 年，江堤建设和干流崩岸治理全部完成，全部达到百年一遇的防洪能力，可以抵御 1954 年、1998 年那样的大洪水。

与此同时，1998 年 10 月 6 日安徽跨世纪最大的重点水利工程——港口湾水库开工建设。水库位于宁国市境内水阳江上游的西津河上，是治理水阳江流域洪涝灾害的骨干控制工程，也是长江特大洪灾后综合治理长江一级支流最早开工的大型水利工程。2001 年 11 月，水库提前竣工，2002 年 10 月通过竣工验收。港口湾水库工程是一座以防洪为主，结合发电、灌溉等综合利用的大型水利水电枢纽工程。水库控制流域面积 1120 平方公里，总库容 9.41 亿立方米。

3. 水库加固除险工程

中华人民共和国成立以来，各类水库建设成效显著，至 2017 年，全省已建成各类水库 5947 座。这些水库有很多兴修于新中国成立初期，改革开放以来开始出现各类安全问题。早在"十五"时期，安徽就全面启动了大中型病险水库加固除险工程，对国家规划内的 295 座大中型及重点小型病险水库完成除险加固，其中包括沙河集、黄栗树、佛子岭、磨子潭、城西、众兴、丰乐、境主庙等 8 座大中型水库。2011 年 10 月 23 日，安徽省启动"十二五"千库保安工程，计划除险加固小型病险水库 2225 座，估算总投资约 40 亿元。仅 2013 年至 2015 年，除险加固小型水库就达 1200 座。据初步统计，2006 年以来，安徽省累计完成 3751 座水库的除险加固，大中型、重点（Ⅰ）型病险水库全部"脱帽"。

除险加固后的淠史杭灌区横排头枢纽工程

4. 提升农田水利建设质量

20 世纪 90 年代以来，结合农村税费改革，推动小型水利工程产权制度改革不断深化，农田水利基本建设稳步推进。1994 年 10 月 23 日，安徽省委、省政府发布《关于大力发展水利基础产业的决定》，确定全省水利建设的基本任务；1996 年 3 月 13 日，安徽省政府办公厅发出《关于进一步加快发展淮北地区灌溉事业的通知》。"十五"期间，全省有效灌溉面积增加 330 万亩，达到 33230 万亩。大型灌区节水改造进程加快，全省节水灌溉面积增加 680 万亩，达到 6920 万亩。全省新增除涝面积 560 万亩，达到 22050 万亩。"十一五"期间，持续开展农田水利基本建设，新增灌溉面积 378 万亩，农田灌溉水利用系数提高到 0.49，为粮食生产连续七年丰收、五年创历史新高作出了重要贡献。

表 7-1 1985—2011 年安徽省农田水利建设基本情况

年份	水电站装机容量（千瓦）	已建成水库（座）	水库库容量（亿立方米）	节水灌溉面积（万公顷）	水土流失面积（万公顷）	堤防长度（公里）	堤防保护耕地（万公顷）
1985	54532	4340	175.58	0	127.20	17554	222.35
1990	66184	4533	182.25	0	142.80	19222	214.40
1995	96892	4787	184.39	0	157.53	19524	219.02
2000	98102	4815	185.10	53.49	176.53	19902	218.42
2001	276843	4839	194.70	59.99	180.39	19900	229.94
2002	0	4856	194.74	64.05	184.67	19950	222.04
2003	0	4866	194.77	65.80	188.31	20012	219.05
2004	591058	4868	195.58	67.56	191.60	20030	218.94
2005	632092	4872	195.50	70.55	195.59	20074	222.69
2006	893122	4816	196.11	72.51	198.36	20206	231.91
2007	912200	4797	195.64	74.37	201.75	20212	231.99
2008	976400	4796	195.39	76.46	205.92	20255	235.72
2009	1068404	4808	194.99	78.86	210.23	20377	238.16
2010	1074105	4818	199.51	81.58	213.61	20456	234.15
2011	1129345	4926	199.99	84.27	218.03	20632	234.89

5. 农村饮水安全工程

安徽省水资源分布不均衡，受局部性和季节性干旱引起的农村饮水困难时有发生。1953 年至 1978 年，安徽省主要结合抗旱和兴建灌溉工程，解决农村饮水困难。1978 年全省大旱，大部分地区十个多月没有下过透雨，旱灾造成 6000 多万亩农田受灾、400 多万人和 90 多万头牲畜发生饮水困难，安徽省号召群众因地制宜采取打井、挖泉、截流等办法解决用水问题，解决农村饮水困难开始被提上议事日程。1980年开始，安徽省将农村饮水工程建设列入农田水利的范畴。从2000年开始，国家也加大了对解决农村饮水困难的投入力度，安徽省以此为契机，采取多种措施实施农村饮水解困工程。2001年10月，安徽省人民政府发出《关于组织实施全省农村饮水工程的意见》，确定用三年时间基本解决全省困难地区176万农村人口饮水问题。完成投资4.4亿元，建成各类饮水工程近2万处，实际解决212万农村人口的饮水困难，至2004年，已经基本解决规划范围内的农村饮水困难。

6. 江淮分水岭易旱地区综合治理

江淮分水岭地区是指安徽省境内的长江、淮河之间的丘陵地带，包括合肥、六安、滁州、巢湖、安庆、淮南等6市22县（市、区）400多个乡镇，国土面积约4.5万平方公里，耕地面积约2000万亩。该地区因地理环境特殊，易旱缺水，加之土地瘠薄、基础设施投入较少，农业农村经济发展滞后。1997年，安徽省委、省政府制定了《关于加快江淮分水岭易旱地区综合治理开发的意见》，坚持"把水留住、把树种上、把路修通、把结构调优、促农民增收"的总体思路，突出"以人为本"，从解决群众生产生活最关键、最迫切的问题入手，着力改善区域水利、生态、交通等基础设施条件，加快农业结构调整步伐，取得了明显成效，农村生产生活条件进一步改善，农民收入显著增加。

1997年至2007年的十年间，江淮分水岭地区综合治理开发取得了阶段性成效：新挖和修整库、塘23249口，建设小型集中供水工程195处，新增蓄水能力11.6亿立方米，新增有效灌溉面积209.8万亩，解决农村饮水困难人口93.8万人；新增森林面积163.4万亩，森林覆盖率由 14.1% 提高到 18.5%；新改建县、乡、村公路 6059.9 公里，修建村村、村组道路 6524.9 公里；全区农林牧渔业产值比由 1997 年的 57.4∶2.0∶31.6∶9.0 调整到 2007 年的 52.1∶3.4∶34.1∶10.4，2007 年农民人均纯收入比 1997 年增加了 2081.7 元，年均增速高于全省 2 个百分点。至 2012 年，综合治理成效更加显著：新建和改扩建大中塘 3500 口以上，改造中低产田 200 万亩，新增灌溉面积 80 万亩；农村人口饮水安全问题全部解决，农村户用沼气普及率超过 26%，卫生厕所普及率超过 60%；森林面积发展到 742.7 万亩左右，森林覆盖率达到 20%；治理水土流失面积达到 84.5 万亩。

7. 防洪保安工程建设

2004 年，安徽省开始实施 "861" 行动计划，防洪保安工程建设是其中的六大基础工程之一。该项目主要包括长江、淮河、新安江主要干流整治及支流治理，大、中、小水库水闸除险加固，新建水库，城市防洪，大中型灌区续建配套，小流域治理，以及水资源优化配置工程等。至 2007 年，防洪保安工程成效显著，四年累计完成投资 114.7 亿元。治淮骨干工程加快推进，14 项治淮骨干工程中，临淮岗洪水控制工程等 8 项建成使用。在 2007 年的淮河流域特大洪水中，已建治淮工程发挥了巨大效益，大大减轻了洪涝灾害的影响。大型及重点中型病险水库除险加固工程全面启动，合肥、六安、巢湖等城市防洪工程也在加快推进。此后，随着防洪保安工程建设的持续推进，安徽长江、淮河防洪体系日益完善，大中型水库的除险加固工程陆续完工，中小水库除险加固工程有序完成，重点城市的防洪工程也在防洪防涝中发挥了重要作用，全省防洪保安能力得到明显提升。

1998 年以来，安徽省抓住国家加大水利投入的有利时机，持续开展大规模水利建设，全省水利投入持续增长。截至"十一五"末，涉及安徽省的 14 项治淮骨干工程全面建成，累计完成投资 225 亿元，如期实现国务院确定的治淮工作目标。2006 年安徽省大部分地区旱情持续发展，淮北地区农作物受旱面积 1200 多万亩，潜山、怀宁、太湖等丘陵区 5.3 万人饮用水发生严重困难。为支持各地抗旱，切实抓好当前农业生产，安徽省人民政府紧急下达 900 万元特大抗旱经费和 4750 万千瓦时抗旱用电指标，重点用于受旱地区特别是小麦高产攻关区的抗旱保苗和人畜饮水困难地区的提水、送水、打井等。本次防汛抗旱减灾效益达 145 亿元，其中农业抗旱减灾效益达 131 亿元。

（三）构建水利生态体系

党的十八大以来，安徽省抓住淮河治理、长江干支流治理两条主线，全力加快重点水利工程建设，不断优化水利生态环境。安徽省最大的跨流域水资源配置工程——引江济淮工程正式启动；安徽省首个跨区域调水工程——淮水北调干线工程建成并正式通水；进一步治淮工程正式启动并加快推进，优化了淮河防洪抗洪体系；长江干支流治理进一步推进。以引江济淮等国家重大水利工程为重点，一批大江大河治理和区域水资源配置骨干水利基础设施加快推进，安徽省水安全保障能力显著提升。

1. 淮河治理提升工程

2011 年，国务院启动实施进一步治淮 38 项工程。2011 年 12 月 13 日，总投资 2.75 亿元的淮河入江水道整治工程安徽段开工仪式在天长市高邮湖大堤施工现场举行，新一轮治淮工程正式启动。高邮湖大堤安徽段是淮河入江水道安徽段的重要组成部分，全长34公里，保护面积220平方公里，人口近20万人。淮河入江水道是淮河的主要泄洪道之一，设计泄洪能力12000立方米/秒。该工程2012年10月完工，可将淮河上游70%以上的洪水顺泄长江。

淮河干流蚌埠—浮山段行洪区调整和建设工程于2013年11月8日正式开工，至2020年年底基本完工，标志着新一轮治淮工程向纵深推进，全面铺开。该工程总投资55亿多元，是中华人民共和国成立以来全省单项投资最大的水利工程。项目实施后，淮河干流蚌埠—浮山段河道行洪能力扩大到13000立方米/秒，方邱湖、临北段和香浮段三个行洪区调整为防洪保护区，不再承担行蓄洪任务；花园湖行洪区则成为设置进水闸和退水闸的可控制的行洪区。这一工程的运用优化了淮河防洪抗洪体系，防灾减灾效果更加明显，有10万人直接受益。

与此同时，淮河流域西淝河等沿淮洼地应急治理工程也于2014年7月获得国家发改委批准，2021年年底全面竣工验收。淮河干流正阳关至峡山口段行洪区调整和建设工程于2020年4月开工建设，投资约60亿元，总工期36个月。淮河干流王家坝至临淮岗段行洪区调整及河道整治等工程也于2020年12月正式开工，总投资18.37亿元，工期36个月。项目完成后，对于进一步完善淮河流域防洪体系、减少行洪区数量、提高行洪区的启用标准、巩固河道设计排洪能力具有重要作用。

2. 跨区域调水工程

针对安徽省水资源分布不均的现状，安徽省规划了以长江、淠史杭—驷马山、淮河为横，以引江济淮、淮水北调、引淮入亳为纵的"三横三纵"水资源配置体系。淮水北调工程是"三横三纵"水资源配置体系的首个跨区域骨干调水工程，也是国家南水北调东线配水工程和引江济淮工程的延伸，是支撑和保障皖北地区淮北、宿州两地乃至全省经济社会发展的重大基础设施，被国务院确定为172项节水供水重大水利工程之一。淮水北调输水干线于2014年10月开工建设，2016年2月1日正式通水，2016年年底通过验收，总投资13.68亿元。输水线路全长268公里，主要利用怀洪新河的何巷闸自流引淮河干流蚌埠闸以上来水和五河一级翻水站抽淮水入香涧湖，经调蓄后，由固镇二级翻水站提水北送，沿途再经六级泵站提水和河道输水，经灵璧、宿州、淮北至萧县。淮水北调工程兼有工业供水、灌溉补水和减少地下水开采、生态保护等显著综合效益，近期多年平均引调水量2.8亿立方米，最大年份引调水量6.8亿立方米，可有效缓解宿州、淮北两市水资源短缺现状，保障区域供水

2021年5月1日，引江济淮淠河总干渠渡槽充水试验成功，正式通水通航

安全，减少中深层地下水超采，促进皖北地区社会经济可持续发展。仅 2021 年度，安徽省淮水北调工程就调水 1200 万立方米，其中向宿州市补水 700 万立方米、淮北市补水 500 万立方米。

引江济淮工程是跨流域跨省的重大战略性水资源配置工程，是安徽省重大基础设施建设"一号工程"，也是国务院确定的全国 172 项节水供水重大水利工程之标志性工程。该工程 2016 年 12 月正式启动建设，总投资 912.71 亿元，建设时间为 60 个月。工程从长江下游引水，经巢湖，穿越江淮分水岭，向淮河中游地区补水，任务以城乡供水和发展江淮航运为主，结合灌溉补水和改善巢湖及淮河水生态环境，具有显著的供水、航运、生态等综合效益，对于优化区域水资源配置、改善流域生态环境、促进沿线地区经济社会平稳健康发展具有十分重大的意义。整个工程包括引江济巢、江淮沟通、江水北送三段，输水线路总长 723 公里，供水范围涉及安徽、河南两省 14 个市 55 个县市区，惠及 4131 万人，总面积 7.06 万平方公里，其中涉及安徽省 12 个市 46 个县市区，总面积 5.85 万平方公里。

截至 2021 年年底，引江济淮重大节点工程进展顺利，已累计完成投资 740.3 亿元，占总投资的 81.1%。主体工程建设已跨过施工高峰期，130 座跨河桥梁（渡槽）已完工 32 座、通车 23 座，沪蓉高铁桥等 3 座铁路桥改建完成拨接，淠河总干渠渡槽建成通水。

3. 长江岸线治理工程

2015 年 7 月，国家发改委批复安徽省长江崩岸应急治理工程可行性研究报告，工程总投资 6.46 亿元，是国家批复的安徽省第一个长江中下游河势控制和河道整治工程。该项目于 2015 年 10 月开工建设，2019 年 12 月通过竣工验收。安徽省长江崩岸应急治理工程是国家 172 项重大水利项目中的长江中下游干流河道治理工程的子项目，涉及安庆、池州、铜陵、芜湖、马鞍山等5个地市，共治理岸崩段26处，护岸总长度50.5公里。工程初步解决了近期长江安徽段的崩岸问题，工程区河岸稳定，历经2016年至2019年洪水期考验，取得较好的经济效益和社会效益，并为后续长江河道治理创造了有利条件。

与此同时，长江下游防洪保安体系的骨干工程青弋江分洪道工程也全面建成。工程投资28.28亿元，是新中国成立以来安徽省最大的单项水利工程，位于安徽省芜湖市青弋江、漳河中下游水网地区，是水阳江、青弋江、漳河流域防洪治理总布局中的重要骨干工程。该工程2012年5月开工建设，2016年6月全线贯通，2019年12月完工验收。2016年汛期，芜湖市遭遇暴雨洪水，水位持续上涨，刚刚全线贯通的青弋江分洪道发挥了重要作用，上游洪水经红庙节制闸实现自然分流，承担了青弋江上游来水流入芜湖总流量的45%。此后，在2020年长江流域大水中，该工程也发挥了巨大的防洪减灾效益，确保了流域防洪安全。

巢湖环湖防洪治理工程是《长江流域防洪规划》《巢湖流域防洪治理工程规划》确定的巢湖区域治理重要工程，也是国务院确定的172项重大水利工程之一。工程从2017年6月底开始陆续开工建设，2021年5月通过竣工验收。该项目治理堤岸线总长124.8公里，总投资18.6亿元，技术要求高，投资大，涉及面广，主要建设内容为加高培厚圩堤、堤身堤基防渗、堤防护坡、堤后填塘、防浪林台建设、崩岸治理、穿堤建筑物及堤顶防汛道路建设等。它的实施完成，有效保障了巢湖环湖地区防洪安全，改善巢湖生态环境，促进沿岸经济社会稳定发展，对支撑长江经济带、合肥经济圈发展具有重要作用。

2018年3月，国家发改委批复长江马鞍山河段二期整治工程可行性研究报告，工程估算总投资10.19亿元。该工程是172项节水供水重大水利工程项目中的长江中下游河势控制和河道整治工程的子项目，治理范围上起长江干流陈家洲汊道段中部的四褐山，下至马鞍山河段尾，全长约 42 公里。2018 年 6 月 28 日开工建设，2021 年 8 月完工，2021 年 12 月通过竣工验收。该工程主要对护岸工程和河势控制工程两部分进行建设，其中，新建护岸工程 10.9 公里，加固护岸工程 19.7 公里，小黄洲左汊口门护底工程 0.9 公里。此工程的建成，将有效巩固马鞍山河段一期整治工程效果，治理近年来新崩岸险情，保护河段岸坡稳定，保障两岸防洪安全，更能进一步稳定江心洲左汊下段、小黄洲汊道段的河势，对马鞍山市的防洪安全、河道岸线利用、供水安全、河势稳定及航道稳定发挥积极作用。

4. 小型农田水利提升工程

2013 年 10 月，安徽省人民政府出台《关于深化改革推进小型水利工程改造提升的指导意见》，启动实施小型水利工程改造提升"5588"行动计划，探索创新小型水利工程投资、建设和管护机制。截至 2015 年年底，全省累计完成工程量 16.7 亿立方米，完成投资 301 亿元，同步成立管护组织 1.06 万个，管理受益农田 2287 万亩。农田有效灌溉面积从 2010 年的 35197.35 万亩增长到 2015 年的 44003.4 万亩，农田灌溉水有效利用系数由 0.50 提高到约 0.52。2016 年至 2017 年安排贫困县小型水利工程改造提升专项投资 51 亿元，全面完成"5588"小型水利工程改造提升。

"十三五"期间，安徽围绕国家乡村振兴战略，实施灌区与泵站改造更新，保障粮食安全。持续推进农田水利建设，在全面完成"5588"小型水利工程改造提升的基础上，2017 年开始实施水利薄弱环节治理三年行动民生工程，2018 年启动实施农田水利"最后一公里"建设，完成年度治理面积 836 万亩。加快实施淠史杭、驷马山、茨淮新河等 7 个大型灌区和 71 处重点中型灌区续建配套与节水改造,改善灌溉面积 633 万亩,新增粮食生产能力 32.6 亿公斤。2019 年,农田灌溉水有效利用系数达 0.541。2020 年,全省有效灌溉面积增长至 460.88 万公顷。

表 7-2　2012—2017 年安徽省农田水利建设基本情况

年份	水电站装机容量（千瓦）	已建成水库（座）	水库库容（亿立方米）	节水灌溉面积（万公顷）	水土流失面积（万公顷）	堤防长度（公里）	堤防保护耕地（万公顷）
2012	1184653	5324	202.52	88.29	224.50	20642	220.39
2013	1241035	5821	324.25	82.67	165.45	34795	258.12
2014	1286280	5833	324.32	86.22	170.20	34900	278.02
2015	1317925	5877	325.07	90.69	185.74	35019	277.71
2016	1324395	5932	325.09	94.38	190.18	35088	277.01
2017	—	5947	325.15	97.60	194.03	35313	282.51

5. 农村饮水安全巩固提升

截至 2015 年年底,安徽省基本解决了农村饮水安全问题。"十二五"期间,全省农村饮水安全工程建设累计完成投资 114.79 亿元,建设集中式供水工程 4112 处,全部解决规划内 2151.1 万农村居民和 171.8 万农村学校师生饮水安全问题。自 2006 年实施农村饮水安全工程以来,截至 2021 年年底,全省解决了 3276 万农村人口饮水安全问题,加上市县自筹经费建设的水厂解决的 780 万人,累计解决 4056 万人饮水安全问题,提高了群众生活健康水平。

2016 年后,安徽省开始实施农村饮水安全巩固提升工程,并取得显著的成效。"十三五"期间,农村饮水安全工程建设完成投资 110 亿元。截至 2019 年年底,共建成农村集中供水工程 8396 处,

淮北市农村饮水安全工程惠民生，图为孩子们喜接自来水

覆盖5044万农村人口。把保障饮水安全作为水利脱贫攻坚的第一任务，以《农村饮水安全评价准则》为依据，全面解决了贫困人口饮水安全问题。使用自来水人口新增894万人，农村群众饮水安全保障水平进一步提升。推进重点区域改水降氟工程项目建设，共解决645个村214万人饮水型氟超标问题。加强农村饮水安全工程运行管护，对因农村基础设施建设、极端天气影响因素导致的饮水问题，建立完善供水应急预案，采取寻找水源、联网并网、拉水送水等措施，妥善解决受灾群众吃水问题。仅2019年至2020年，安徽省农村饮水安全巩固提升工程完成建设投资42.9亿元，建设工程1748处，通自来水人口新增236万人，提升1544万人饮水安全保障水平。

皖北地区人均水资源紧缺，人均水资源量约500立方米，不到全省二分之一、全国四分之一。且由于地表水资源相对不足，皖北地区84.5%的人口饮用的是地下水，造成地下水位下降，形成约3000平方公里的地下水漏斗区，且部分地区地下水含氟、铁、锰等超标，水处理难度大、成本高。为提高皖北地区居民的饮用水品质，2021年的省政府报告中提出皖北地区群众喝上引调水工程，利用淮河水和正在建设的引江济淮及国家南水北调东线工程引调的长江水作为水源，替换皖北地区群众目前饮用的地下水。2021年7月，"皖北地区群众喝上引调水工程"正式招标推进，项目初步估算投资154亿元，涉及皖北地区6个市28个县（市、区），主要内容为取水工程、水厂改建、管网完善等，包括建设地表水调蓄设施 6 处、取水泵站 44 处、净水构筑物 77 处、清水池 55.47 万立方米、输水管 646 公里、配水管 9360 公里、加压泵站 59 处、入户水表 17 万块，建设县级供水水质检测中心 19 处及省、市、县一体化的供水管理信息系统。该项目计划分两批，第一批 2023 年年底完成，第二批 2025 年年底完成。作为重要的民生工程，项目完成后，既能进一步满足人民群众对美好生活的需要，让皖北地区群众喝上更好水，同时也将有效减少地下水开采，保护地下水生态，为皖北地区振兴发展提供更加坚实的供水基础支撑和保障。

同时，安徽还积极发挥水利在脱贫攻坚中的基础性、先导性和保障性作用。"十三五"期间，全省完成水利投资 2101 亿元，是"十二五"的近 2 倍。全省大力推进水利建设扶贫工程，完成贫困地区 28 条河流、39 座水电站、46 个生态改造任务，新建和改造生态流量泄放设施 37 处，修复减脱水河段 19.2 公里。组织实施贫困县 376 座小型水库除险加固项目，新建水库 5 座，中小河流治理工程 253 个，完成灾后水利薄弱环节建设投资 135.8 亿元。全面解决现行标准下建档立卡贫困人口饮水安全问题，实现 3000 个贫困村"村村通"自来水，安排 31 个贫困县及六安市叶集区水利项目投资 313.2 亿元。解决皖北地区 645 个村 214.39 万人饮水型氟超标问题。

2012 年以后，安徽省水利工程建设的资金投入日益增加，防洪抗灾能力大幅提升。安徽省有效利用大中型水库、蓄滞洪区、枢纽工程削峰纳洪、蓄滞、预泄，大大降低了洪水风险，最大限度发挥骨干水利工程防洪减灾效益。"十三五"期间，成功防御了 2016 年长江大水、2018 年台风暴雨、2019 年伏秋冬连旱、2020 年安徽省洪涝，直接减灾效益约 4000 亿元。

八、交通网络致富路

"要致富，先修路"，中华人民共和国成立以来，安徽省注重交通基础设施建设，加快补齐贫困地区交通设施发展短板，广大农村因路而兴、因路而美、因路而富。1949年中华人民共和国成立时，安徽省铁路仅有淮南线和津浦、宁芜、陇海诸线的皖境段，总长719公里，每百平方公里铁路密度仅为0.517公里，而且设备陈旧落后、技术标准低，列车平均时速只有30公里左右。公路通车里程仅2088公里，有42个县不通汽车，11个县虽有公路但不能正常通车。水运只有轮驳船152艘、3200个客位、7565载重吨；木帆船25万艘、39.11万载重吨，能通行轮船的天然航道仅2008公里。航空运输业以运输邮件为主，乘客寥寥，在新中国成立前夕就中断了航班，机场设施荡然无存，几乎留下一片空白。

新中国成立以来，安徽省坚持交通先行，加快建设公路、铁路、航道、港口、机场等交通网络，加速推进"轨道上的安徽""高速公路上的安徽""航道上的安徽""翅膀上的安徽"的"四上安徽"建设，全省交通基础设施网络更加完善，综合运输服务水平有效提升。截至2021年12月，安徽省交通以合肥为中心、以高速铁路为骨架、以普通铁路为基础的现代铁路网布局基本形成；高速公路横贯东西、直通南北，国省干道纵横交错、联线成网，农村公路通城达乡、进村入户；水运航道干支衔接、通江达海；民航布局"一枢多支"、加快发展，客货运输覆盖城乡、走向世界。交通运输事业不论是在总量、规模和速度，还是在质量、效益和结构上，都发生了巨大变化。安徽已构建了"内联外通、四通八达"的交通网络，实现了从县县通高速到县城通高速的跨越，形成了"人享其行、物畅其流"的运输服务。

（一）交通运输基础设施恢复重建

中华人民共和国成立后，安徽交通运输进入一个新的发展阶段。铁路、公路、水运、航空等方面经历了一个较为曲折的发展过程，安徽交通运输条件逐渐有所好转。

1. 铁路建设提标

中华人民共和国成立后，为适应国民经济发展的需要，安徽铁路部门在保证运输安全畅通的同时，开始对旧线进行改造并建设新线。1954 年起对津浦等线路逐段进行大修，正线行车速度由每小时 50 公里提高到 90 公里。1959 年，芜（湖）裕（溪口）铁路简易轮渡正式开工，仅 3 个月就竣工通航，沟通了长江南北铁路，是全省唯一的铁路轮渡。同期，符（离集）夹（河寨）线、津浦铁路双线、芜（湖）铜（陵）线相继开工建设，但因财力、物力不足中途曾停工待建，直到 1966 年、1978 年和 1971 年分别竣工交付运营。1970 年 10 月，用时仅 8 个月的青（龙山）阜（阳）铁路建成通车，全长 145.5 公里，为当时国内修建速度最快、造价最低的铁路之一。1970 年 11 月，皖赣铁路火龙岗至宁国段首先开工，1973 年 9 月，宁国至景德镇南段开工。1975 年，蚌埠东站和蚌埠淮河铁路新桥建成投入使用，疏散了蚌埠站客货流，缓和了紧张的运输压力。1977 年 6 月，铁道部第四工程局（简称"铁四局"）调进安徽，为加快安徽铁路建设提供了有利条件。

2. 公路建设加速

中华人民共和国成立初期，根据当时军事和经济恢复工作的需要，全省交通系统兴起了抢修支前公路、整修急需公路和修建治淮公路的热潮。其中，抢修支前公路 24 条、长 1205 公里，整修皖南公路 7 条、长 934.19 公里，新建治淮公路 4 条、长 91 公里。

1955 年，在蚌埠至阜阳公路上利用淮北地区土壤中自然形成的砂姜，铺设了全国第一条可晴雨通车的砂姜路面公路，开创了就地取材、又快又省提高路面治理的成功经验。到 1957 年，全省公路通车里程达到 8328 公里，其中晴雨通车公路为 4543 公里。

1958 年后，受"大跃进"影响，公路建设片面追求数量，造成浪费和损坏。1961 年经过调整，公路建设重回正确道路。1962 年至 1965 年，在全省干线公路和徽州山区公路上，开展一次"干线公路木桥歼灭战"，把全省 9 条干线公路上的 299 座小型木桥基本改建为永久性桥梁。1964 年，公路路面首次使用国产渣油处理成功，到 1965 年共建成渣油路面 363 公里，自此安徽公路路面开始由中级向次高级迈进。

"文化大革命"期间，全省公路建设虽然遭受严重干扰和破坏，但适应国防"三线"建设及老区人民群众的要求，将"小三线"公路建设作为重要的政治任务。这一时期新建"小三线"公路 43 条（段），计长 1063.2 公里；整修改建公路 25 条（段），长 829.7 公里；新建国防干线 4 条，长 487.4 公里；新建桥梁 189 座，长 31140 延米；改建桥梁 1407 座，长 20658 延米。地处大别山区的金寨县，历来交通闭塞。从 1969 年开始，金寨人民苦战三年，使全县通车里程从仅有 30 余公里增加到 300 余公里。

3. 水运事业发展

中华人民共和国成立初期，由于历史和战争的原因，公路、铁路运输处于瘫痪状态，水上运输占当时社会运输总量的 90% 以上。1952 年至 1956 年，全省先后疏浚大小河流 12 条，提高了航道的通航能力。1958 年，裕溪口建起了国内第一座内河机械化煤码头，缓解了华东地区能源运输紧张的局面。1958 年至 1976 年，结合兴修水利，一些航道设施明显改善。全省先后建成过船设施 29 座，使淮河、颍河、滁河、合（肥）裕（溪口）航道等以及省境内的佛子岭、梅山、陈村等十大水库实现了渠化通航。全省人工开挖水道 465 公里，其中宿县地区开挖 128 公里长的新汴河。新汴河被誉为横贯淮北，沟通豫、皖、苏水上交通的"黄金水道"。淠史杭总干渠茨淮新河的开挖、开发利用，改善和振兴了皖西老区和淮北平原的水运。1975 年，安庆大件码头建成。安徽水运建设虽然取得一定的发展，但由于未能同步建设过船设施，拦断了航道，使水运失去一船直达功能，水运事业的发展仍然受到严重制约。

4. 航空实现突破

中华人民共和国成立后，安徽的第一个民航机场安庆机场于 1952 年修复，设航空站，但没有开办航班业务，只是为过往飞机进行联络、备降、加油等保障工作。1954 年，安庆机场因长江发大水被淹没而停航。

三里街机场是合肥第一座机场，于 1934 年修建，主要供小型飞机停靠加油和运输军火弹药使用。抗战胜利后，三里街机场基本废弃。1956年，合肥组建航空站。1957年，对三里街机场进行扩建。1957年年底，三里街机场开通了上海—合肥—徐州—北京航线，每天一班。最初用的机型是苏制里-2，只能容纳12~14人。那时的三里街机场设备简陋，跑道是碎石道面，一到下雨天，飞机就无法正常起飞。1962年，三里街机场再次扩建，并购置了多架"运五"飞机。1977年年底，随着骆岗机场的启用，三里街机场完成了它的历史使命。

1958年后，阜阳机场、芜湖机场、屯溪机场相继修建通航。1958年年初，组建阜阳航空站，是年3月2日，合肥—阜阳正式通航，成为安徽省开辟的第一条省内航线。1959年，安徽组建芜湖民用航空站，军民合用芜湖湾里机场。1959年2月1日，合肥—芜湖航线通航。屯溪机场于1959年修建竣工，当年10月20日，合肥—屯溪航线通航。1966年，屯溪机场进行第一次简单扩建，跑道延长至1200米，碎石道面，可起降伊尔-14飞机。

1958年，中国民航安徽省管理处在合肥成立，管辖合肥、阜阳、芜湖、屯溪4个航空站。1960年，民航安徽省管理处扩编为中国民用航空安徽省管理局，辟合肥至北京、济南、上海、阜阳、屯溪、芜湖航线，沟通了合肥至北京及上海和省内阜阳、屯溪的空中交通，对安徽的经济发展发挥了重要作用。1961年，民航上海管理局专业四中队进驻合肥三里街机场。1965年6月，芜湖航空站因客货源不足、经济亏损而撤销迁至安庆，安庆机场复航，1981年安庆航站亦因客源不足而撤销。1965年7月1日，合肥—安庆—屯溪航线开航。1966年10月，民航第十四飞行大队由徐州迁驻合肥，安徽始有执管飞机。

1957年，合肥航空站开航之初，只有上海经合肥、徐州至北京的一条航线，全年客运仅 61.5 人（民航客运统计办法，小数点前为全票数，小数点后为半票数。"61.5 人"指 61 个全票，5 个半票）。阜阳、屯溪、芜湖开航后，客货运输亦不佳，至 1960 年，各航线客运量共达 5720 人，其中地方航线客运量 5001 人，国内经皖的干线客运量仅 719 人。合肥经芜湖至屯溪航线由于客货源严重不足，于1960 年 4 月停航，合肥至阜阳航线的班次也由每周 7 班改为 3 班，1961 年客运量下降至 3586 人。1962 年，合肥经芜湖至屯溪航线恢复正常，合肥至阜阳班次增加到每周 6 班，合肥至北京、上海的班次每周也增加 1 班。1963 年，客运量上升到 8338 人。"文化大革命"时期，安徽航空运输客货源不足，几条航线班次一减再减，客运量由 1967 年的 8247 人下降至 1970 年的 4916.5 人。1975 年后，客运量有所回升，1976 年客运量上升到 18363.8 人。到 1977 年，全省仅有航线 9 条，全年客运量 20153 人，货运量 694.6 吨，通航里程不足 1 万公里。

（二）交通运输跨越发展

改革开放后，安徽交通运输进入大发展、大提高、大跨越阶段。铁路、公路、水运、航空建设速度加快，铁路建设和公路建设尤为明显，分别迈入高速铁路和高速公路时代，农村公路开始修建并得到明显改善，人民的出行更加便捷快速。进入新世纪，安徽省委、省政府提出了"861"行动计划的六大工程，包括通达工程，进一步加大投资力度，加快构建快速交通网络，加强人流、物流、信息流，促进全省经济社会发展。

1. 铁路建设提速

改革开放后，为适应经济社会快速发展需要，中央作出"中取华东"开辟"南北第二通道"的战略部署，安徽铁路迎来加快建设时期，路网规模和质量显著提升。

1978 年，皖赣铁路全面复工兴建，铁四局建设者们风餐露宿、逢山开路、遇水架桥，历经三载顽强奋战，使全线于 1981 年在祁门胜利接轨，成为继津浦铁路之后安徽的又一条南北跨省通道。同期，芜湖枢纽小杨村应急工程也配套投入使用。

华东第二通道从河南商丘起，经阜淮线、淮南线，过长江由宣城抵达浙江杭州。包含的项目主要有阜淮线、淮南复线、符离集立交桥工程、商阜线、阜淮复线、芜湖枢纽和宣杭线。阜淮线于1978 年开工，1987 年投入运营。淮南复线工程自 1979 年开工建设，1992 年全部完工。1986 年开始兴建的符夹线与津浦线接轨处的符离集站大型立体交叉桥，于 1988 年建成，一向被称为"全国铁路四大瓶颈之一"的符离集段得到畅通。商阜线是京九铁路的第一期工程，1987 年 5 月正式开工，1989 年 3 月全线贯通，全长 174.5 公里，线路等级为 I 级干线。阜淮复线工程于 1992 年 5 月开工，1995 年年末全部建成。1993 年 6 月，商阜线双线和扩建阜阳铁路枢纽工程开工，1995 年 12 月双线竣工并分段分流通车。1996 年 9 月，京九铁路全线通车运营，京九铁路穿越皖西北，阜阳枢纽成为五条铁路的交会点，设计日吞吐能力达万辆，跻身全国六大铁路枢纽之列。昔日闭塞的阜阳地区成为全省首屈一指的通衢之地。宣杭线，宣城至长兴段于 1988 年年底全线开工，1991 年 10 月全线铺通，1994 年 7 月正式投入运营。这些双线的建成，尤其是京九铁路通车运营，对缓解全国南北运输紧张的矛盾、完善安徽省铁路网布局、加快沿线地区经济发展都具有重大意义。

漯阜线是安徽省境内的第一条自营地方铁路，西起京广线的漯河车站，止于阜阳车站。安徽境内界首至阜阳段于 1987 年动工修建。漯阜线建成后，构成京广、津浦、淮南各主要干线的联络线，形成华中地区通往华东的又一条东西通道，对减轻京广、京沪两大干线的运输压力、加强省际往来、发展地方经济起着重要作用。

为改变皖西南地区铁路建设落后状况，1991 年 5 月，合九铁路破土动工。是年，安徽遭遇一场百年未遇的特大洪水，许多建设工地淹没在汪洋之中。面对困难，省委、省政府发出号召：毫不动摇地建设合九铁路，原有安排，决心不变！铁四局参战将士响应号召，在沿线展开顽强的攻坚战。1995 年 2 月底，合九铁路全线铺通，成为联系华东、中南广大地区的又一条路网干线，比计划工期提前一年。

1997 年，芜湖长江公铁两用大桥开工建设，2000 年通车，打通华东铁路第二通道，在支撑皖江两岸便利沟通、融合发展的同时，进一步完善了长三角铁路网络，提升了干线铁路运输能力，为区域经济的快速腾飞提供了有力支撑。

至 2001 年年底，安徽省内铁路过境的京沪、京九、陇海、皖赣、合九、符夹、宣杭、长牛、宁芜线和境内的淮南、水蚌、青阜、阜淮、淮张、芜铜线及漯阜地方铁路计 16 条线路，分别由蚌埠、南京、徐州、杭州 4 个铁路分局和合九铁路公司及漯阜地方铁路管理局经营管理。全省铁路通车总里程由 1978 年的 979 公里增长到 2244.4 公里，共 238 个车站。安徽铁路营业里程居华东各省市铁路里程的前列，以京沪、京九两线为主干道，成为安徽对外联络的主动脉。纵贯皖南山区的皖赣铁路对客货运输分流、开发皖南旅游和经济资源都具有重要意义；连接长江、淮河的淮南铁路北接符夹、青阜、阜淮铁路，中部与水蚌线相连，南与芜湖长江大桥及皖赣、宣杭线相通，是华东铁路南北第二通道的重要区段，承担了"两淮"和省外煤炭运输的主要任务。此外还有宁芜、芜铜、合九等线分布于全省，形成东接沿海、西承中原、北连齐鲁的铁路网络，并与公路、水运、航空运输相互衔接，构成相互补充的合理运输网络，成为省内主要城市和工矿、城镇、农业区域的纽带，发挥着承东启西的经济桥梁作用。

2004年10月，铁道部与安徽省人民政府签署了《关于加快安徽铁路建设有关问题的会谈纪要》，该纪要阐述了加快安徽铁路建设的重要意义。2004年12月，合宁、合汉、铜九铁路开工。自此，安徽铁路加快发展，迈入高铁时代。

2008年，全省铁路建设完成投资73亿元，新增铁路483公里，合宁、铜九、合武铁路建成运营，京沪高速铁路安徽段、南京至安庆城际铁路开工建设，漯河至阜阳铁路复线电气化改造项目启动。2008年4月18日，时速达250公里的客运专线——合宁客运专线通车运营;8月1日，合宁线正式开行"和谐号"动车组列车。从此，从合肥去南京、上海不用再绕道蚌埠，从合肥至南京，由原来的4小时缩短至1小时。安徽由此进入快速铁路发展的新时期。2009年4月1日，合（肥）武（汉）铁路开行动车组列车，使合肥至汉口旅客列车运行时间由7小时50分钟缩短为不足2小时。两大高铁线连接，使安徽拥有一条真正横贯东西的铁路大干线，合肥从原来的边缘地位，逐步跻身为铁路干线枢纽。

2009年至2012年，安徽又相继开工青阜复线、合蚌客专、阜六铁路、宿淮铁路、合福铁路、合肥铁路枢纽南环线，阜淮、淮南、水蚌铁路电化和淮北客运改造工程，郑徐客专、宁西铁路复线等工程。其中京沪高铁于2011年开通运营，合蚌高铁于2012年10月运营，合肥人实现了坐高铁 4 小时进京。至此，安徽铁路实现"1234"出行格局，即合肥至南京 1 小时，至武汉 2 小时，至上海 3 小时，至北京 4 小时。

截至 2012 年年底，全省铁路营业里程 3275 公里，居全国第十四位。其中快速客运铁路 726 公里，占全国快速客运专线总里程的 7.8%；铁路网密度 235 公里 / 万平方公里，居全国第十位。高速铁路从无到有，实现了市市通铁路的目标，合肥、芜湖、蚌埠、阜阳等市已成为安徽省铁路运输的重要枢纽。

2. 高速公路快速建设

1978 年至 1985 年，安徽交通建设的重点任务是改造以合肥为中心的 6 条干线公路，其中合（肥）六（安）路是全省第一条二级公路，合（肥）安（庆）路斋人铺至集贤关水泥混凝土路面是最早建成的一段高级路面。与此同时，安徽专设省交通厅山区道路办公室，全面开展山区公路建设。截至 1985 年年底，公路总里程 26998 公里，其中干线公路 10331 公里、县乡公路 16231 公里。公路运输实行国营、集体、个人一起上，发展迅速，长期以来的"乘车难、货运难"得到缓解。

1986 年至 1990 年"七五"期间，安徽加大对干线公路的技术改造力度，运用库存粮棉布（折款）修建贫困地区公路，利用世界银行贷款修建山区公路；投资新建、改建旅游公路，组织群众修建乡村公路。全省新增公路 3138 公里，省会合肥到各地市 18 条干线公路完成拓宽改造 800 公里。

在全国较早兴建高速公路。1984 年年初，安徽提出了"以省会合肥为枢纽，建设东西南北贯通线十字形主骨架高速公路"的构想。1986 年 10 月，安徽第一条高速公路——合宁高速（合肥至南京）开

1995 年 12 月 26 日，皖江第一桥——
铜陵长江大桥通车

工建设。1991 年 10 月，合宁高速龙塘至周庄段建成通车，安徽实现高速公路零的突破。1992 年至 1995 年，安徽省高速公路建设进入稳步发展阶段，相继开工建成合巢芜高速、合宁高速大（蜀山）龙（塘）段和高界高速。到 1995 年，全省初步形成一个以合肥为中心，以高速、一二级公路为主骨架的公路网。

安徽境内长江大桥也实现零的突破。一直以来，长江天堑阻碍安徽南北两岸通行，往来车辆和人员不得不乘坐轮渡或者绕道南京长江大桥，跨江建桥成了千百年来沿江居民的梦想。1995 年 12 月，安徽首座长江大桥——铜陵长江大桥建成通车，改写了安徽没有长江大桥的历史，从此天堑变通途。1996 年至 2000 年"九五"期间，安徽省新增公路通车里程 9315 公里，其中新增高速公路 347 公里、二级以上公路 2389 公里。沪蓉高速公路高界段、界阜蚌高速公路、芜湖长江大桥、南照淮河公路大桥、南淝河航道整治等一批重点工程相继竣工投入使用。公路总里程名列全国第十五位，高速公路总里程居全国第十二位。公路密度每百平方公里 32 公里，居全国第十五位，二级以上公路占比 11.74%，高出全国平均水平 2 个百分点。与此同时，为让千百万农民告别祖祖辈辈的坎坷与泥泞，安徽农村公路建设开始起步，截至 2000 年年底，县乡公路通车里程达 33720 公里，乡镇通油路达 93.2%，行政村通公路达 85.6%，基本实现乡乡镇镇通公路。

进入 21 世纪后，安徽高速公路建设进入提质提速、全面发展阶段。"十五"期间，合徐高速公路、界阜蚌高速公路、连霍高速公路安徽段以及芜湖、安庆长江大桥等一批重大交通基础设施相继竣工通车，高速公路初步连片成网。2003 年 12 月，合徐高速北段建成通车，安徽省高速公路通车总里程突破了 1000 公里，在建高速公路达到 1090 公里，实现了通车里程和在建里程"双超千公里"的突破性进展。合徐高速的建成，标志着以合肥为中心、以高速公路为骨架的"十字形"交通主干网已经形成，实现了省内主要城市之间"一日往返"的交通目标。

2005 年，安徽省颁布《安徽省高速公路网规划（2006—2020 年)》，计划到 2020 年安徽省形成"四纵八横"高速公路网。广袤的江淮大地掀起一场又一场高速公路建设的热潮。"十一五"期间，省级高速公路网开始启动。2008 年 6 月，随着南沿江高速、合淮阜高速建成通车，安徽省高速公路通车总里程达 2508 公里，不仅实现了"市市通高速"的目标，也由此建成全省任何一个地市均能在三个小时以内到达省会合肥、每个县城一个小时之内上高速公路的交通网络体系。截至 2012 年年底，全省高速公路通车里程达 3210 公里。在建高速公路项目 22 个，在建里程约 1200 公里。

"十五"期间，安徽省农村公路建设投资 177 亿元，新改建农村公路 3.34 万公里。2006 年，安徽开始实施"村村通"工程，大大加快农村公路建设步伐。是年，繁昌县在全省第一个实现了"村村通水泥（沥青）路"目标。"十一五"期间，安徽省农村公路建设投资 263 亿元，新改建农村公路 7.3 万公里；农村公路里程达 13.6 万公里，建成通村公路桥梁 900 座，改造危桥 753 座，所有乡（镇）都通了油（水泥）路，建制村公路通达率 99.97%、通畅率 99.6%。一系列数据见证着安徽农村路的变迁。

3. 加强港口建设

安徽水运基础设施建设从"瓶颈"入手，港口建设逐年加大投入，建设步伐逐步加快。1982年建成的芜湖大件码头，能垂直起吊120多吨的大件。"七五"期间，对现有航道进行较大规模的疏浚和整治，提高航道等级，改善航通条件，共疏浚整治航道55条，新增航道35公里，新建枞阳、华阳、杨桥、九里沟等船闸，兴建淮南平圩大件码头、淠淮航道等，使内河航道与港口通过能力有所提高。全省船舶更新加快，钢质船和水泥船逐步取代木质船，原有木帆船经过几次技术改造，有的改为驳船，有的安装了挂桨机，实现了船舶机械化，依靠人力、风力驱动的撑篙、摇橹等体力劳动已不多见。1990年10月，安徽远洋拥有的第一艘万吨级货轮"皖如"号投入运营，第一次走出国门，开辟安徽至日本、新加坡等航线。

"八五"期间，安徽省加大港口建设资金投放力度，加快建设进度，芜湖朱家桥外贸码头建成，长江沿线五大港口改造扩建，使芜湖、安庆、铜陵等港口可以接纳万吨级巨轮停靠并对外籍船舶开放。安徽船舶吨位有较大增长，远洋、江海运输船队相继出现并初具规模。

"九五"期间，全省的港口建设以长江干流千吨级和淮河300~500吨级码头泊位为重点，同步改造和提高支流中小港口。到20世纪90年代末，萧濉新河的通航，结束了淮北无水运的历史；枞阳、杨桥等船闸的建成，使通航条件大为改善；淠淮航道沟通工程的积极推进，打开六安地区水运通道。本着"谁建、谁用、谁受益"的原则，鼓励货主、企业自建码头，逐步将港口建设推向社会，新建和改建港口码头82个，使港口建设步伐加快。全省内河航道整治全面展开，疏浚维护了30多条航道。

"十五"期间，安徽水运坚持"为地方经济服务，确保干线航道畅通"的方针，航道建设以"江淮水运振兴工程"为重点，按照通航300~500吨级为标准，着重建设长江、淮河水系主要支流航道，内河航道总里程达到6504公里，居全国第七位，通航里程超过5600公里，居全国第八位。全省加大停靠江河船舶的千吨级码头泊位建设，适度发展集装箱、水泥、化肥、煤炭等专用码头，初步建成以长江、淮河干流重点港口为主枢纽，干支港口协调发展的港口群体。到"十五"末，全省已拥有生产性码头泊位1230个，完成港口吞吐量5.8亿吨。全省船舶发展速度不断加快。省港航系统创新船舶发展投融资模式，与银行、保险和担保公司合作，以船舶所有权抵押方式，为船舶技术升级提供融资，着力打造上规模、有特色的专业化运输船队。随着金融资本大量涌入水运业，仅船舶抵押贷款就高达13亿元，更新大吨位舱机船3000余艘。这些船舶的发展有力推动了安徽运力结构调整和运输结构优化。

"十一五"时期是安徽水运大建设、大发展的黄金时期。按照《安徽省内河水运发展规划》，重点建设长江、淮河、芜申运河、合裕线、沙颍河"两干三支"骨干航道，以及整治浍河、石门湖、青通河、顺安河、兆西河航道等干支联动工程。四级及以上高等级航道里程达1084公里，占通航总里程的19.4%。全省港口建设发展迅猛。生产型泊位达到1351个，其中千吨级及以上泊位389个，比"十五"末增加148个。港口吞吐能力达3.9亿吨，居全国内河水运第三位、中部六省第一位，比2005年增长171%。全省船舶发展重点是调整和改善运力结构，提高技术构成，推进船舶大型化、标准化和专业化进程。到2007年年底，安徽累计完成挂桨机船舶拆解改造1678艘、31557总吨。到"十一五"末，船舶保有量达到1500

载重吨，在主要通航水域内淘汰挂桨机船，船舶平均吨位长江干流达 770 吨，淮河水系达 300 吨，基本实现淮河、长江主要干支流船舶标准化的目标。

4. 织密空中航道

改革开放后尤其是进入 21 世纪，安徽民航获得加快发展。合肥骆岗机场、黄山屯溪机场、安庆大龙机场、阜阳西关机场等先后完成改扩建，开通了国际航班，安徽的空中航道越织越密。

1977 年 12 月，由国家投资 4116 万元兴建的一级机场——合肥骆岗机场投入使用，可供波音 747、麦道 DC-9、空中客车 A-310 等大型飞机安全起降，其规模和设备居全国八大机场之列。骆岗机场建成启用，结束了安徽只能起降小型客机的历史。1986 年 4 月，中国自行研制的国产"运七"客机满载旅客从合肥骆岗机场腾空而起，结束了中国民航全部使用外国飞机的历史。1977 年，骆岗机场旅客吞吐量为 20153 人次，货邮吞吐量 694.6 吨。到 1996 年，旅客吞吐量已经达到 662665 人次，货邮吞吐量 8364.3 吨。骆岗机场已无法满足需求。1996 年 4 月，合肥骆岗机场进行第一次改造扩建，达到现代化航空港 4D 级标准，次年扩建工程完工，骆岗机场成为当时安徽最大的航空港和华东地区重要的国际备降机场。2006 年，再次投资改造飞行区跑道、航站楼国际厅以及其他重要基础设施，全面提升现代化航空港服务水平。2008 年 6 月，合肥骆岗机场被国家验收批准为国际一级航空口岸。2008 年 10 月，骆岗机场航站楼和停机坪再次进行扩建改造，次年 4 月竣工投入使用。

1988 年 8 月，东航安徽分公司在合肥骆岗机场首次开通合肥—香港地区临时旅游包机航线，1997 年改为定期直航航班。这是骆岗机场开通的首条地区航班。航线开通之初，大批皖籍台胞经香港回大陆探亲，这是台胞回皖探亲与经商的主要通道。1996年7月，皖南遭遇罕见洪灾，合肥—黄山航线成为通往灾区的唯一空中桥梁；7月11日，首批国际救援物资由泰国曼谷运抵合肥，骆岗机场全力转运。2000年2月，东航首次开通合肥—曼谷旅游包机航线，打开了安徽对外开放融入世界的重要门户。2009年3月，国航开通成都—合肥—首尔航线。同年9月，东航安徽分公司开通了合肥—台北（桃园）直航定期航班，这是安徽省开通的首条飞往中国台湾的航线。2010年12月，澳门航空开通了合肥—中国澳门航线。至此，合肥实现对港澳台地区全部直航。2013年5月30日零时，合肥新桥国际机场正式启用，骆岗机场结束了36年的历史使命。

（三）交通运输互联互通

党的十八大以来，安徽大力推进铁路网融通、高等级公路网联通、内河水运网贯通、民用航空网互通、县乡公路网畅通，围绕构筑内畅外联的综合交通体系"主骨架"，加快重大交通基础设施建设步伐，一大批重点项目相继建成运营，综合交通互联互通水平不断跃升。

1. 建成高速铁路网

党的十八大以来，是安徽省铁路网加快形成的重要时期，全省大力推进铁路网融通，高铁建设迅猛发展，运营里程逐年增加。合福、郑徐、杭黄、商合杭、郑阜、合安、安九高铁、淮北—萧县北高铁联络线、庐铜铁路、宁安城际铁路、宁西铁路复线建成通车。截至2020年年底，全省铁路运营里程达到5159公里，其中高速铁路 2329 公里，比"十二五"末分别增加 1150 公里、997 公里，增幅分别为 28%、75%，高铁里程跃居全国第一位。

合福高铁于 2015 年 6 月开通运营，它跨安徽、江西、福建三省，是北京至福州铁路通道的重要组成部分。合福高铁在皖境内里程 343 公里，途经合肥、芜湖、马鞍山、铜陵、宣城、黄山六市，与京沪、合蚌高铁联通，形成纵贯安徽南北的快速客运大通道。合福高铁开通后，合肥至福州最快列车运行时间由 8 小时缩至 4 小时以内。淮北至萧县北客车联络线于 2014 年 12 月开工建设，全线长 27.1 公里，设计时速 250 公里。2017 年 12 月，淮北至萧县北客车联络线开通运营，进一步完善了皖北铁路网布局，结束了淮北不通高铁的历史。新建的杭州至黄山高速铁路于 2018 年 2 月通车，这是一条最美生态高铁线，它与沪杭、杭甬、杭宁等高铁相连，进一步完善长三角城际铁路网。

2019 年年底，随着京港高铁商合段、郑阜高铁的开通运营，阜阳、亳州迈入高铁时代，安徽 16 个省辖市实现高铁全覆盖，安徽成为全国第二个"市市通高铁"的省份。高铁的开通，给皖北经济带来巨大活力的同时，为该地区人们的出行提供了极大的便利。阜阳西站是商合杭高铁北段与郑阜高铁交会处。两条高铁线开通后，阜阳与省会合肥之间的通达时间缩短至 40 分钟，形成了合肥、蚌埠一小时出行圈，南京、武汉、郑州两小时交通圈，上海、北京三小时交通圈。地处皖西北的阜阳临泉县，有 230 多万人口，是国内人口大县，曾因不通铁路，每年几十万务工人员外出只能赶到几十公里以外的阜阳站搭乘火车。郑阜高铁的开通，让临泉直接跃入"一小时高铁时代"：从临泉到合肥只要一个多小时，到上海也只需三到四个小时，临泉人亲切地把这条铁路称为"幸福路"。

商合杭高铁，起点河南商丘，接郑徐高铁，经安徽省亳州、阜阳、淮南、合肥、马鞍山、芜湖、宣城 7 个市 24 个县（区），至浙江湖州，接宁杭高铁，是西北、中原经合肥至华东、东南地区的快速客运大通道，也是安徽铁路网的钢铁脊梁。铁路全长 794.55 公里，其中新建线路 617.94 公里，设计时速 350 公里，总投资 992.47 亿元。安徽段线路长 630.9 公里，新建线路约 519 公里，总投资 820.54 亿元（含芜湖长江公铁大桥 86.3 亿元）。2019 年 12 月 1 日，商合杭高铁北段（商丘至合肥段）正式开通运营。2020 年 6 月 28 日，商合杭高速铁路合湖段（肥东站至湖州站）开通运营，商合杭高铁全线贯通，豫、皖、浙三省实现高铁无缝对接。

安九高铁，即京港高速铁路安九段，简称"京港高铁安九段"，是一条连接安徽安庆与江西九江的高速铁路。2021 年 12 月，安九高铁建成通车，安徽又有潜山、宿松、怀宁、太湖等四县加入高铁"朋友圈"，安徽通达高铁的县达到 32 个，比 2015 年增加 18 个县。

截至 2021 年年底，安徽铁路运营总里程达到 5405 公里，其中高速铁路 2432 公里。干线铁路覆盖全省 16 个市 47 个县，其中高速铁路通达 16 个市 32 个县。合肥已开通至 23 个省会城市和 103 个地级市的直达高铁动车，实现合肥一小时到南京，两小时到武汉、上海、杭州，三小时到郑州，四小时到北京和福州，合肥高铁当日往返通勤圈已经形成并不断扩展，合肥市成为从"米"字形迈向"时钟"形高铁的枢纽城市。

铁路的发展铺就了一条条幸福路。随着铁路的发展，人们的出行越来越方便。20 世纪 80 年代，每到春运，旅客最大的难题就是买票难、出行难，票贩子屡打不绝。进入 21 世纪，科技发展日新月异，铁路售票进入"互联网+"时代。2011 年 1 月，中国铁路12306 官网正式运行，旅客坐在家中即可上网购票、掌上选票。随后，微信支付宝支付、App 自主选座、接续换乘、在线候补票等功能相继推出，排队购票消失了。网络购票逐渐成为主渠道，80% 以上的旅客选择移动客户端、互联网购票。

2. 公路高质量发展

党的十八大以来，安徽深入贯彻习近平总书记考察安徽重要讲话指示精神，坚持以创新、协调、绿色、开放、共享五大发展理念为引领，高速公路建设步入高质量发展阶段，干线公路互联互通水平不断提升，农村道路建设发展最快。

全力推进高速公路建设，高速公路建设步入高质量发展阶段。2015 年 12 月是安徽省高速公路开通的高潮期：济祁高速砀山段、济祁高速永城至利辛段、宁宣杭高速宁国至千秋关段、岳西至武汉高速安徽段、铜南宣高速、滁州至马鞍山高速、望东长江大桥北岸接线、东至至九江高速安徽段、合福铁路铜陵长江公铁大桥公路接线、宁洛高速凤阳支线等相继通车运营，安徽省高速公路通车总里程一举突破"十二五"规划的 4200 公里目标，达到了 4246 公里。安徽"四纵八横"高速公路骨架网形成，实现全省南北六小时过境、东西三小时过境。

2017 年，《安徽省交通运输"十三五"发展规划》发布，提出从"四纵八横"高速公路网到"五纵九横"高速公路网的发展规划，实现县县通高速公路目标。"十三五"期间，累计开工 37 条高速公路，约 2228 公里，其中新建成 12 条高速公路，约 631 公里，完成4 条高速公路改扩建，约 201 公里，"五纵九横"高速公路主骨架加速形成，合肥对外辐射线合宁、合安、合芜等高速公路实现八车道通车。截至 2020 年年底，高速公路通车里程达 4904 公里，高速公路网可覆盖 93% 的县（区）主城区、83% 的规划 5 万以上人口乡镇、69% 的全国重点镇。

2019 年年底，安徽省委、省政府明确要求在 2021 年实现安徽"县县通高速"目标任务。是年，安徽"县县通高速"的攻坚行动正式启动。2021 年，"县县通高速"作为群众关心关注的民生大事，纳入"我为群众办实事"省级重点民生项目（第一批），省政府分管负责领导亲自挂帅督办。2021 年 7 月 1 日，固镇至蚌埠高速通车；9 月底，池祁高速池州至石台段建成通车；12 月 16 日，芜黄高速建成通车。至此，安徽高速公路通车里程突破 5000 公里大关，基本建成"五纵九横"高速公路网。从此，从全省任一县城区驾车出发，均能在三十分钟内驶入高速公路。

党的十八大以来，安徽省内长江大桥建成通车进入高潮期，马鞍山长江大桥（2013 年）、铜陵长江公铁大桥（2015 年）、安庆长江铁路大桥（2015 年）、望东长江大桥（2016 年）、芜湖长江二桥（2017 年）、池州长江大桥（2019 年）、芜湖长江三桥公路桥（2020 年）先后建成通车。至此，八百里皖江上有 10 座长江大桥飞架南北，天堑变通途。

"十三五"期间，安徽干线公路互联互通水平不断提升，新增一级公路约 2607 公里，一级公路总里程达到 5773 公里，位居全国第八，实现 70% 的县与所辖市一级公路连接。干线公路省际出口达到 141 个，其中连接苏浙方向 76 个，普通公路内外通达能力显著提升。

安徽省"四好农村路"建设取得了实实在在的成效，为农村特别是贫困地区带去了人气、财气，也为党在基层凝聚了民心。全省坚持抓大不放小，聚焦农村地区特别是贫困地区的交通发展需求，建设一批旅游路、资源路、产业路，打通乡村发展"经脉"。

2015 年年底，安徽省人民政府出台《关于实施农村道路畅通工程的意见》，明确自 2016 年开始，用三年时间，在全省实施农村道路畅通工程，为打赢全省交通脱贫攻坚战吹响了号角。到 2018 年，农村道路畅通工程如期完成，有效解决了 15076 个撤并建制村和贫困地区 18480 个较大自然村通硬化路问题。

2018 年 5 月 24 日，安徽省委、省政府发布了《关于大力推进"四好农村路"建设的实施意见》，全省农村公路扩面延伸工程启动实施。在实施 6.5 万公里农村公路扩面延伸工程的同时，同步推进农村公路路长制工程、农村公路养护水平提升工程、农村运输通达工程，全面改善农村交通基础设施薄弱环节，提升农村地区交通运输服务能力，加快交通运输基本公共服务一体化步伐。

"十三五"期间，安徽完成新改建农村公路 12.7 万公里，其中农村道路畅通工程 7.2 万公里、农村公路扩面延伸工程 5.4 万公里，建设规模位居全国第一，全省基本实现较大村民组通硬化路，乡镇全部实现通三级路，提前一年完成国家下达的具备条件建制村 100% 通硬化路、100% 通客车的兜底性目标。农村群众"出门硬化路，抬脚上客车"的梦想成为现实。截至 2020 年年底，全省农村公路里程达 20.9 万公里。

"四好农村路"建设，使得广大农村地区特别是贫困地区交通基础设施实现了翻

石台县"四好农村路"让茶叶等农副产品走出大山

天覆地的变化。截至 2020 年年底，全省 31 个脱贫县公路总里程达
11.6 万公里，较 2012 年年底增加 4.3 万公里，路网通达深度、承载
能力和服务水平显著提升。2013 年以来，安徽省支持贫困地区建设
农村公路约 8 万公里，占全省同期 16.6 万公里农村公路建设总规模
的 48%。贫困地区综合交通运输通道网络加快形成，曾经"山里山
外两重天"的局面彻底改变。贫困地区国家高速公路主线基本贯通，
二级以上高等级公路覆盖所有县城，基本实现县县通高速，有效保
障人流、物流进得来、出得去。

安徽省大力支持"交通＋特色产业"等扶贫模式发展，公路围
绕产业建，产业围绕公路转，打通支撑产业发展的"特色致富路"。
坚持优先改善贫困地区旅游景点景区交通条件，金寨、岳西等地实
施一批红色旅游公路项目，构建"快进""慢游"交通网络，促进贫
困地区旅游、特色加工、能矿开发、绿色生态等产业发展壮大，增
强贫困地区内生发展动力，加快贫困地区开发式脱贫致富。"十三五"
期间支持贫困地区改造建设约 2000 公里资源路、旅游路、产业路。

以贯穿大别山腹地的大别山旅游扶贫快速通道为例，这条全长
259 公里的"最美旅游路"，连接了金寨、霍山两地 20 多个风景区，
受益乡镇 20 多个，受益人口约 40 万人。自 2016 年通车以来，沿线
农家乐已发展到 400 余家，提供就业岗位 2000 余个，带动当地居民
人均增收 1 万多元。金寨段沿线已经有 8 家省级龙头企业、31 家市
级龙头企业做大做强，1600 余家电商企业快速兴起，成为"修好一
条路，带动一片产业，带富一方百姓"的生动案例。

3. 水上运输迈入快航道

"十二五"时期，"两干三支"高等级航道加快推进。沙颍河阜
阳船闸、合裕线裕溪船闸、巢湖复线船闸已经建成通航。芜申运河

安徽段、合裕线航道、沙颍河航道等纳入国家高等级航道网项目基本完工，全省"两干三支"航道主骨架建成。

2017年，安徽省交通运输厅编制了《安徽省水路建设规划（2017—2021年）》，提出着力构建以"一纵两横"（"一纵"指沙颍河—江淮运河—合裕线—芜申运河，"两横"指长江、淮河）为骨架，涡河、浍河等高等级航道为支撑的全省高等级航道网，到2021年基本实现"干支初步贯通、瓶颈基本消除、等级明显提升、江淮水系沟通"的目标，全省四级及以上航道里程达到1900公里。由此，安徽全力实施干支航道连通工程。以"一纵两横"为核心，以其他高等级航道为重点，加快航道升级、扩能、沟通、联网，形成布局完善、结构优化、畅通高效的航道体系。截至2020年年底，全省内河航道总里程达6628公里，通航总里程达5777公里。等级航道5192公里，占通航总里程的89.87%，四级及以上航道1802公里，占通航总里程的31.19%。安徽航道网畅达水平明显提升，通江达海水运网络基本形成。

港口建设方面，到"十二五"末，安徽已建成了从普通件杂货到大宗散货、石油、化工、集装箱和危险品等各类专用或通用码头，基本满足了各类货物对港口装卸运输的需求。港口设施的机械化、专业化程度也在不断提高，初步形成了布局基本合理、门类齐全、配套设施比较完整的港口运输体系。"十三五"时期，安徽全力实施港口转型升级工程，优化全省港口布局。重点培育皖江航运枢纽、江淮航运枢纽、淮河航运枢纽。推动沿江港口、合肥港一体化发展，明确全省港口功能定位。推动皖江集装箱港口以资产为纽带，形成利益共同体，加快资源整合，构建战略联盟。推进港口基础设施建设。以集装箱、矿石、能源、化工等专业化泊位建设为重点，推动港口规模化、专业化发展。加快公用码头和重要旅游景区、库区的旅游码头建设，推动池州游轮目的港的建设。加快港口集疏运体系建设。推进连接安徽省重要港口的高速公路和铁路建设，促进各种运输方式的有效衔接，增强重要港口的辐射带动能力。大力发展现代港口物流产业。支持港口物流园区发展壮大，提升港口物流园区服务功能，加强与海关、检验、检疫等部门通关合作力度，提高进出口货物跨区域通关效率。

截至 2020 年年底，全省港口拥有生产用码头泊位 831 个，港口通过能力达到 5.4 亿吨，集装箱通过能力达到 136.5 万标箱。全省港口拥有万吨级及以上泊位 16 个。芜湖港、马鞍山港、铜陵港、池州港吞吐量先后突破亿吨。2014 年 12 月，芜湖港货物年吞吐量首次突破 1 亿吨，成为安徽省第一个亿吨大港。2016 年，铜陵港成功晋级全省第二个、长江第十三个亿吨大港；2017 年，铜陵港跻身全国内河亿吨大港十强。2020 年，池州港也迈入"亿吨大港"行列。

全省船舶运力结构持续改善，2013 年至 2017 年拆改船舶 15023 艘，其中，改造生活污水排放不达标船舶 8788 艘、拆解老旧运输船舶 4859 艘，单船平均吨位由 2012 年年底的 933 吨提高到 1814 吨。截至 2020 年年底，全省拥有营运船舶 2.5 万艘、5142.7 万载重吨，平均吨位达到 2095.7 吨。

4. 形成"一枢五支"机场格局

党的十八大以来，安徽民航保持较快发展势头，航空业务量增长迅速。2019 年，安徽省运输机场完成旅客吞吐量 1519.2 万人次，货邮吞吐量 9.3 万吨，二者增速分别列全国第五位、第三位。截至 2019 年 6 月，全省机场通航城市达到 63 个，运营航线达到 148 条。合肥新桥机场成为长三角世界级机场群的西部枢纽和重要货运枢纽基地。2021 年 4 月，随着芜湖宣州机场正式通航，安徽运营的民航机场已达 6 座,分别是合肥新桥国际机场、阜阳西关机场、安庆天柱山机场、黄山屯溪国际机场、池州九华山机场、芜湖宣州机场。其中,合肥新桥机场为区域枢纽机场,其余均属支线机场,形成了"一枢五支"的机场发展格局。

合肥新桥国际机场是国内 4E 级枢纽干线机场,一期工程于2008 年 11 月动工建设,按照满足 2020 年旅客吞吐量 1100 万人次、货邮吞吐量 15 万吨的需要设计。一期建设规模为:跑道长 3400 米、宽 45 米;航站楼面积 11 万平方米;站坪面积 36 万平方米,共设机位 27 个,其中廊桥机位 19 个、远机位 8 个。2013 年 5 月 30 日,合肥新桥国际机场正式建成通航,安徽民航自此进入新桥时代。

自 2013 年转场运行以来,合肥新桥国际机场航空业务量增速迅猛,发展速度远超全国民航平均增长水平。2013 年,合肥新桥国际机场通航国内航线 50 多条,地区和国际航线 7 条,旅客吞吐量为562.80 万人次。到 2018 年,先后开通直达 8 个国家(地区)的 13条国际及地区航线,突破 1000 万客流量,跻身"千万级机场俱乐部"。2019 年,完成旅客吞吐量 1228.2 万人次、货邮吞吐量 8.7 万

合肥新桥国际机场是"861"行动计划重点项目,2008 年正式开工建设,2013年 5 月 30 日正式启用

吨，已提前达到设计容量，年旅客吞吐量和货邮吞吐量约占全省总量的 82% 和 93%。受疫情影响，2020 年完成旅客吞吐量 859.4 万人次、货邮吞吐量 8.75 万吨，年旅客吞吐量和货邮吞吐量约占全省总量的 83.2% 和 94.2%。

2019 年中共中央、国务院印发《长江三角洲区域一体化发展规划纲要》提出，优化提升杭州、南京、合肥区域航空枢纽功能，加快合肥国际航空货运集散中心建设。安徽省"十四五"规划提出建设"翅膀上的安徽"，要求全省进一步完善"一枢十支"运输机场体系。随着规划的推进实施，国家战略的实施和区域经济发展对机场自身功能提升的需求更加凸显，有必要对机场外部条件与自身业务拓展、配套基础设施等各方面进行综合提升。

2014 年 6 月，黄山屯溪机场更名为"黄山屯溪国际机场"。2017 年又进行了第五次扩建工程。跑道改为 2600 米混凝土跑道，具备全向信标、仪表着陆等导航设备，夜航助航灯光等保障系统以及气象雷达、消防、供油等安全保障设施；停机坪面积 4.9 万平方米，登机廊桥 4 座，可起降波音 757 以下机型；国际、国内候机厅 1.4 万平方米；机场停机坪能同时停放 8 架飞机，能够满足国内旅客年吞吐量 92 万人次、国际旅客年吞吐量 20 万人次的需求。经过多年发展，先后开辟了至北京、上海、广州、深圳、福州、厦门、西安、合肥、昆明、桂林、成都、重庆、武汉、青岛、长沙、大连、太原、海口、呼和浩特等 28 条国内航线和黄山至韩国首尔，中国台北、香港的国际和地区定期航班，以及黄山至韩国仁川，日本长崎、大阪、福冈等地的国际旅游包机。黄山机场旅客吞吐量连续稳步上升，2012 年旅客年吞吐量首次突破 50 万人次大关，2013 年达到 55.2 万人次，2016 年突破 60 万人次，2018 年达到 76.1 万人次，2019 年达到 87 万人次。

池州九华山机场为 4C 级（预留 4D 级发展空间）支线旅游机场，2013 年 7 月 29 日建成通航，当年完成旅客吞吐量 6.23 万人次，2015 年实现旅客吞吐量 27.19 万人次，2019 年达到 52.4 万人次。2020 年，已开通池州至北京、上海、广州、深圳、成都、天津、重庆、西安、南宁、厦门、温州、泉州、贵阳、青岛、西双版纳、郑州、揭阳 17 个城市航线。机场通航运营以来，在改善池州交通条件、扩大本地区对外开放、促进池州旅游经济发展等方面发挥了积极作用。

安庆天柱山机场于 2014 年 7 月开始停航进行基础设施改造，于 2015 年 2 月 1 日复航，先后开通北京、上海、广州、海口、西安和厦门等航线。截至 2019 年年底，从安庆天柱山机场出发，可直飞 15 个航点城市。机场年旅客吞吐量实现了每年 10 万人次递增。2015 年旅客年吞吐量突破 20 万人次，2016 年突破 30 万人次，2017 年突破 40 万人次，2019 年达到 59 万余人次。

阜阳西关机场是皖北唯一的民用机场。"十三五"期间，阜阳西关机场旅客吞吐量年均增长 21%，高于合肥新桥机场的 17%、池州九华山机场的 19%、黄山屯溪机场的 10%。自 2018 年起，阜阳西关机场旅客吞吐量超越黄山机场稳居全省支线机场首位。2019 年，阜阳西关机场旅客吞吐量 92.22 万人次，创历史最高纪录。从阜阳西关机场出发，可以直飞北、上、广、深等 24 个大中城市，最南直飞三亚，最北直飞哈尔滨，最东直飞舟山，最西直飞兰州，以阜阳为中心的"米字形"放射状航空网络已经形成，且客座率常年保持在 70% 以上。2021 年，阜阳机场共保障航班 8298 架次，同比增长 27.77%；保障旅客 85.31 万人次，同比增长 33.47%。

芜湖宣州机场是芜湖、宣城两市合建项目，两市投资比例为 9∶1，选址芜湖县湾沚镇小庄，于 2018 年 10 月开工建设，为 4C 级民用运输机场，是国家"十三五"期间重点规划建设项目，也是安徽融入长三角一体化发展的重要基础设施。2021年4月30日，芜湖宣州机场正式通航，实现了芜湖、宣城两市近700万人民在"家门口"乘坐飞机的梦想。截至2021年10月底，已开通至北京大兴、广州、佛山、成都双流、重庆、西安、昆明、长春、深圳、天津、三亚、哈尔滨、珠海共13个航点。芜湖、宣城与全国十多个重要城市建立起空中航空网络，与大湾区三座核心机场均实现通航，初步形成"北联京津冀、南通珠三角、连接西部重点城市群"的航线网络。

安徽民航伴随中华人民共和国发展进步不断成长壮大，经历了从无到有、由弱到强的发展历程。安徽民航犹如翱翔的雄鹰，在祖国蓝天里编织了一条条幸福天路。如今，对于许多安徽人来说，搭乘飞机来场说走就走的旅行，已经成为一件非常简单的事。

九、生态环保奏华章

生态文明建设意义重大，关乎人民幸福。党的十八大以来，以习近平同志为核心的党中央把生态文明建设摆在全局工作的突出位置，全面加强生态文明建设。环境就是民生，青山就是美丽，蓝天也是幸福。2016 年 4 月，习近平总书记考察安徽时叮嘱安徽"要把好山好水保护好，着力打造生态文明建设的安徽样板，建设绿色江淮美好家园。"

（一）加强环境保护

受历史条件的影响，中华人民共和国成立初期人们对环境保护的认识还处于初级阶段。伴随着经济发展，环境问题逐渐暴露出来，引起党委政府和社会的重视，随即开始采取系列措施保护环境。

1. 植树造林

1957 年，安徽省人民政府发出了"治山治水"的号召，建造了一些水保工程，采取封山育林等保护措施。1950 年至 1958 年，仅宣城县就建设完成谷坊工程 6050 处，蓄水坑 8.5 万个，梯田 2420

公顷，陡坡停耕 2600 公顷，控制水土流失面积 2.24 万公顷。1958 年后，我国经济发展战略发生重大变化，掀起"大跃进"和人民公社化运动，大规模地无偿采伐国有林和社队集体所有林，用于工程

20 世纪 50 年代，安徽各地大力推广植树造林

建设或冶炼钢铁，森林资源遭受严重破坏。1963 年调查统计，1958 年至 1962 年间全省林地面积由 20 世纪 50 年代（1950 年至 1957 年）的 168 万公顷减少到 128 万公顷，减少 23.8%；森林覆盖率由 12.51% 减少到 10.19%，减少 2.32%。

国家从 20 世纪 60 年代初实行了"调整、巩固、充实、提高"的八字方针，国务院发布了《森林保护条例》和《矿产资源保护条例》。1962 年 6 月 21 日至 7 月 3 日，安徽省召开第一次山区工作会议，在山区实行以林为主的生产方针和"谁造谁有"的林业政策。1962 年 11 月，安徽省人民委员会发出《关于规定禁猎区和禁猎鸟兽的通知》，划定黄山风景区为禁猎区，确定全省范围内禁猎 11 种鸟兽。1963 年，恢复各级护林组织，查处重大乱砍滥伐森林和森林火灾案件。但是，很多不合理的布点已成为事实，一些原始森林被破坏后在短时间内无法恢复。

2. 大气环境治理

工业废气和烟尘控制。控制废气和烟尘污染的措施主要是从锅炉改造、消烟除尘着手，进行工业窑炉改造、工业废气的利用和治理。工业窑炉改造。20 世纪 60 年代到 90 年代初，全省工业窑炉改

造重点是解决水泥、耐火材料、炼钢、轧钢、烧结、电力、冶炼等企业的烟尘问题。1973 年 9 月全国消烟除尘经验交流会议之后，全省的锅炉改造、消烟除尘工作逐步开展。1981 年，全省 4419 台锅炉，有 1142 台采取了消烟除尘措施，占锅炉总数的 25.84%。1981 年，全省工业窑炉 3029 座，改造 340 座，占工业窑炉总数的 11.22%。

工艺废气治理。安徽省一些大中型企业加大企业投入，加强科技攻关，开展工艺废气的治理和综合利用。1961 年，马钢公司开始将高炉煤气和焦炉煤气回收用于生产，至 1981 年全公司已有轧钢、烧结、炼钢等 19 个企业使用回收煤气为工业燃料。1972 年，铜陵有色金属公司第一冶炼厂自行设计的回收利用转炉烟气生产硫酸的装置，年产硫酸 4 万吨，烟气的硫回收率为 28%；后经多次改造，烟气中硫回收利用率提高到 40% 以上。淮南矿务局谢二矿是超级瓦斯矿井，对煤矿安全生产威胁极大。为化害为利、变废为宝，该矿于 1973 年 4 月建成年产 500 吨的甲醛厂，利用矿井瓦斯生产工业甲醛，年产值 30 万元。1969 年，铜陵市铜官化工总厂兴建含氟处理系统，将每天排放的 24 万标立方米氟废气利用，年产氟硅酸钠 1300 吨，价值 130 万元，使氟气回收率超过 98%。

城市燃气改造。1974 年 2 月，安徽省正式批准马鞍山市兴建城市煤气工程，主体工程投资约 295 万元。1974 年 8 月 1 日，马鞍山市城市煤气一期工程破土动工，1976 年 11 月正式竣工送气。马鞍山市利用马钢焦炉煤气建成一座 24 小时供气能力为 5.4 万标立方米的民用煤气工程，成为全省第一个有民用煤气的城市。

3. 水环境治理

水污染防治。20 世纪 60 年代至 70 年代，毁林开荒和乱采滥伐现象普遍存在。同时，由于工业发展、人口激增，工业"三废"排放量逐年增加，特别是工业废水基本上未经任何处理而直排江河湖库，致使地表水体污染明显加重。1973年以前，安徽省重点污染源废水处理设施只有5套，即马鞍山钢铁公司3套，铜陵化工总厂、合肥安徽纺织印染总厂各1套，处理能力为每年1170万吨，采用物理沉降法和化学中和法等比较简单的处理方法。1973年至1979年是安徽省重点污染源废水处理的起步阶段。省辖八市共建设废水处理设施26套，投资1001.37万元，处理能力为每年6408万吨。处理技术较前有所进步，电镀废水处理、生化曝气处理等技术开始应用。1975年10月30日，安徽省计委、省建委印发《安徽省"三废"管理办法》《关于环境保护、综合利用、基本建设和生产计划管理的暂行规定》《安徽省水质监测实施方案》《安徽省环境保护科学研究计划管理办法》，"三废"处理逐步纳入环境管理日常工作。

淮河治理。20世纪70年代中期，淮河出现污染，淮河水质从"淘米洗菜"开始进入"水质变坏"时期，淮河水污染治理逐步开始。1975年至1980年，蚌埠市对蚌埠造纸厂、肉类加工厂、柴油机厂等企业责令实施污水治理。淮南市对淮南化肥厂、造纸厂、电厂等22个污染严重的企业实施限期治理，并发文明确规定"到期不治理的应当坚决停下来，并要追究领导责任"。滁县地区制定了治污三年规划，对滁县化工厂、化肥厂、磷肥厂、炼油厂等重点排污企业产生的污水，要求必须治理后达标排放。

（二）环境资源保护与生态建设

改革开放后，全国进入经济快速发展时期，经济发展和环境保护之间的矛盾日益凸显，环境污染、资源破坏和生态破坏并发，严重影响了人民的幸福感。因此，党和政府提出在大力发展经济的同时，着力保护生态环境。2003 年，安徽省提出"建设生态安徽"目标，实施还林、封山育林、城市增绿、防治污染、清洁生产等项目，大力发展生态经济和环境产业，不断提升可持续发展能力。2004 年，安徽生态省建设全面展开。

1. 治理"三废"与水源保护

工业废水治理。改革开放后，安徽省继续大力治理工业"三废"，1979 年至 1987 年限期治理 199 个污染企业、156 个项目，新建废水治理设施 326 套。1993 年要求工业企业实行清洁生产，实现三个转变：末端治理向全过程治理转变、浓度控制向总量控制和浓度控制相结合转变、分散治理向集中治理转变。1996 年，安徽省在淮河流域和巢湖流域关停 5000 吨以下造纸厂化学制浆设备，当年关停小造纸厂 244 家、制浆造纸厂 239 家；1996 年 9 月，全省取缔、关闭或停产"十五小"企业，即小造纸、制革、印染、炼胶、炼硫、炼砷、炼汞、炼铅锌、炼油、选金和农药、漂染、电镀以及生产石棉制品、放射性制品等企业 382 家。2000 年要求全省工业企业废水达标排放。

国务院部署 1998 年 1 月 1 日零点以前实现淮河流域工业企业废水达标排放，巢湖流域 2000 年 1 月 1 日零点以前实行工业企业废水达标排放。安徽省如期完成了这两大流域的"零点行动"。之后，安徽省全面开展"一控双达标"（污染物总量控制、污染物浓度达标和环境功能区达标）工作，对工业企业达标开展"四查"（治污设计规范、治污设施运营、台账记录和治污责任落实）活动。2005 年，关闭淮河流域污染严重的生产线和企业 146 家。2007 年，安徽省分行业开展淘汰落后产能，如造纸、味精、酒精和柠檬等行业，对有的企业实行停产整顿或改善治污设施。2008 年 3 月，安徽省发布《关于公布安徽省清洁生产审核重点企业名单的通知》，114 家重点废水排放企业列为 2008 年度安徽省清洁生产审核重点企业。

城市生活污水控制。除工业废水外，城市生活污水也是水环境污染的重要来源。1986 年，合肥、蚌埠、淮南三市率先开展城市污水综合整治，建设污水截流、污水处理厂等大型污水综合整治工程。1991 年 8 月，国家要求各级城市政府综合运用"保、截、治、管、用、引、排"七字防治措施，积极推行污染集中控制，加强城市基础设施建设。2000 年以后，安徽省人民政府出台了相应的法规，通过提高污水处理费征收标准、利用世界银行贷款及建设—运营—移交模式（BOT 模式）等筹措资金，推进污水处理产业化，大力推进城市环境基础设施建设。2001 年 9 月 1 日，安徽省人民政府下发《关于切实加强城市供水节水和水污染防治工作的通知》，全省开启了城市污水处理的新征程。全省制定了一系列实施办法和措施，如《关于全面推进城市污水处理产业化的实施意见》（2004 年 2 月）、《关于印发 2004 年各市城市污水和垃圾处理项目建设与运行目标任务的通知》（2004 年 7 月）、《转发省计委等三部门〈关于加快淮河巢湖流域城市污水处理项目建设意见〉的通知》（2003 年 10 月），分别就城市污水处理厂的集资、运营、收费、财政支持等作出规定。到 2010 年，全省累计建成污水处理厂 108 座，累计建成污水管网 6580 公里。全省市、县平均污水处理率达 79%；其中，设市城市污水处理率达到 85%，县城污水处理率达到 70%。"十一五"期间建设的污水处理厂规模是"九五""十五"十年间建设规模的 2.35 倍；建成的污水管网长度是"九五""十五"十年间建设长度的 3.31 倍。

饮用水源保护。饮用水安全涉及人民的生命健康，是人民幸福生活的最基础保证和基本底线。全省各级各届政府都十分重视饮用水源保护。1989 年 7 月 10 日，国家相关部委颁布了《饮用水水源保护区污染防治管理规定》，要求各地因地制宜制定水环境综合整治规划。2001 年 7 月，安徽省颁布了《安徽省城镇生活饮用水水源环境保护条例》。2004 年 2 月，开展全省城乡饮用水水源水质普查，同年 6 月，完成《安徽省城乡饮用水水源水质普查综合分析报告》。纳入全省调查统计的集中饮用水水源地 624 个，2004 年 1 月至 3 月，水源地达标率 82.7%。2007 年 9 月，安徽省环保局完成《安徽省饮用水水源环境保护条例》报国家环保总局。2008 年 10 月，安徽省根据环保部统一部署，完成饮用水水源地基础环境调查及评估工作。调查结果显示：2002 年至 2005 年，全省重点城市集中式饮用水水源地水质基本保持稳定。2009 年 3 月，安徽省印发《安徽省城市集中式饮用水水源保护区划分方案》，开展集中式饮用水水源地划分与基础环境调查及评估工作，实行水源地保护区制度。

水环境治理成效。经过多年的努力，安徽全省水环境质量得到明显改善，到 2012 年，全省地表水总体水质状况为轻度污染。237 个地表水监测断面（点位）中，Ⅱ~Ⅲ 类水质断面（点位）占 66.7%，水质状况为优良；劣 Ⅴ 类水质断面（点位）占 11.4%，水质状况为重度污染。全省城市集中式生活饮用水水源地水质达标率为 98.4%。

到 2012 年，安徽省辖淮河流域总体水质状况得到明显改善，Ⅱ~Ⅲ 类水质断面占 39%，水质状况为优良；劣 Ⅴ 类水质断面占 25.6%，水质状况为重度污染。省辖区长江流域总体水质状况为良好，无劣 Ⅴ 类水质断面。巢湖全湖平均水质类别为 Ⅳ 类、轻度污染、呈轻度富营养状态，环境污染基本得到遏制。省辖新安江流域总体水质状况为优。新安江干流，扬之河、率水、横江和练江四条支流水质状况均为优。

2. 控制污染气体排放

改革开放后，全国工业发展迅速，随之而来的大气污染排放量极速增长，严重影响经济社会发展，损害了人民群众的生命健康，稀释了改革开放以来人民获得的幸福感。为此，安徽省各级人民政府决定大力治理大气污染。

工业废气治理。1981 年 2 月，安徽省开展工业企业锅炉消烟除尘工作，锅炉生产、使用或安装必须符合一定标准和条件。1990年，全省 5506 台锅炉中，采取消烟除尘措施的有 4337 台，占锅炉总数的 78.8%。在已改造的锅炉中，烟尘排放达到国家规定标准的有 3226 台，达标率为 74.4%。锅炉改造采取消烟除尘措施后，节约煤炭 10% 以上，热效率提高 10% 以上。2000 年，全省"一控双达标"工作启动，通过污染集中治理，清洁能源替换，关停和淘汰落后设施、工艺和产能等措施，废气污染防治取得较大进展。2006 年，为实现二氧化硫排放总量控制目标，安徽省人民政府与国家环保总局签订"十一五"二氧化硫总量削减目标责任书。2010 年，安徽省开展大气污染联防联控，分点实施烟尘、废气治理。

工业粉尘控制。安徽省工业粉尘主要来自水泥生产行业。自1995 年开始，安徽省开展水泥粉尘整治工作。在整治过程中，建立工作责任制，积极筹措资金，加强执法检查，积极推行清洁工艺，强制淘汰治理无望的水泥企业。截至 2000 年年底，全省按期完成水泥行业粉尘综合整治任务。

机动车尾气防治。为有效控制机动车尾气污染，1984 年安徽省相关部门联合发出《关于限制机动车通过市区的车种、流量和时间的通知》。1989 年 8 月，《关于对机动车尾气排放实施监督管理的通知》出台，明确由环保部门、公安部门分别负责机动车排气监测和统一监督管理工作。芜湖成立"市机动车辆污染监测队"。1998 年，《关于加强机动车辆排气污染防治工作的通知》出台，对机动车尾气排放防治技术和产品提出尾气污染排放控制的要求，对不达标的车型责令停止生产。

实施二氧化硫和酸雨控制区管理。1998 年，按照国家关于划定酸雨控制和二氧化硫控制区（简称"两控区"）的部署，安徽省实施"两控区"区域大气控制，结合经济结构调整关、停、并、转一批落后高排放的生产线，禁产、限产和停产一批高硫煤矿。2010 年，除安庆市二氧化硫日均值超标 0.3%，其他 16 个地级城市二氧化硫日均值全部达标。与"十五"期末相比，全省二氧化硫年均浓度下降10%。

1998 年至 1999 年，根据国家统一部署，安徽省组织编制《安徽省酸雨控制区二氧化硫污染综合防治规划》，将芜湖市、铜陵市、马鞍山市、黄山市、巢湖地区、宣城地区等地划定为酸雨控制区，为酸雨控制区制定达标规划、酸雨总量控制目标、技术路线和治理措施。"十一五"期间，酸雨控制区、二氧化硫污染防治纳入总量控制管理范畴。到 2010 年年底，酸控区全部完成二氧化硫减排任务。

到 2012 年，安徽省 16 个地级城市中有 15 个市环境空气质量达到国家二级标准，合肥市达到国家三级标准。全省平均空气质量优良率为 96.5%，其中，铜陵市和黄山市为 100%，合肥市为 87.2%，其余 13 个市均在 90% 以上。

3. 造林绿化

改革开放后全省大力植树造林、封山育林，发展森林资源。1980 年 6 月，安徽省委、省政府提出"一封（封山育林）、二改（改造天然次生林）、三造（植树造林）、四抚（抚育幼林）、五护（保护林木)"的办法,加速发展山区林业生产。同年10月,安徽省大规模封山育林。1989年9月,安徽省委、省政府作出《关于动员全省人民实现五年消灭荒山、八年绿化安徽目标的决定》。1990年,安徽省开始实施"五八"造林绿化规划,全省以主攻荒山为目标,"造、封、飞"一齐上,连续封育五年。1995年3月,安徽省委、省政府作出《关于开展林业建设第二次创业的决定》,在1997年实现绿化安徽的目标后,在2000年左右建立比较完备的林业生态体系和比较发达的林业产业体系。1999年3月,安徽省委、省政府作出《关于建设万里绿色长廊工程的决定》,到2007年,累计完成线路绿化6674公里、林带建设9020公里。

2003年,安徽省十届人大政府工作报告提出"建设生态安徽"目标;同年,安徽省人民政府发布《安徽生态省建设总体规划纲要》,就生态省建设提出二十年的奋斗目标,并分三步走战略。2003年9月,安徽省制定并发布《安徽省生态功能区划》,将安徽省划分为五大生态区,即淮北与沿淮平原生态区、江淮丘陵岗地生态区、皖西大别山生态区、沿长江平原生态区和皖南山地丘陵生态区。在此基础上划分为16个生态亚区、47个生态功能区。不同生态区采取不同的环境治理措施和经济社会发展战略。

截至2012年年底,安徽省林业用地面积443.18万公顷,森林总面积380.42万公顷,森林覆盖率27.53%,活立木总蓄积量21710.12万立方米,当年造林绿化9.6万公顷。全省湿地面积291.90万公顷,占国土面积的比重为21.01%。全省累计建设森林公园64处,总面积14.83万公顷。国家级森林公园29处,面积10.62万公顷;省级森林公园35处,面积4.21万公顷。全省累计建立各类风景名胜区39处,总面积37.50万公顷;其中国家级重点风景名胜区10处,面积21.55万公顷,省级风景名胜区29处,面积15.95万公顷。

4. 农业农村生态环境保护

生态农业建设。1985年12月，安徽省人民政府办公厅批转《关于加强农业生态环境保护工作的报告》，确立要把生态农村规划建设作为生态农业"龙头"来抓，在全省树立生态农村示范典型，组织制定不同特色的生态农业建设规划。1999年6月，《安徽省农业生态环境保护条例》获通过，2004年编制《安徽省生态农业发展规划》。各地探索多种生态农业发展模式。2012年，全省累计建设国家级生态农业示范县3个，省级生态农业示范县15个、省级生态农业示范点127个、农村清洁工程示范村79个。

生态农业建设试点。1989年，全省确定了50余个生态农业试点单位，试点面积达38万公顷，受益农民100余万人。1991年、1992年，颍上县小张庄及其村长张家顺分别获联合国环境署"全球500佳"称号，引起国际关注。1998年，安徽省环境保护局制定了生态林标准、环境保护先进城镇考核指标，组织开展全省"百佳生态林"评选和省级环保先进城镇创建工作。2003年11月，安徽省提出在全省建设农村环境综合整治"百千万"工程，改善农村人居环境。2012年，创建省级生态乡镇46个、省级生态村88个。省级生态乡镇累计达到251个，省级生态村累计达到634个。国家级生态乡镇累计达到70个，国家级生态村累计达到21个。

开展农业环境和农产品质量调查与监测。20世纪80年代至90年代，安徽省开始组织开展农业环境和农畜产品质量安全调查、检测、评价工作，重点对"菜篮子"种植基地调查检测。2000年，安徽省出台无公害农产品管理办法，加强农业绿色产品的生产、供给和监管，开启无公害绿色产品的认证工作。截至2012年年底，全省获得农业部认证的"无公害农产品"1432个，年总产量316.1万吨；

认定"无公害农产品产地"642个，总面积29.3万公顷；有450个产品获得绿色食品标志使用权，有效使用绿色食品标志的企业367家、产品1116个，年产值286亿元。

农业面源污染防治。2011年，结合美好乡村建设，安徽省组织开展农村清洁工程示范村建设，在农村有计划建设单户污水处理系统、集中污水处理系统、田间有毒有害废弃物收集系统、农村固体废弃物收集系统，以及生态拦截沟、农村固体废弃物发酵池等基础设施。在巢湖流域设立农业面源污染综合防治试验区，在多地设立农业面源污染国控监测点等。

（三）加强生态文明建设

党的十八大作出"大力推进生态文明建设"的战略决策，十八届五中全会提出要实现"生态环境质量总体改善"目标，国家、省"十三五"规划新增环境质量指标约束，标志着环境保护阶段和治理要求发生战略性转变。2020年8月，习近平总书记在马鞍山市考察时强调，要把生态保护好，把生态优势发挥出来，实现"人民保护长江、长江造福人民"的良性循环，早日重现"一江碧水向东流"的胜景。安徽省认真贯彻习近平总书记重要指示精神，全面贯彻"绿水青山就是金山银山"的理念，围绕建设生态强省战略，打好蓝天、碧水、净土三大保卫战，构建起长江、淮河、新安江、江淮运河四大生态廊道，加快建设环境优的美丽安徽。

1. 水环境治理与保护

党的十八大以来，生态文明理念指导下的环境保护开始注重环境质量的结果目标，注重山水田林湖草沙的全面整体治理，水环境保护不再着眼于排污企业的达标排放，而将工作重点放在大江大河的流域水环境治理和资源保护上。我省也积极开展流域水污染治理。

2012年，安徽省人民政府下发《关于〈重点流域水污染防治规划（2011—2015年）〉的实施意见》，组织水污染防治联席会，与各地市签订《水污染防治规划目标责任书》，就巢湖、淮河和长江流域水污染防治实施情况和考核制定办法，确定水质考核断面。同年，编制《全省水质良好湖泊生态环境保护规划》，制定24个重点湖泊保护规划，确定优先保护湖泊6个。2015年4月，国务院发布《水污染防治行动计划》（"水十条"）。2016年1月，安徽省制定《安徽省水污染防治工作方案》，成立领导小组，省地签订水污染防治目标责任书。同时，各部门、各地区、上下游左右岸成立水污染联防联控协作机制。2017年，安徽省制定《安徽省水污染防治行动计划实施情况考核规定（试行）》，对不达标主体实施问责和区域限批。

饮用水源保护。2013年，安徽省人民政府办公厅印发《关于加强集中式饮用水水源安全保障工作的通知》，对全省集中式饮用水源环境状况定期评估，对各市及省直管县在饮用水水源保护方面存在的问题提出限期整改要求，坚决取缔一级保护区内的排污口和污染项目。截至2019年年底，16个市61个县完成备用水源建设，划定县级及以上集中式饮用水水源保护区143个、农村"千吨万人"（供水人口10000人或日供水1000吨以上）水源保护区1086个。2011年至2020年，安徽省城市集中式生活饮用水水源地水质达标率一直维持在95%以上，在监测范围内的城市中，满足饮用水水源地水质要求的地级市和县级市城市数量也不断增多。

水清岸绿产业优美丽长江（安徽）建设。2016年，安徽省把修复长江生态环境摆在压倒性位置，2018年制定《关于全面打造水清

巢湖湿地

岸绿产业优美丽长江（安徽）经济带的实施意见》。实施沿江1公里、5公里、15公里分级管控措施。全省推深做实河（湖）长制、林长制、生态补偿机制改革，打响"三大一强"专项攻坚行动、长江禁捕退捕攻坚战；让产业变"绿"，让"绿"变产业。

新安江跨省流域生态补偿机制试点。2012年，安徽与浙江签订《新安江流域水环境补偿协议》，每年设置5亿元补偿资金，中央财政承担3亿元给安徽，皖、浙两省各出1亿元，年度水质达到考核标准，浙江拨付安徽1亿元，否则相反。2021年，该生态补偿机制已经实施三轮，效果良好。该机制入选全国十大改革案例、改革开放40年地方改革创新40案例，试点经验在全省和全国其他9个流域、13个省份复制推广，成为中国生态文明制度建设的重大创新。

生态补偿机制在省内推广。2017年12月30日，安徽省政府办公厅印发《安徽省地表水断面生态补偿暂行办法》，安徽省正式建立全省范围内的地表水断面横向生态补偿机制。2018年6月印发《全面推进市县（市区）域地表水断面生态补偿工作的通知》，正式实施地表水断面生态补偿，全面建立以县（市、区）级横向补偿为主、市级纵向补偿为辅的地表水断面生态补偿机制。生态补偿机制给地方各级政府强大的环保压力，催生环保内生动力。截至 2019 年年底，全省建成跨省、市流域生态补偿机制 4 个，16 市均实施市域内跨县（市、区）流域横向生态补偿，绩溪县实行跨乡镇生态补偿办法。全省地表水生态补偿断面水质类别提升 611 次，产生生态补偿金 2.87 亿元；断面超标 111 次，产生污染赔付金 0.89 亿元。

河长制、湖长制探索。2017 年 3 月，《安徽省全面推行河长制工作方案》印发，省、市、县、乡四级河长组织体系全面建立并延伸到村，配套制度基本建立；设立村级以上河长 5.27 万名，形成覆盖全省江河湖泊的治水网络；各级河长巡河达 25 万人次，竖立河长

长江铜陵段市级河长公示牌

公示牌 50653 块，签订重点敏感水域跨界联防联控协议 25 份。河长制提升了民间治水的信心和决心。"民间河长""五老河长""河湖警长""企业河长""青年河长"纷纷涌现。2018 年，安徽省根据中央办公厅、国务院办公厅要求印发实施《关于在湖泊实施湖长制的意见》，在有湖泊管理任务的 14 个市、82 个县（市、区）和 368 个乡镇（街道）先后出台湖长制，建立湖长制组织体系。全省共设立省级湖长 7 名、市级湖长 49 名、县级湖长 216 名、乡级湖长 644 名、村级湖长 1766 名，覆盖全省全部湖泊。

淮河治理。2013 年，国务院批复《淮河流域综合规划（2012—2030 年）》，随后《进一步治理淮河实施方案》出台，明确淮河流域水资源保护和水环境污染防治目标，38 项治淮工程相继实施，流域综合治理陆续开展。2014 年，安徽省采取预警、通报、环评限批等多种形式，切实推进重点流域水污染防治"十二五"规划实施。淮河流域列入规划 346 个项目，247 个项目完成。2018 年 11 月 23 日，安徽省修订公布《安徽省淮河流域水污染防治条例》，贯彻绿色发展理念，统筹山水林田湖草系统治理淮河流域水污染问题。

巢湖治理。2012 年，安徽省按照国家统一部署，根据《重点流域水污染防治规划（2011—2015 年）》对巢湖流域进行综合治理。做好城市污水管网建设、雨污分流、城乡生活污水集中处理工作，解决面源污染问题。城市工业污水达标排放。2016 年 9 月，贯彻落实《巢湖流域水污染防治条例》，严格落实跨界断面水质交接责任制和蓝藻防控机制。2018 年 12 月，《巢湖综合治理攻坚战实施方案》出台，充分发挥省级巢湖湖（河）长制和市级河长制作用，加快推进"数字巢湖"建设。同年，《巢湖流域农业面源污染防治方案》出台，要求实现"一减三基本"，即化肥农药等农业投入品使用减量、畜禽水产养殖污染基本治理、农业废弃物基本资源化利用、环湖农业生态缓冲带基本建成。2020年1月，根据《巢湖岸线保护与利用规划》相关规定，对河湖岸线的保护区、保留区、控制利用区、开发利用区分别管理和保护。2020年8月，习近平总书记在安徽考察时强调，巢湖是安徽人民的宝贝，是合肥最美丽动人的地方，一定要把巢湖治理好，把生态湿地保护好，让巢湖成为合肥最好的名片。2021年3月，合肥市环巢湖生态示范区建设领导小组印发《巢湖综合治理三大工程实施方案》，通过实施碧水、安澜、富民三大工程，稳步提升巢湖水质。

2021年，全省地表水总体水质状况为良好。安徽省国考断面水质优良率为83.5%。淮河干流安徽段水质以Ⅱ至Ⅲ类为主，总体水质为优。长江干流安徽段水质为Ⅱ类，总体水质为优；主要支流总体水质为优。巢湖全湖及东、西半湖水质类别均持续为Ⅲ类，主湖及西半湖呈中度富营养状态，东半湖呈轻度富营养状态，主要污染指标为总磷。新安江干流、支流水质为优。全省城市集中式饮用水水源地水量达标率为98.7%。

2. 蓝天保卫战

全面落实"大气十条"。2013年，安徽省人民政府认真贯彻落实国务院《大气污染防治行动计划》（即"大气十条"），出台《安徽省大气污染防治行动计划实施方案》和《安徽省重污染天气应急预案》，召开全省大气污染防治工作会议，签订目标责任书，将大气污染治理纳入考核体系，成立大气污染防治联席会议。2014年，颁布考核办法，对大气污染防治成效严格考核，全面落实"大气十条"。

工业大气污染治理。2014年，大力推行火电机组脱硝设施改造，全省30万千瓦以上火电机组（全部取消脱硫烟气旁路）和4000吨/日以上水泥熟料生产线脱硝率均达到100%，完成79条重点行业企业生产线除尘设施建设与升级改造、119 个非重点行业工业企业烟粉尘治理和 91 个挥发性有机物污染治理项目。印发《燃煤小锅炉污染整治工作方案》，开展城区工业燃煤锅炉整治，推动煤改气、煤改电，改造生活燃煤小锅炉。2020 年，全省基本淘汰每小时 35 蒸吨以下燃煤锅炉，65 蒸吨以上燃煤锅炉和在用火电机组全部完成超低排放改造，实现禁燃区散煤清零，非化石能源发电量持续增加。

扬尘污染治理。全省全面开展对建筑工地、港口码头、物料堆场和混凝土搅拌站扬尘整治工作，对城市道路实现全面机械化清扫保洁。印发实施《矿山环境整治实施方案》和《"矿山复绿"行动实施方案》，对非煤矿山企业开展污染整治，依法关闭不合规非煤矿山。2020 年，严格落实扬尘污染防治"六个百分百"措施，建成区和县城道路保洁机械化清扫率分别超过 80% 和 60%。

机动车排气污染防治。大力推进黄标车和老旧车辆淘汰工作，2016 年，实施《安徽省机动车排气污染防治办法》和《安徽省加快黄标车及老旧车淘汰工作方案》，建成省级机动车排放检验信息系统。2020 年，累计淘汰 6.6 万余辆老旧柴油货车，新能源汽车生产和销售均超过 38 万辆，划定高排放非道路移动机械禁行区，编码登记非道路移动机械 7.6 万余台。

秸秆禁烧和综合利用。安徽省人民政府制定《2014 年全省秸秆禁烧工作方案》和《安徽省农作物秸秆禁烧奖补办法》，中央及省财政安排补助资金 11.5 亿元，各地配套资金比例达到 1：1。2017年，《安徽省人民政府关于大力发展以农作物秸秆资源利用为基础的现代环保产业的实施意见》出台，举办了秸秆综合利用产业博览会。2018 年 8 月，安徽省人民政府办公厅出台《安徽省农作物秸秆综合利用三年行动计划（2018—2021 年）》，构建秸秆综合利用长效机制。"十三五"以来，全省秸秆利用率达 93.48%，高于全国平均水平。

2020 年，安徽省部署秸秆禁烧工作，对秸秆焚烧点实施全年全时段监测，严格火点核减。

实施"蓝天行动"，打赢蓝天保卫战。2017 年，实施"蓝天行动"，制定超常规措施确保完成控制目标，开展三轮冬季大气污染防治督导和驻点督查。2018 年，围绕《打赢蓝天保卫战三年行动计划实施方案》，聚焦控煤、控气、控车、控尘、控烧"五控"措施，大力实施大气污染防治工作。从 2018 年 3 月开始，组织全省生态环境系统力量，启动史上规模最大、周期最长、覆盖最广、执法最严、效果最好的大气污染防治强化督查。截至 2018 年年底，共开展 14 轮督查，检查污染源 15035 个，发现存在问题点位 7430 个，整改完成 4637 个，向各市政府交办突出环境问题 2502 个，公开曝光典型环境问题 112 个。建立健全空气质量生态补偿制度，2019 年产生大气生态补偿金 2558 万元。

大气污染联防联治。2020 年 10 月，安徽省人民政府转发生态环境部印发的《长三角地区 2020—2021 年秋冬季大气污染综合治理攻坚行动方案》，落实大气污染防治长三角地区的联防联治。各部门、各地区围绕大气污染防治成立联席会议，统一规划、统一部署、统一监测、统一行动。

2021 年年末，安徽省细颗粒物（$PM_{2.5}$）年均浓度首次达国家标准，可吸收颗粒物（PM_{10}）和臭氧（O_3）浓度达二级标准，二氧化硫（SO_2）、二氧化氮（NO_2）、一氧化碳（CO）浓度均达一级标准。除臭氧外，其他各项指标年平均浓度均为有记录以来最好成绩。全省 16 个省辖市空气质量平均优良天数率为 84.6%，比 2020 年提高 1.8 个百分点；有 10 个市空气质量达到二级标准，比 2020 年增加 5 个。

3. 土壤污染防治

相比较水环境污染防治和大气污染防治，土壤污染防治相对滞后。土壤污染和水环境、大气环境保护是一个整体，土壤环境更是关乎国家粮食安全、人民群众的饮食安全和生命健康安全，影响人民群众的幸福感和获得感，安徽省为此大力开展土壤污染防治工作。

一是全面贯彻落实"土十条"。2016 年 5 月，国务院发布《土壤污染防治行动计划》（即"土十条"），安徽省积极响应和全面落实。2016 年 12 月，安徽省人民政府发布《安徽省土壤污染防治工作方案》，提出污染治理修复、强化未污染土壤保护等六大主要任务，制定阶段性的土壤污染防治目标：基本遏制污染势头（2020 年）、土壤质量稳中向好（2030 年）和土壤环境质量全面改善（21 世纪中叶）。2016 年，国家试点临泉县土壤治理和修复项目实施。中央土壤专项资金分解到县，并确定 79 项土壤污染防治项目。2017 年，安徽省人民政府与各市政府签订《土壤污染防治目标责任书》，加强督促检查，有力推进土壤污染防治工作。

土壤污染状况调查。2017 年《安徽省土壤污染状况详查实施方案》出台，安徽省启动农用地污染状况样品采集工作，至当年年底共采集农产品样品 600 余件、农用地表层土壤样品 6200 余件，流转、制备、分析等工作按计划推进。

加强土壤环境管理。推进农用地土壤环境管理，依据各地实际情况，将受污染耕地安全利用、治理与修复、种植结构调整、退耕还林还草任务分解至各市；加强建设用地土壤环境管理，通过"全国污染地块信息系统"将建设用地土壤环境管理要求纳入城市规划和供地管理。发布《安徽省 2017 年土壤环境重点监管企业名单》，243 家重点企业纳入名单。加强建设用地准入管理和风险管理。推进土壤污染治理和修复。编制《安徽省土壤污染治理与修复规划》，建立土壤污染治理与修复项目库。各地根据实际情况，开展疑似污染地块和污染地块调查评估，推进土壤污染治理与修复。

二是推行田长制，守住饭碗田。2021 年 9 月，安徽省委、省政府印发《关于建立田长制的意见》，提出到 2021 年年底，建立省、市、县、乡、村五级田长制责任体系和相关配套制度，初步形成横向到边、纵向到底，全覆盖无死角的耕地保护新机制。推行田长制确保耕地和永久基本农田数量不减、质量提升、布局稳定，确保完成耕地保有量、永久基本农田保护面积、高标准农田建设等目标任务。

4. 生态强省建设

植树造林。2012 年 10 月，安徽省人民政府印发《关于实施千万亩森林增长工程推进生态强省建设的意见》，决定实施千万亩森林增长工程，推进生态强省建设。到 2016 年年底，千万亩森林增长工程建设圆满收官。五年内全省共完成造林 978.88 万亩，占调整后规划总任务的 104%，造林总合格率 99.8%。工程实施五年间，全省成功创建国家森林城市 6 个、省级森林城市 46 个、省级森林城镇 454 个、省级森林村庄 3379 个，建成森林长廊示范段 5926 公里。全省林业总产值增至 3192.4 亿元，居全国第九位，山区农民人均林业收入年均增长 10% 以上。

2017 年 4 月，安徽省人民政府印发《关于实施林业增绿增效行动的意见》，要求进一步加快国土绿化步伐，全面提升林业质量效益，加快建设绿色江淮美好家园，打造生态文明建设安徽样板。2019 年起，为推动国土绿化高质量发展，安徽省林业部门制定并印发了《安徽省"四旁四边四创"国土绿化提升行动实施方案》，推进国土绿化向农村宅旁、路旁、水旁、村旁"四旁"延伸，向道路河流两边、城镇村庄周边、单位周边、景区周边"四边"拓展。

首创"林长制"。2017年，安徽省就在全国率先探索林长制改革试点。2017年9月，安徽省委、省政府正式出台《关于建立林长制的意见》，明确提出2018年在全省推开，建立省、市、县、乡、村五级林长制体系。2018年，安徽省委十届七次全会把林长制改革列为大事要事，各级各部门围绕护绿、增绿、管绿、用绿、活绿，全省全面建立以党政领导责任制为核心的五级林长体系，设立各级林长52122名，形成省级总林长负总责、市县级总林长抓督促、区域性林长抓调度、功能区林长抓特色、乡村林长抓落地的工作格局。2019年，安徽成功创建全国首个林长制改革示范区。林长制改革入选中央深改办2019年十大改革案例，被写入新修订的《中华人民共和国森林法》。建成林长制"五个一"（一林一档、一林一策、一林一技、一林一警、一林一员）服务平台，保障各级林长履职。

2021年5月，安徽颁布《安徽省林长制条例》，这是全国首部

2017年安徽省全面推行林长制，成为全国林长制改革示范区

省级林长制法规。7月21日，安徽省委、省政府印发《关于深化新一轮林长制改革的实施意见》，启动深化新一轮林长制改革。创新推出全国首个省级"林长＋检察长"协作机制、全面施行森林警长制等制度，强化森林执法部门协作，均产生全国性影响。

安徽林长制改革既围绕破解公益林生态补偿、林地流转、林权融资、社会资本投资、林区道路建设等面上"五难"问题建章立制，又聚焦全省不同区域林情特点，在皖北平原、沿淮地区、江淮分水岭、沿江地区、皖西大别山、皖南山区6个区域建设30个示范区先行区、探索90项体制机制创新点，精准破解不同区域林业改革发展难题。

截至2021年3月，安徽省森林面积已达6262万亩，森林蓄积量超过2.7亿立方米，森林覆盖率提高到30.22%。在过去三十年时间里，安徽森林覆盖率由20%提升到30%。

自然生态保护。2015年11月20日，安徽省人民代表大会常务委员会颁布《安徽省湿地保护条例》。2016年12月21日，《安徽升金湖国家级自然保护区管理办法》获通过。2018年，在自然保护区开展非国有公益林政府租赁试点。实施古树名木抢救复壮，加强湿地保护修复，组织开展森林督查、自然保护地大检查和"飓风1号""春雷""绿剑"等专项行动。2019年，出台《关于坚持生态优先绿色发展切实加强自然保护区管理的意见》，其中要求建立健全自然保护区生态补偿机制，先行开展政府租赁或赎买试点，落实各类自然保护地统一管理制度。2020年，依法依规开展各类自然保护地整合优化工作，实行统一监管和分类管理。新增国家湿地公园4处、省级湿地公园3处。截至2021年7月，全省已建省级以上自然保护区39处，总面积约40万公顷。

禁渔禁捕。为维护生态平衡、保护物种多样性，从2003年开始，长江干流安徽段实施春季禁渔，禁渔时间为每年的 4 月 1 日 12 时至 6 月 30 日 12 时，禁渔时段为 3 个月。2016 年延长至 4 个月。2005 年起对渔业捕捞实行捕捞限额制度，渔业捕捞持证作业，对捕捞品种、捕捞方式、捕捞数额开始限制和规范，旨在保护渔业资源。

2017 年 12 月 26 日，《安徽省农业委员会关于推进我省水生生物保护区全面禁捕工作的通知》出台，明确 2018 年年底前全省 44 个水生生物保护区实现全年禁止生产性捕捞，实施全面禁捕。2019 年 10 月，《安徽省长江流域重点水域禁捕和建立补偿制度实施方案》出台，最迟自 2020 年 1 月 1 日起，44 个水生生物保护区全面禁止生产性捕捞；最迟自 2021 年 1 月 1 日起，长江干流安徽段及 8 个重要支流禁止生产性捕捞，暂定禁渔期 10 年。2020 年 1 月 1 日零时起，巢湖全面实施全域十年禁渔。为保障全面禁渔政策落实，安徽省出台系列政策保障上岸渔民的幸福生活不受影响，出台了"七个一批"安置渠道和 13 项补贴、补助政策。切实保障退捕渔民就业和生活。2020 年，全面落实长江"十年禁渔"，禁捕区域内渔船、渔民全面退捕，退捕渔民转产就业率、参保率动态实现 100%。

5. 农村环境整治

生态扶贫。安徽积极探索生态扶贫新路，带动一批贫困户脱贫。"十三五"时期，全省累计投入生态帮扶资金 7.25 亿元，实施农村环境整治及生态保护、产业发展项目 4500 个。全省累计投入 168.5 亿元，建成并网光伏扶贫电站 7.12 万座、装机规模 242.3 万千瓦，居全国第四位。全省光伏扶贫电站年均为脱贫地区实现光伏发电收入 24 亿元。截至 2020 年年底，全省累计获得光伏扶贫电站发电效益 78.61 亿元，财政部累计拨付安徽省 39.36 亿元光伏扶贫国家补助资金，居全国第一位，惠及全省 2871 个贫困村、47 万户贫困户、

2019 年 6 月，安徽农村环境"三大革命"美化乡村

11.55 万个光伏扶贫公益岗位。

农村环境连片整治。2011 年，安徽省被列为全国第二批农村环境连片整治示范省，示范期 3 年，涵盖 70 个示范县、109 个问题村。2012 年全年投入农村环境连片整治资金 6.12 亿元，多管齐下使得示范区脏乱差的环境状况有效改善。2015 年争取中央农村环保补助资金 8 亿元，2016 年、2017 年分别争取中央农村环保节能减排专项资金 8917 万元和 3592 万元，2018 年争取中央农村环境综合整治资金约 2.81 亿元，用于农村环境综合治理、农村生活垃圾和生活污水治理、协同推进农村环境"三大革命"实施以及农村黑臭水体排查和整治。

推进"三边三线"城乡环境整治。2013 年 11 月 1 日，全省美好乡村建设推进会召开，统筹部署以"三线三边"（铁路沿线、公路沿线、江河沿线及城市周边、省际周边、景区周边）为突破口，全力开展城乡环境综合治理行动，全面提升城市发展环境和人居环境。在工作方法上实行"五账法"，在考核评估上做到"五纳入"，在舆论宣传上推行"三结合"。经过全省上下的不懈努力，沿线沿边环境面貌发生了较为明显的变化，路边干净了，水面清洁了，景观变美了，进一步提高了人民群众的幸福感和满意度。

农村环境"三大革命"。2017 年，安徽美丽乡村建设全面推进农村环境"三大革命"，改善农村人居环境，打造绿色江淮美好家园。大力开展农村垃圾治理、加快推进农村生活污水治理、稳步实施农村改厕工作。

农村环境整治三大行动。2019 年，安徽全面推进农村环境整治三大行动，以"五清一改"（清理村内沟塘、清理畜禽养殖粪污等农业生产废弃物、清理乱搭乱建和乱堆乱放、清理废旧广告牌、清理无功能建筑、改变影响农村人居环境的不良习惯）为重点，全面实施村庄清洁行动；以源头减量、过程控制、末端利用为治理路径，加快实施畜禽粪污资源化利用行动；以县为单位对村庄布局进行优化完善，加强实用性村庄规划编制，有序实施村庄规划建设提升行动。

农村人居环境成效。截至 2020 年年底，农村卫生厕所普及率超过 85%，完成自然村改厕 305 万户，探索出"厕所坏了有人修、粪污满了有人清"的长效管护机制。农村生活垃圾得到有效治理，所有县（市、区）均建立了农村生活垃圾收集、转运和处置体系，全省农村生活垃圾无害化处理率达到 70%，非正规垃圾堆放点整治任务全部完成。全省已建和在建乡镇政府驻地污水设施 1188 个，中心村污水设施 4992 个，农村生活污水治理水平逐步提升。全省畜禽粪污综合利用率达 80%，高于全国平均水平 5 个百分点；秸秆综合利用率达 93.48%，也高于全国平均水平。

6.体制改革和法治创新

党的十八大以来，中国环境保护取得举世瞩目的成效，缘起于环境保护提升到生态文明的高度，环境保护全面纳入政治、经济、社会、文化和法治的方方面面。

环保机构改革。2018年11月，安徽省环境保护厅改为安徽省生态环境厅并正式挂牌，环境保护职能得到进一步优化重组。2019年3月，安徽省委办公厅、省政府办公厅印发《安徽省生态环境机构监测监察执法垂直管理制度改革实施方案》，审核备案合肥、池州、安庆等市改革方案。截至2020年年底，全省基本完成生态环境机构改革，市、县两级生态环境保护综合行政执法机构全部挂牌，监测机构编制人员完成上收，在全国无核省中第一家建立跨区域辐射监测机构。

环保督查制度改革。2017年4月27日至5月27日，中央第四环境保护督察组对安徽省开展环境保护督察，分两批对合肥、淮北等10市开展省级环境保护督察，实现省级环境保护督察"两年全覆盖"。2018年8月至9月，安徽省对合肥、亳州等8市开展第二轮省级环保督察。2019年，中央环保督察组对安徽省开展"回头看"督察。2019年5月，向安徽省反馈"回头看"及专项督察情况，中央环保督察反馈问题144个，"回头看"反馈问题68个，两次中央督察转办的信访件6263件，省督察反馈问题1251个，转办的信访件8898件，两级环保督察案件基本得到整改，整改工作取得重要阶段性进展。

环境法治创新。生态文明背景下的环境保护是国家发展战略，是安徽省发展千年大计，生态文明建设不只是环保行政部门的事情，需要各部门各行业共同发力，法治部门更不能缺席。党的十八大以来，安徽省法院系统陆续成立环境保护专门审判机构，专门审理环境资源类案件。2020 年，全省法院共受理涉环境资源刑事、民事、行政案件 15730 件，审结 15048 件。同时，检察机关设立专门的环境检察机构，专门提起环境公益类诉讼案件。安徽省全面实施生态环境公益诉讼制度，由检察机关或环保公益组织对破坏生态环境和资源的行为提起公益诉讼，有力打击生态环境保护行为。2018 年 9 月，安徽省委办公厅、安徽省政府办公厅印发《安徽省生态环境损害赔偿制度改革实施方案》，建立生态环境损害赔偿制度。2020 年在全国率先实现市级生态环境损害赔偿案例实践全覆盖，累计办理 128 起赔偿案件，赔偿金达 1.3 亿元。

生态环境的改善，城乡居民的幸福感大大增强。2020 年，安徽省生态环境质量持续明显改善。全省平均优良天数达标率为 82.9%。全省空气质量优良天数比例升幅居全国第三位、长三角地区第一位；细颗粒物（$PM_{2.5}$）平均浓度降幅居全国第七位、长三角地区第二位；国考断面实现劣 V 类清零，长江流域国考断面水质优良比例创国家考核以来最好纪录。全省 $PM_{2.5}$ 和 PM_{10} 年均浓度均为有监测记录以来最好成绩。全省地表水总体水质状况为良好，监测的 136 条河流、37 个湖泊水库共 321 个地表水监测断面（点位）中，Ⅰ至Ⅲ类水质断面（点位）占 76.3%，同比上升 3.5 个百分点，无劣 V 类断面（点位），同比下降 1.9 个百分点。长江干流、淮河干流、新安江干流总体水质状况持续为优，地下水总体水质保持稳定。2020 年，全省年平均气温为 16.6℃，较 2010 年上升 0.5℃。经初步核算，2020 年单位国内生产总值二氧化碳排放较 2015 年下降 18% 以上，圆满完成"十三五"生态发展目标。

十、小康生活梦终圆

实现小康是中华民族的千年梦想和夙愿。中华人民共和国成立以来，安徽人民在党的领导下，解放思想，敢为人先，艰苦奋斗，砥砺前行，党和政府始终把改善人民生活、增进人民福祉作为出发点和落脚点，不断解决关系人民群众切身利益的突出问题，不断提升人民群众的获得感、幸福感、安全感，人民群众的生存权和发展权得到有效保障。全省经济总量从 1949 年的不足 30 亿元跨越到 2021 年的 4 万亿元，全省常住人口人均地区生产总值 70321 元，跨过 1 万美元关口。2021 年，全省粮食总产量 817.5 亿斤，实现"十八连丰"。城乡居民收入大幅增加，从 1949 年至 2021 年，城镇居民人均可支配收入由不足 100 元增加到 43009 元，农村居民人均可支配收入由 60 元增加到 18368 元。今天的安徽，经济快速发展，社会和谐稳定，文教繁荣昌盛，科技日新月异，城乡活力迸发，人民幸福安康。站在新的历史起点上，勤劳勇敢的江淮儿女，意气风发地踏上了全面建设社会主义现代化国家、实现中华民族伟大复兴的新征程。

（一）走向温饱之路

中华人民共和国成立以来，在中国共产党的坚强领导下，安徽省委、省政府带领全省人民，与时代同行，与祖国并进，革弊鼎新，不懈探索，顽强拼搏，经过艰苦卓绝的奋斗，冲破了重重险阻，渡过了道道难关，国民经济得到迅速恢复和发展，人民生活明显改善，为小康社会建设奠定了根本政治前提和制度基础，积累了重要物质基础，提供了强大精神动力和安全保证。

1. 人民生活水平达到温饱

1949 年以前，由于受战争和自然灾害的破坏，安徽经济基础十分薄弱，城镇居民生活苦不堪言。中华人民共和国成立后，经过全省上下的共同奋斗，安徽国民经济建设取得了可喜的成绩，城镇居民的生活问题基本得到了解决，过上了安稳的日子。1949 年至 1957 年，全省农业总产值年均增长 6.2%，工业总产值年均增长 19.2%。随着经济建设的发展，城镇居民收入水平也逐步得到提高。1957 年，全省职工年平均工资达到 528 元，比 1952 年增加 211 元；城市居民生活费收入 167.1 元，生活费支出 160.5 元，收支相抵略有结余，生活质量开始改善。1956 年安徽城镇职工家庭人均生活费支出比 1949 年增长 96.5%，其中食品支出增长 47.3%，用品支出增长 2.2 倍。家庭生活显著改善，进一步调动了广大职工的积极性，促进了生产力空前发展，出现了市场繁荣、物价稳定、政通人和的太平景象。中华人民共和国成立初期，城镇居民家庭用品消费主要限于购买火柴、肥皂、锅碗瓢勺等日用杂品之类的零星支出，家电用品极少见。20

世纪 60 年代后，手表、自行车、收音机、缝纫机等老式四大件开始普及。

农民温饱问题逐步解决。中华人民共和国成立初期，经过土地改革和农业合作化运动，农村经济稳步发展，农民生活水平逐年提高。到 1956 年年底，农业社会主义改造基本完成。1957 年与 1949 年相比，安徽粮食、棉花、油料分别增长 60.7%、164.7% 和 76.1%，年平均增长速度分别为 6.1%、12.9% 和 7.3%。除大牲畜外，如蚕茧、茶叶、水果、猪、羊、水产品年平均增长率都在两位数。随着生产的发展，农民收入不断增加。1954 年，安徽农民的人均纯收入为 60.6 元，1957 年为 74.6 元，平均每年增加 4.7 元，增长 23.1%。农民开始有吃、有穿，生活出现好转，初步改变了过去那种"衣不遮体，食不饱腹""破衣年年补，野菜当饭吃"的悲惨境地。

2. 社会保障事业破冰

中华人民共和国成立后，安徽社会保障事业经历了从无到有、从小到大、逐步完善的过程。20 世纪 50 年代，城镇职工享受劳动保险待遇，1970 年恢复退休制度，逐步办理职工退休。城市社会救济的主要对象是城镇"三无"人员、社会困难户及特殊救济人员等。1954 年，全省确定城市救济面在总人口的 6% 以内，其中定期救济占救济人数的 5%。1957 年，城镇定期救济孤老残幼 3653 人，1975 年达到 3.54 万人。

劳动就业规模逐步扩大。中华人民共和国成立之前，全省城镇劳动力处于普遍失业状态。新中国成立后，为了迅速扭转这种局面，安徽省委、省政府积极发展经济，多举措解决城镇就业问题。随着"一五"计划的实施，国家开始了大规模的经济建设，进而带动了就业规模的迅速增加和就业状况的进一步好转。截至 1957 年年底，全

省城镇就业人员 112.7 万人，比 1952 年增加 37.8 万人，年平均增长
8.5%。1963 年至 1965 年"三年调整时期"，经济迅速恢复，就业人
数上升，到 1965 年恢复到 1378.3 万人。

农村福利保障事业不断发展。中华人民共和国成立初期，安徽
农村部分地区开始出现了由农业生产合作社照顾失去劳动能力而又
无子女依靠的社员的现象。1956 年，中共中央《高级农业生产合作
社示范章程》规定，农业合作社对于社内缺乏劳动能力、生活没有
依靠的鳏寡孤独的社员，应当在生活上给予适当照顾，做到保吃、
保穿、保烧、保教（儿童和少年）、保葬，后来将保烧改为保医。自
那时起，安徽农村开始兴办敬老院。实行人民公社后，全省敬老院
达 9786 所，入院 17.49 万人。1961 年实行"三级所有、队为基础"
后，又改由生产队负担。

3. 邮政通信起步建设

中华人民共和国成立初期，初步建立起以省会合肥为中心的省
内邮电通信网，形成连接全省各地（市）县的长途电话、电报通信
网，各地（市）县都先后开办了市内电话，农村电话网初显轮廓。
20 世纪 70 年代，途经安徽的京沪 960 路微波干线、京沪杭 1800 路
中同轴电缆载波干线等国家重点工程相继建成，增强了安徽的通信
能力，提高了通信水平。截至 1976 年年底，全省邮电固定资产增
至 7631 万元，长途报话电路达到 930 路，邮运汽车达到 171 辆，市
内电话交换机总容量达到 55100 门，农村电话交换机总容量达到
78210 门。当年全省邮电业务总量达 4440 万元，农村电话收入达
478 万元。全行业自 1974 年开始扭亏为盈。

（二）全面建设小康社会

党的十一届三中全会后，江淮儿女沐浴着改革开放的春风，以"敢为天下先"的大无畏气概，勇于改革，锐意进取，持续推进小康社会建设，国民经济快速发展，实现了人民生活从温饱不足到总体小康、奔向全面建设小康的历史性跨越。

1. 人民生活日渐殷实

发轫于小岗村的"大包干"拉开了我国农村改革的序幕，给安徽城乡居民生产生活带来巨大活力。

一是居民收入显著提高。伴随着国民经济的迅猛发展、收入分配体制改革的不断深化，城乡居民收入水平显著提高，收入来源日益多元化。全省城镇居民人均可支配收入 1981 年只有 425 元，1988 年超过千元，2007 年突破万元，2011 年进一步提高到 18606 元，比 1981 年增长 43.78 倍，年均增长 14.8%；农民人均纯收入由 1954 年的 61 元增加到 1978 年的 113 元，1995 年超过千元，2011 年突破 6000 元，达 6232.2 元，比 1954 年增长 102.17 倍。

二是生活质量明显改善。随着收入的增加，居民生活水平连续攀上新台阶。城镇居民家庭恩格尔系数由 1981 年的 60.5% 逐步下降到 2011 年的 39.8%，农村居民家庭恩格尔系数由 1954 年的 74.7% 下降到 2011 年的 41.1%。居民消费结构由生存型向发展型逐步升级。农副产品购销两旺，居民饮食质量不断改善，副食品消费比重上升，鲜活食品随时买到。人们不再满足于吃得饱，而是要吃得好，注重营养，讲究口味。随着纺织业的飞速发展，人们的穿着向美观时尚转变，昔日很少见的高档服饰，如今在街头巷尾也随处可见。20 世纪 80 年代后期，家用电器新产品成为人们消费对象，出现了彩色电视机、电冰箱、洗衣机、组合音响新的四大件。进入 20 世纪 90 年代，居民消费热点越来越多，如影碟机、录像机、摄像机、冰柜、微波炉、空调器、淋浴热水器、摩托车、家用电脑、家用汽车等走进寻常百姓家庭。每百户居民家庭拥有彩色电视机、电冰箱、洗衣机数，城镇由 1989 年的 42.1 台、42.8 台和 71.5 台增加到 2011 年的 140.1 台、96.2 台和 94.9 台，农村由 1989 年的 29.7 台、0.1 台和 0.4 台增加到 2011 年的 113.5 台、74.8 台和 55.3 台。2011 年，每百户居民拥有移动电话、电脑和家用汽车数，城镇分别为 216 部、126.7 台和 26.3 辆，农村分别为 163.7 部、10.4 台和 17.4 辆。居住条件在不断改善。城镇居民人均住房面积从 1981 年的 6.6 平方米增加到 2011 年的 32.09 平方米，农村居民人均住房面积从 1978 年的 8.5 平方米增加到 2011 年的 35.03 平方米，人们越来越感到生活在一种舒适、清洁、优美的环境中。居民拥有的财富快速增长。居民储蓄存款余额从 1950 年的 132 万元增加到 1978 年的 3.9 亿元，1997 年突破千亿元，2011 年又突破 9000 亿元，达 9233.6 亿元；此外，居民拥有的股票、债券等金融资产规模也在不断扩大，财产性收入不断增加。

2. 通信网络快速发展

改革开放初期，安徽通信业以加快地市自动电话建设为重点，带动县城自动电话建设。1984 年，合肥长话枢纽工程建成投产，为安徽开放了国际、省际、省内长途电话以及新闻传真、数据传输、电视广播等通信业务。"七五"期间，全省初步建成以长途传输数字网、程控电话交换网、无线寻呼网、分组交换网、数字数据网、电视会议网等为骨干的现代化立体通信网，通信网的技术装备水平、运行质量和运行效益在全国处于先进行列。2003 年，安徽省委、省政府提出了《"数字安徽"建设五年规划纲要（2003—2007 年）》，提出以电子政务、电子商务、农村信息网建设、重点产业信息化改造为突破口，充分发挥信息技术在全省经济建设和社会发展中的重要推动作用，实现社会生产力的跨越式发展目标。"数字安徽"对安徽通信业在网络建设和应用等方面提出了新的要求，也为安徽通信业发展带来了良好的机遇。全省电信业务收入由 1978 年的不足 3400 万元增加到 2008 年的 222.7 亿元，业务总量增至 519.7 亿元。截至 2009 年年底，全省固定电话交换机容量达 1600 万门；移动电话从无到有，交换机总容量达 4466 万门；光缆线路已经通达全部行政村，移动通信基站星罗棋布；固定电话、移动电话、互联网宽带用户分别达到 1325 万户、1969 万户、241 万户，固定电话、移动电话普及率分别达每百人 21.7 部、32.2 部，互联网网站接近 7 万家，通信能力进一步得到了增强。

3. 民生工程惠及城乡

为进一步提高城乡居民社会保障水平，增强政府公共服务能力，让广大人民群众共享改革发展的成果，2007 年，安徽省委、省政府在全国率先启动实施 12 项民生工程。按照立足当前、着眼长远、尽力而为、惠及多数的原则，此后历年进一步拓展内容，提高标准，加大投入。至 2010 年，安徽民生工程项目数量增加到 33 项，涉及社会保障、创业就业、扶贫工作、"三农"工作、教育文化和其他城乡公共服务等方面，惠及全省 6000 多万群众，人均受益 6000 多元，成为安徽保障和改善民生最有效的制度安排、最具特色的工作品牌，探索了一条用项目化手段、工程化措施解决民生问题的新路。

社会福利事业。改革开放以来，安徽逐步加大社会福利事业的改革力度，城市社会福利水平不断提高。供养与康复并重，实现老年人老有所为、老有所乐，帮助残疾儿童逐步恢复生活自理能力；养、教结合，使孤儿全面发展。同时，养老服务社会化发展迅速。2007年，全省民办老年福利机构157所，床位5658张，收养老年人3374人，入住率接近60%。合肥市瑶海区、蚌埠市禹会区、马鞍山市雨花区、芜湖市镜湖区被评为首批"全国养老服务社会化示范区（市、县）"。全省规模最大、档次较高的合肥市九久夕阳红老年公寓正式对外开放。1984年，安徽省人民政府出台《安徽省农村五保户供养暂行规定》，建立了以敬老院为依托的乡、村、组五保服务网络。2007年，安徽把五保供养对象生活补助标准提标工作列入民生工程，使全省农村敬老院和五保老人之家建设实现了跨越式发展，使7万多名年老体弱的五保对象得以在五保供养服务机构中安享晚年。2009年，安徽进一步加大农村五保供养服务机构新建、改建、扩建力度，增加床位，提高集中供养率。

最低生活保障制度。1995年年初，安徽在合肥市开展城市居民最低生活保障线试点工作。根据1997年国务院颁布的《关于在全国建立城市居民最低生活保障制度的通知》精神要求，安徽在1998年年底所有的地级市、县级市和县城镇建立了城市居民最低生活保障制度。2007年，《安徽省农村居民最低生活保障暂行办法》出台，7月底在全省农村建立起最低生活保障制度，共有141.8万人纳入保障范围，对低于绝对贫困线683元的农村居民给予生活补助，以保障其基本生活需求。

基本养老保险制度。安徽从1992年开始进行农村社会养老保险工作试点，重点吸收村干部、民办教师、乡镇企业职工、个体工商户等有一定收入的农民参加。2006年，全省积极探索新型农村社会养老保险制度建设，覆盖全省 17 个市、89 个县（市、区）、1444 个乡镇（街道办事处）、16072 个村、3563 个乡镇企业，参保农民 153.84 万人，发放养老金 1109 万元。企业职工养老保险使城镇职工 "老有所养"。1992 年，安徽省建立企业职工基本养老保险、企业补充养老保险、职工个人储蓄性养老保险相结合的多层次养老保险制度。1995 年确立企业职工基本养老保险实行社会统筹与个人账户相结合的基本模式。1998 年全省企业职工基本养老保险制度实现了 "三统一"。2009 年，养老保险覆盖范围进一步扩大，当年全省基本养老保险参保人数从 1998 年的 272.2 万人增加到 595 万人。从 2007 年开始，安徽省委、省政府将未参保集体企业退休人员基本生活保障纳入民生工程，截至 2009 年 6 月底，全省符合条件的 28000 名未参保集体企业退休人员，都及时纳入了基本生活保障范围，按当地城镇居民低保标准按月发放生活费，实现了 "应保尽保"。

失业保险制度。改革开放之初，针对长期实行 "企业劳动保险" 存在的弊端，安徽着手在全民所有制单位试行退休费用社会统筹。党的十四届三中全会以后，进一步深化企业职工养老保险制度改革，确立了社会统筹和个人账户相结合的原则。党的十六大以来，社会保障体系建设进入了全面完善加速发展的新时期，安徽养老、医疗、失业、工伤和生育保险制度基本建立，农村社会养老保险制度改革逐步深化，社会保障制度框架初步形成，社会保障网络不断延伸，有力保障了职工群众的基本生活，促进了社会的和谐稳定。2007 年，按照新的最低工资标准，及时调整失业保险金标准及相关待遇，对符合条件的失业人员，按照规定提供失业保险待遇，按时足额发放失业保险金，支付医疗补助金，给予再就业帮助。

居民就业制度。改革开放后，安徽在发展经济的同时，高度关注民生，把扩大就业作为发展经济的重中之重来抓，就业状况发生了巨大变化，劳动力市场日臻完善，适应社会主义市场经济的就业管理体制基本形成。一是城市就业平稳。1995年，安徽在合肥、淮南等5个城市进行再就业工作试点，1996年在全省全面推开。1990年至

每年春节，安徽各地政府纷纷安排专车接外出农民工回家过年

1998年，全省安置城镇失业人员124.53万人，城镇登记失业率控制在3.5%以下。二是农村富余劳动力转移就业。安徽是劳务输出大省，劳务输出20世纪80年代初自发开始，并渐成规模。流向主要集中在长江三角洲、珠江三角洲和京津等经济发达地区。截至2007年年底，全省共转移农村富余劳动力1100万人，其中跨省流动就业800万人、省内流动就业300万人，劳务收入占农村家庭纯收入的40%以上。三是下岗职工再就业。1995年安徽开始全面实施再就业工程。2007年，各级各有关部门组织开展了再就业百日帮扶、民营企业招聘周、技能岗位对接等一系列专项活动，切实落实税费减免、小额担保贷款、社保补贴、职业介绍补贴、职业培训补贴、职业技能鉴定补贴等各项扶持政策，鼓励下岗失业人员自谋职业和自主创业，支持用人单位吸纳下岗失业人员，对就业困难人员实施再就业援助，取得积极成效。四是创业带动就业。2006年后，安徽重点实施了以"你创业我扶持"为主题的创业扶持工程，进一步落实政策、场地、培训、服务和维权等五大扶持政策，调动全社会的创业积极性。2008年，全省就业人员达3916万人，与1978年的1873.4万人相比，增加了2042.6万人，增长约1.1倍；城镇就业增长更快，

2008 年达到 901.9 万人，比 1978 年增加了 592.7 万人，增长近 2 倍。

4. 促进农民脱贫致富

1978 年，安徽贫困人口有 1200 多万人，贫困发生率达 29%，贫困县有 17 个（其中中央确定的有 9 个）。贫困人口主要分布在大别山区、沿淮行蓄洪区、江淮分水岭丘陵易旱地区及江南部分地区四大片，其中大别山区最为贫困。以"大包干"为主要形式的家庭联产承包责任制不断推广，农村生产力持续解放，农民生活得到迅速改善。贫困人口由 1980 年的 1000 万下降到 1985 年的 600 余万。20 世纪 80 年代后期，安徽省社会科学院辛秋水研究员深入大别山区岳西县莲云乡开展"文化扶贫"试验，首倡"扶贫扶人、扶智扶文"，创办图书室、贴报栏、实用技术培训中心三大文化扶贫阵地，从根本上治理贫困根源。三大文化扶贫阵地被当地群众亲切地称赞为经济发展的加油站、农民的情报信息源和庄稼人的学校，扶贫效果显著，在全国产生广泛影响。

1994 年，根据《国家"八七"扶贫攻坚计划》，金寨、岳西等 17 个县被确定为国家级贫困县。1998 年起，安徽省在全省 22 个贫困县实施"白色扶贫工程"，扶持农户发展开发性农业项目。到 2000 年，安徽省农村贫困人口减少到 126 万人。进入新世纪，安徽省先后出台《安徽省人民政府关于实施扶贫开发整村推进工程的意见》《安徽省农村扶贫开发"十一五"规划纲要》等文件，实施整村推进扶贫，在 19 个国家扶贫开发工作重点县，每年安排 500 个左右重点村实施整村推进工程。2009 年，安徽省委、省政府出台《关于进一步加强扶贫开发工作的意见》，把稳定解决扶贫对象温饱并实现脱贫致富作为首要任务，大力实施"552"扶贫行动计划。2010 年完成第一轮整村推进任务，2011 年实施第二轮整村推进工程，不断提高扶贫对象自我发展能力。

5.民主权利不断发展

中华人民共和国成立后，随着实行计划经济体制，在城市建立了以单位制为主、街居制为辅的社会管理体制，在农村组建合作社和人民公社，实行政社合一制度。改革开放直接推动撤社建乡，城市中的单位制、街居制也随之日渐式微，取而代之的是村民委员会、居民委员会等基层自治组织。推广社区建设，实行基层群众自治，大大增进了社会经济的活力和效率。人民依法实行民主选举、民主协商、民主决策、民主管理、民主监督。安徽省围绕社会管理体制改革，出台了一系列地方性法规规章，在民生领域、村民自治、社会治安、农村税费改革等方面积极作为，依法保障人民享有广泛的民主权利及经济社会文化权利，形成了党委领导、政府负责、社会协同、公众参与的社会管理格局。

20世纪80年代初，安徽省实行了以"撤社设乡、改队为村"为主要内容的农村管理体制改革，逐步建立了乡政村治结构，1988年，选举产生了第一届村民委员会。到2011年9月，安徽省已连续进行了八届村委会换届选举，一届比一届规范。民主选举是村民自治的前提和基础。2008年第七届村委会换届选举时，安徽省在芜湖市鸠江区、繁昌县的6个村开展观察员制度、"一票制"选举和定岗选举三项改革试点。民主决策逐步规范科学。各地普遍建立了以村民会议和村民代表会议为主要载体的民主决策的组织形式，基本上每村每年都能召开一次以上村民会议、两次以上村民代表会议，不定期召开村委会及各下设委员会会议，真正实现了"大家的事大家议，大家的事大家办"。民主管理不断健全深化。民主管理就是通过村民会议或者村民代表会议，或者依据村规民约或者村民自治章程，让村民就村内管理的事项发表意见，直接参与村务管理，大家的事大家决定，大家共同遵守执行。1996年，五河县头铺镇屈台村的"四民主三公开"（"屈台模式"）受到国家民政部高度肯定，国内外予以广泛关注。民主监督力度持续增强。民主监督是保证村委会正确行使权力必不可少的措施，也是村民自治得以落实的关键。安徽省通过民主评议村干部制度、完善集体财务审计制度，推进"阳光村务工程"建设，实行村务监督委员会制度，让村级权力在阳光下运行，干群关系得到显著改善。

在城市，安徽省积极探索城市社区管理体制改革。以撤销街道办、成立大社区为主要内容的社区综合管理体制改革的"铜陵模式"，使社区治理服务达到了全方位、无缝隙、全覆盖。随着改革的深入，城乡二元结构逐渐被打破。2011年，安徽省积极稳妥推进户籍管理制度改革，放低户口迁移门槛。社会力量快速成长。2011年，相关改革举措在皖江城市带承接产业转移示范区推广。积极转变政府职能，深化行政审批制度改革，探索为民服务全程代理制等，进一步激发了基层活力，推动了经济社会健康发展。

（三）全面建成小康社会

党的十八大以来，安徽人民锚定全面建成小康社会的宏伟目标，尽锐出战、攻坚克难、奋发有为，经济社会发展取得了巨大成就，发展格局实现了历史性跨越，城乡居民生活质量明显提升，人民群众的获得感、幸福感、安全感明显增强，书写了江淮大地历史上最恢宏壮丽的史诗，在促进全体人民共同富裕道路上迈出有力步伐，为建设新阶段现代化美好安徽奠定了坚实基础。

1. 人民生活全面小康

城乡居民收入持续增加，生活质量明显提高。2021 年，全省常住居民人均可支配收入 30904 元，比上年增长 10%，扣除价格因素实际增长 9%。城镇常住居民人均可支配收入 43009 元，增长 9%，扣除价格因素实际增长 8%；农村常住居民人均可支配收入 18368 元，比上年增长 10.5%，扣除价格因素实际增长 9.8%。全省城镇居民人均可支配收入从 2010 年的 15788 元增加到 2021 年的 43009 元，增长了 172.4%；农村居民人均可支配收入从 2010 年的 5285.2 元增加到 2021 年的 18368 元，增长了 247.5%。（图 10-1）

图 10-1　1978—2021 年安徽省城乡居民人均可支配收入增长情况

2012 年至 2021 年，农村居民人均可支配收入增速比城镇高 75.1 个百分点，城乡居民收入增长差距扩大的趋势成功实现逆转。2021 年城乡居民人均可支配收入之比为 2.34：1，比 2010 年下降 0.6 个百分点。城乡居民恩格尔系数分别从 2010 年的 43.7%、45.5% 下降到 2021 年的 32%、33.6%（图 10-2），分别下降了 11.7 和 11.9 个百分点，城乡居民生活质量不断提升。

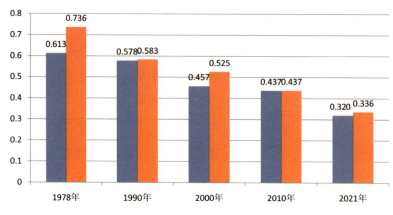

图 10-2　1978—2021 年安徽省城乡居民恩格尔系数变化情况

　　总体小康问题解决后，人们对生活品质、品位有了更高的追求，衣食住行不断升级，消费结构从生存型逐渐向发展型、享受型过渡。衣，从穿暖到穿美、穿出时尚；食，从吃饱到吃好、吃出健康；住，从有所居到更敞亮、更宜居；行，从便利通畅到快捷舒适。吃穿用有余，家电全面普及，乘用汽车快速进入寻常百姓家。移动电话、电子邮件等新兴通信工具以及连上高速互联网的智能手机触手可及，让人们的通信交流变得可以随时随地进行。餐饮、健康、教育、旅游、文娱等服务性消费持续快速增长，在居民人均消费支出中占比逐渐达到一半，网购、新零售、"海淘"层出不穷，不仅缩短了人们与消费商品和服务的距离，而且极大地拓展了人们对商品质量、性能、品牌和服务的选择空间。越来越多的人有"钱"有"闲"，"诗和远方"更加触手可及，"说走就走"不再是梦想，旅游扮靓人们的幸福生活，组团游、自驾游"随心所欲"，人们正在进入大众旅游时代。

　　就业形势长期稳定，就业质量显著提升。安徽就业人数从 1978年的 1873.4 万人增加到 2020 年的 3243 万人，就业规模不断扩大；

从绝大多数劳动者以农业为主到第三产业就业人数占 43.4%（图 10-3）、城镇就业人数占 55.2%，就业结构不断优化。截至 2020 年年底，全省高、中、初级专业技术人才比例为 10.5：40.5：49，技能人才总量达 574.3 万人，其中高技能人才 164 万人，就业人员素质大幅提高。千万劳动者拥有自己热爱的本职工作，开启了幸福生活的大门。安徽深入实施就业优先战略和更加积极的就业政策，推动实现更加充分更高质量的就业，稳妥做好结构调整中下岗失业人员再就业工作。着力推进高校毕业生就业创业促进计划和基层成长计划，大力促进农村富余劳动力转移就业、皖籍外省务工回流人员就业，实施退役军人"就业启航行动"，抓好零就业家庭及就业困难人员就业。持续实施"创业江淮"行动计划，以创业带动就业。劳动者的就业观念深刻变革、就业空间更加广阔、就业方式日益多元，劳动者人生出彩的机会越来越多。大力推进就业脱贫工程，实施"大别山区就业精准脱贫专项行动"。推进"2+N"常态化招聘和人力资源市场建设。劳动关系总体和谐稳定，企业劳动合同签订率达 96.4%。

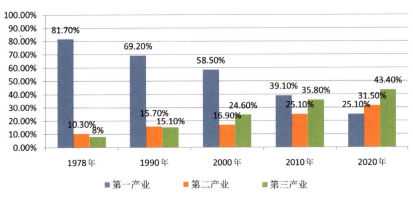

图 10-3　1978—2020 年安徽省三次产业就业结构变化情况

织密社会保障网。安徽通过全面深化改革，不断完善社会保障制度。截至 2021 年年底，基本养老保险覆盖 4841.8 万人，社会保障卡持卡人数近 6000 万人，参加工伤、生育保险人数分别为 718.1 万人和 700.1 万人，31.7 万人享受城市居民最低生活保障，176.9 万人享受农村居民最低生活保障，农村特困供养对象 33.4 万人，社会保险统筹层级、待遇水平稳步提高，百姓日子越来越安稳。全面实施企业职工基本养老保险省级统筹制度。深入实施全民参保计划，引导和鼓励中小微企业从业人员、新业态从业人员等群体参加城镇职工养老保险，持续推进城乡居民参加居民养老保险，推进各类工程建设项目参加工伤保险，促进灵活就业人员参加失业保险。自 2016 年开始连续四年同步调整企业和机关事业单位退休人员基本养老金。越织越密的社会保障安全网，充分发挥可持续的托底作用，城乡居民工作更安心、生活更舒心、对未来更有信心。

2. 人民民主不断扩大

全面小康，既有效保障人民经济权利，也有效保障人民政治权利。党的十八大以来，安徽省始终坚持党的领导、人民当家做主、依法治国有机统一，持续推进开门立法，畅通社情民意渠道，积极回应群众呼声，发挥各级人大代表、政协委员主体作用，将全过程人民民主落实到基层社会治理全过程、各方面，努力让全过程人民民主看得见、摸得着、落得实。探索建立科学有效的社会治理体制，通过不断发展基层群众自治制度，增强了社区治理能力，提升了社区服务水平，城乡社区业已成为和谐有序、绿色文明、创新包容、共建共享的幸福家园。人民广泛、直接参与社会事务管理，实现自我管理、自我服务、自我教育、自我监督，共建共治共享的社会治理格局正在形成。民主选举、民主协商、民主决策、民主管理、民主监督各个环节环环相扣、彼此贯通，实现过程民主和结果民主、形式民主和实质民主、直接民主和间接民主相统一，是全链条、全方位、全覆盖的民主。民主的"根系"已深深扎进江淮大地，汲取养分，生根发芽，开花结果，有效保障了人民的知情权、参与权、表达权、监督权。

人民的民主生活丰富多彩。察民情、聚民智、解民忧，问需于民、问计于民，是党执政的重要方式、政府治理的重要方式。在江淮大地，人们心情舒畅，社会充满生机活力。从衣食住行、看病上学到社区管理、社会治理，再到大政方针、发展规划，人民的意见建议都可以通过民主渠道表达出来。

基层协商民主有序推进。各地坚持村（居）民会议、村（居）民代表会议制度，规范议事规程。结合参与主体情况和具体协商事项，采取社区党员议事会、村（居）民议事会、农村集体经济组织成员议事会、物业联席会、小区协商、网格协商、楼栋协商、社区民情民意恳谈会、社区茶馆会议、居民开放空间、社区论坛、社区工作坊等形式，开展灵活多样的协商活动。民主恳谈会、听证会、网络议政、远程协商、基层立法联系点、村民理事会等，一个个火热的基层民主实践、一个个别具特色的基层民主形式不断涌现，让民主更有"参与度"，民事民议、民事民定、民事民办渐成风气。践

2019 年 7 月 11 日，安徽省合肥市庐阳区三十岗乡崔岗村低保听证会现场，评议组成员进行唱票，现场公示评议结果

行全过程人民民主路径清晰、特色纷呈，人民民主的"触角"已伸入社会生活的每个角落。

村民自治走深走实。早在 2007 年，安徽省就拉开了农村社区建设试点工作帷幕，逐步完善农村社区"基本公共服务""市场化服务"和"义务服务"三大服务体系建设和乡（镇）、村两级社区服务中心设施配套建设，形成了"一村一社区"为主，"一村多社区""中心集镇社区"等多种模式，为村民提供生产生活服务、平安服务、救助服务、文体服务、养老服务、卫生服务等。到 2016 年，全省 80% 的乡镇建立社区综合服务中心，初步建立起覆盖农村社区全体成员、服务功能完善、服务质量和管理水平较高的社区服务体系。黄山市屯溪区、淮北市杜集区、池州市贵池区、当涂县、铜陵县先后被授予全国"农村社区建设实验全覆盖"示范单位。党的十九大以来，各地围绕实施乡村振兴战略，因地制宜、分类施策，涌现了诸多具有鲜明特色的农村社区。例如，芜湖市大力推进农村社区建设"1136"工程，实现了岗位职业化、报酬职级化、管理规范化。黄山、宣城等地把农村社区建设与徽文化传承有机融合，保护传统古村落，注重发挥村规民约、村训家训、村民自治章程作用，保持农村社区乡土特色。村民理事会成为乡村协商治理的探路之举。在农村，自然村是利益联结最紧密、利益趋同化较明显的村民集体单元，共同利益表达需要一种适合而有效的组织途径和方式，村民理事会正是实现这些利益需要的较好形式。望江县长岭镇后埠村杨家老屋自然村是最早建立村民理事会的村子之一。当时，政府把水泥路修到村里，群众希望路能修到家门口，便选举理事会管理资金和协调建设。路修好后，理事会这种自治形式受到群众认可，便被保留了下来。2013 年，安徽省在全国首次将村民理事会纳入地方立法范畴，从而进一步深化了村民自治实践，丰富了村民自治的内容和形式。

城市基层治理特色彰显。为顺应信息社会发展和大数据时代需要，为人民群众提供便捷、高效的公共服务，全省各地大力推进社会服务管理信息化建设，以信息化引领社会治理体系和治理能力现代化，形成了一批可推广、可复制的经验做法。以创新"互联网＋社会治理"为代表的"芜湖经验"，以创新保障城市安全为主导的"合肥模式"，以创新"互联网＋政务服务"为特色的"亳州样板"等，对各地推进基层社会治理信息化起到了很好的示范带动作用。特别是社会服务管理信息化建设的"芜湖经验"，是安徽省社区治理体制改革的"一张靓丽的名片"。芜湖市坚持科技引领、信息支撑，以社会服务管理信息化平台建设为载体，搭建了"一个中心、两个网络、三个系统、四个支撑"为主要内容覆盖城乡的新型社会服务管理体系，创新形成"条块融合、以块为主"的管理模式和"一站式、全天候、零距离"的服务机制，提升了为民为企服务精准化水平和社会治理智能化水平。通过打造为民办事"一站通"、社区管理"网格化"、居民生活"易户网"三个应用平台，通过市级各部门数据整合、省市数据交换协同、政务服务过程中数据积累、社区网格员动态采集更新等渠道，整合了包括公安、民政、工商、质监、卫生计生等 159 个数据来源，实现 45.2 亿条次数据交换。推行"线下＋线上"的模式，真正把政府服务搬到市民和企业家门口，让城乡居民和企业享受到公开、公平、便捷、高效的政务服务。线上通过市民服务门户网站"易户网"和企业服务门户网站"易企网"提供网上办事服务，实现城乡居民和企业足不出户即可找政府办成事；线下将办事窗口延伸至所有社区和村委会，实行"多点受理、受办分离、综合接件、后台审批、一站办结、电子监察、全城通办、全年无休"，实现城乡居民足不出社区（村）就能找政府办成事。

法治安徽建设迈出坚实步伐。安徽省在法治建设方面下了很多"先手棋",形成了扎实推进更高水平的新时代法治安徽建设的"势",健全完善了全面依法治省工作保障机制,为法治安徽、法治政府、法治社会一体推进打下了坚实基础。平安建设连续 10 年进入全国先进行列。法治在体现人民利益、反映人民愿望、维护人民权利、增进人民福祉方面的作用更加彰显。"两代表一委员"、"乡贤"、"老娘舅"、警民联调、六尺巷调解法、自选式调解等,这些留有"安徽创造"深深烙印的多元化解矛盾纠纷的做法,使全省96% 以上的矛盾纠纷在基层和一线得到及时有效化解。全省已设立人民调解委员会 2.1 万个,各类行业性专业性人民调解组织 988 个,个人调解工作室 1043 个,建成公共法律服务中心 124 个、乡镇(街道)公共法律服务工作站 1512 个、村(社区)公共法律服务工作室13943 个,实现公共法律服务站(窗口)行政村全覆盖,街镇和村居法律顾问全覆盖。深入开展扫黑除恶专项斗争,坚决打击黑恶势力及其"保护伞",让城乡更安宁、群众更安乐。引导社会主体履行法定义务,承担社会责任,强化规则意识,倡导契约精神,维护公序良俗,引导公民理性表达诉求。社会公平正义的法治价值追求逐渐贯穿到立法、执法、司法、守法的全过程和各方面,司法为民理念充分践行,司法公信力显著提升。公平正义的阳光照进人民心田,让人民群众在每一个司法案件中都感受到公平正义的目标不断实现。同时,安徽省深入开展"江淮普法行"活动,开展宪法、民法典宣传,讲解交通安全、毒品危害知识,宣传未成年人保护法律法规……让法律走到群众身边、走进群众心里,维护人民权益。

3. 打赢脱贫攻坚战

党的十八大以来,安徽省积极响应党中央号召,在全国率先探索"四带一自"产业扶贫、"三有一网"点位扶贫、"三业一岗"就业扶贫、"一自三合"扶贫小额信贷等模式，创造了光伏扶贫、县级项目库建设、到村到组精准帮扶等脱贫攻坚"安徽经验"，全省如期完成贫困人口全部脱贫，"两不愁三保障"全面实现，千百年来的绝对贫困和区域性整体贫困问题得到解决，取得了脱贫攻坚战的全面胜利。

一是建立精准扶贫工作机制。2014 年 4 月，安徽省开始对 31 个国家和省级贫困县、3000 个贫困村、188 万户、484 万贫困人口进行建档立卡，因村因户因人精准施策，"一把钥匙开一把锁"，扶贫扶到了根上、扶到了点上。2015 年，安徽省委、省政府出台《关于坚决打赢脱贫攻坚战的决定》，提出实施脱贫攻坚十大工程，确保 2020 年现行标准下农村贫困人口全部脱贫、贫困县全部摘帽，彻底解决区域性整体贫困问题。2016 年，安徽省委办公厅、省政府办公厅印发《关于贯彻落实习近平总书记视察安徽重要讲话精神深入推进精准扶贫精准脱贫的意见》。2017 年，安徽省委办公厅、省政府办公厅印发《安徽省全面落实脱贫攻坚责任制实施细则》。2018 年，安徽省

青阳县新河镇建立"渔光互补"光伏扶贫基地

委、省政府印发《关于打赢脱贫攻坚战三年行动计划的实施意见》。
2020 年 12 月 31 日，安徽省委召开省委常委会扩大会议，研究全省
巩固拓展脱贫攻坚成果同乡村振兴有效衔接贯彻落实举措。

二是实施脱贫攻坚三年行动。党的十九大把脱贫攻坚战作为决
胜全面建成小康社会必须打赢的三大攻坚战之一，并作出全面部署。
安徽省因地制宜综合施策，制定出台了《关于打赢脱贫攻坚战三年
行动的实施意见》。以"重精准、补短板、促攻坚"专项行动为统
领，开展产业扶贫和点位扶贫，开展"三业一岗"就业扶贫、"百医
驻村"专项行动，多措并举严防困难群众因灾致贫返贫，深入推进
消费扶贫，探索创新合肥地铁"消费扶贫专列"。

三是推进深度贫困地区脱贫攻坚。安徽省着力聚焦精准靶心，
制定出台了《关于聚焦深度贫困集中力量攻坚的实施意见》，把大别
山等革命老区、皖北地区、沿淮行蓄洪区等深度贫困地区作为主战
场，确立首位重点，实施"抓金寨促全省"战略，引导资源要素聚
焦，确保老区人民在全面建成小康社会进程中不落一个人。

位于大别山腹地的金寨县大湾村，以乡村旅游和特色产业为突
破口，实现了从贫困到小康的美丽蜕变。该村脱贫"账本"显示：
2016 年脱贫 18 户 63 人；2017 年脱贫 31 户 105 人；2018 年脱贫 86
户 200 人；2019 年，大湾村集体经济收入 78.6 万元，人均可支配收
入 14236 元，全村贫困人口减至 4 户 8 人，贫困发生率降至 0.23%；
2020 年全面完成脱贫攻坚各项任务。

四是提升精准帮扶实效。在定点帮扶上，压紧压实"定点帮县、
驻村帮扶、联系帮户"责任。截至 2019 年年底，全省参与包村单位
达 9058 家，直接投入帮扶资金和物资 5.75 亿元，帮助引进资金 5.45
亿元，购买当地农产品 2.03 亿元。在到户帮扶上，突出精准性和有
效性，2019 年共对 168.88 万贫困户制定并落实帮扶措施 634.27 万

条。在县域结对帮扶上，20个经济强县结对帮扶20个国家级贫困县，双方在资金、人才、项目等方面开展深入合作。2020年，20个结对帮扶县向被帮扶县投入帮扶资金3.36亿元，实施帮扶项目391个，受益贫困人口达10.46万人。

五是开展"千企帮千村"精准扶贫行动。截至2020年年底，11017家民营企业投入资金61.01亿元，受帮扶村6831个，帮扶贫困人口96.5万人次。其中产业扶贫投入48.5亿元，公益捐赠2.8亿元，安置就业3.6万人，技能培训3.5万人次。扶贫日期间，全省共认领扶贫项目4968个、5.41亿元，社会各界认捐2.09亿元。在驻村帮扶上，全省分两批累计派出驻村工作队11327支、驻村帮扶干部27595人，特别是2017年对未出列的1923个贫困村增派1名副处级以上第一书记，在脱贫攻坚一线发挥巨大作用。如以金寨县为代表的光伏扶贫，已成为大别山片区精准扶贫的品牌项目，越来越多群众从中受益，2020年通过光伏扶贫实现全县贫困户家庭年均增收5500元以上，受益贫困村集体年均增收11万元左右。2017年至2020年，安徽省共有30家企业被评为全国"万企帮万村"精准扶贫行动先进民营企业。

"久困于穷，冀以小康。"回顾波澜壮阔的八年脱贫攻坚，安徽和全国人民一道，在以习近平同志为核心的党中央的坚强领导下，如期完成了新时代脱贫攻坚目标任务，为实现第一个百年奋斗目标打下坚实基础。一是贫困人口全部脱贫，收入水平大幅增加。全省贫困人口由2013年年底的484万到2020年年底全部脱贫；加上历年动态调整的贫困人口，年均脱贫人数超过80万人。贫困地区农村居民人均可支配收入由2013年年底的6787.5元增至2019年的13485元，年均增幅12.1%。二是区域性整体贫困基本解决，县域经济实力明显增强。至2020年4月，贫困县农民人均可支配收入由

2013 年年底的 6787.5 元增长至 13485 元，3000 个贫困村全部出列，村集体经济收入由 0.53 亿元增长到 2019 年年底的 6.72 亿元，村均收入由 1.76 万元增长到 22.4 万元，增长 11.72 倍。三是贫困地区基本生产生活条件大幅改善，乡村面貌焕然一新。贫困地区基础设施、基本公共服务水平以及农村环境卫生状况明显改善，贫困村基本实现村民组通硬化路、村村都有卫生室和村医、贫困村全部通了宽带，提前三年实现县域义务教育基本均衡目标，124.3 万农村贫困人口饮水安全问题全部解决，贫困户危房改造全部完成，基层基本公共服务主要领域指标均接近或达到全省平均水平。农村地区信息基础设施网络健全，在贫困重点地区新建基站 18 个，改造基站 58 个。传输网络新建杆路 898.26 公里，改造杆路 2077.85 公里，改造光缆 843.31 公里，新建光缆交接箱 268 个，新建光缆分纤箱 6012 个，共完成规划投资 5449.31 万元，有效解决 9 个深度贫困县和 125 个深度贫困村网络覆盖问题。多年困扰贫困群众的上学难、就医难、行路难、吃水难、用电难等问题基本得到解决。四是贫困地区治理能力大幅提升，基层党组织建设不断加强。安徽在脱贫攻坚过程中培养锻炼了大批干部，他们通过开展贫困识别、精准帮扶，本领明显提高，农村基层治理能力和管理水平明显提升，干群关系持续改善，进一步巩固了党在农村的执政基础。

主要参考文献

[1] 习近平 . 在庆祝中国共产党成立 100 周年大会上的讲话 [M]. 北京：人民出版社 , 2021.

[2] 习近平 . 论中国共产党历史 [M]. 北京：中央文献出版社 , 2021.

[3] 本书编写组 . 中国共产党简史 [M]. 北京：人民出版社 , 北京：中共党史出版社 , 2021.

[4] 本书编写组 . 中华人民共和国简史 [M]. 北京：人民出版社 , 北京：当代中国出版社 , 2021.

[5] 本书编写组 . 改革开放简史 [M]. 北京：人民出版社 , 北京：中国社会科学出版社 , 2021.

[6] 本书编写组 . 社会主义发展简史 [M]. 北京：人民出版社 , 北京：学习出版社 , 2021.

[7] 中共安徽省委党史研究室 . 中国共产党安徽历史大事记：1949 年 10 月—1978 年 11 月 [M]. 合肥：安徽人民出版社 , 2017.

[8] 中共安徽省委党史研究室 . 中国共产党安徽历史大事记：1978 年 12 月—2002 年 12 月 [M]. 合肥：安徽人民出版社 , 2017.

[9] 中共安徽省委党史研究室 . 安徽改革开放大事记：1977.6—2008.6 [M]. 合肥：安徽人民出版社 , 2008.

[10] 张平 . 安徽农村税费改革实践与探索 [M]. 北京：当代中国出版社 ,

2001.

[11] 孟富林, 等. 安徽农村改革创新亲历记 [M]. 合肥 : 安徽人民出版社，2008.

[12] 李锦斌. 发挥优势下好创新先手棋, 全力推动实现高质量发展 [J]. 求是 , 2018(4).

[13] 孙自铎, 等. 中国农村改革 30 年 : 来自改革发祥地的报告与思考 [M]. 合肥 : 安徽人民出版社 , 2009.

[14] 吴劲松. 解读《合肥综合性国家科学中心实施方案（2017—2020 年）》[N]. 安徽日报 . 2017-09-15.

[15] 中共安徽省委, 安徽省人民政府, 中国科学院. 合肥综合性国家科学中心实施方案 : 2017—2020 年 [A]. 2017-09-07.

[16] 陈婉婉. 中科大 : 迁校入皖 同频共振 [N]. 安徽日报 , 2021-05-26.

[17] 李小群. 安徽农村改革 [M]. 合肥 : 安徽文艺出版社 , 2011.

[18] 孙自铎. 安徽农村改革实践研究 [M]. 合肥 : 中国科学技术大学出版社 , 2017.

[19] 中共安徽省委党史研究室. 安徽改革开放 40 年大事记 : 上册、下册 [M]. 合肥 : 安徽人民出版社 , 2018.

[20] 夏少权, 孙自铎. 中国改革开放全景录 : 安徽卷 [M]. 合肥 : 安徽人民出版社 , 2018.

[21]《安徽改革开放 40 年成就与经验研究》课题组. 改革开放的"安徽样本"[M]. 合肥 : 安徽人民出版社 , 2018.

[22] 中共安徽省委党史研究院. 中华人民共和国 70 年安徽大事记 [N]. 安徽日报 , 2019-09-30.

[23] 邢军, 胡卫星. 安徽 70 年 [M]. 合肥 : 安徽人民出版社 , 2020.

[24] 安徽省地方志编纂委员会. 安徽省志 : 交通志 [M]. 王云, 主编. 北京 : 方志出版社 , 1998.

[25] 安徽省地方志编纂委员会办公室 . 安徽省志 : 交通志（1986—2005）[M]. 北京 : 方志出版社 , 2014.

[26] 当代中国研究所 . 中华人民共和国 70 年 [M]. 北京 : 当代中国出版社 , 2019.

[27] 安徽省地方志编纂委员会办公室 . 安徽省志 : 文化艺术志（1986—2010）[M]. 北京 : 方志出版社 , 2018.

[28] 欧阳雪梅 . 中华人民共和国文化史 : 1949—2012[M]. 北京 : 当代中国出版社 , 2016.

[29] 汪景宁 . 安徽 60 年 [M]. 北京 : 中国统计出版社 , 2009.

[30] 安徽省乡村振兴局 . 皖美答卷 : 安徽省脱贫攻坚全景录（上、下册）[M]. 合肥 : 安徽人民出版社 , 2021.

[31] 安徽省社会科学院当代安徽研究所 . 影像中国 70 年 : 安徽卷 [M]. 合肥 : 安徽人民出版社 , 2019.

[32] 郑有贵 , 李成贵 . 一号文件与中国农村改革 [M]. 合肥 : 安徽人民出版社 , 2008.

[33] 景世民 , 张文丽 . 全面建成小康社会的理论与实践 [M]. 太原 : 山西人民出版社 , 2018.

[34] 杨宜勇 , 吴香雪 , 等 . 全面建成小康社会奋斗史 [M]. 北京 : 人民出版社 , 2020.

[35] 武力 . 改革开放 40 年历程与经验 [M]. 北京 : 当代中国出版社 , 2020.

[36] 中共安徽省委组织部 , 中共安徽省委党史研究院 . 红色安徽 [M]. 合肥 : 安徽人民出版社 , 2021.

[37] 中共安徽省委党史研究院 . 中华人民共和国 70 年安徽大事回眸 : 1949—2019[M]. 合肥 : 安徽美术出版社 , 2019.

[38] 黄传新 , 唐先田 , 沈葵 . 安徽通史 : 中华人民共和国卷 [M]. 合肥 :

安徽人民出版社 , 2011.

[39] 唐先田 , 温跃渊 . 功业千秋 [M]. 合肥 : 安徽文艺出版社 , 2003.

[40] 邢军 . 安徽特色小镇模式优化研究 [M]. 合肥 : 安徽大学出版社 ,

2022.

后　记

　　江淮儿女勠力攻坚，世纪伟业奋斗有我。为忠实记录我省全面建成小康社会的光辉历程、伟大成就、历史经验，集中展示江淮儿女的奋斗风采，根据中宣部统一部署，中共安徽省委宣传部牵头成立了编委会，组织编写了"纪录小康工程"地方丛书（安徽卷）。省直相关部门负责撰稿，安徽人民出版社承担出版任务。

　　作为"纪录小康工程"地方丛书（安徽卷）重要组成部分，《全面建成小康社会安徽变迁志》聚焦安徽全面建成小康社会进程中的大事要事喜事，通过工业、"三农"、科技、教育、文化、医疗、水利、交通、生态、生活等方面的今昔对比，深入反映了江淮大地发生的翻天覆地变化，系统呈现了安徽经济社会取得的历史性成就，充分展现了安徽人民持续增强的获得感、幸福感、安全感，激励江淮儿女昂首阔步奋进新征程、建功新时代。

　　本丛书编写出版得到安徽省委宣传部的精心指导，安徽省委常委、宣传部长郭强，安徽省委宣传部常务副部长王宏，安徽省委宣传部副部长、省新闻出版局（省版权局）局长查结联等同志主持召开专题会，统筹推进编写和出版工作。安徽省乡村振兴局、安徽省统计局、安徽省档案馆、安徽日报社等单位提供或核实了有关资料。

　　安徽省社科院曾凡银和邢军主持了《全面建成小康社会安徽变

迁志》编写统筹工作，程惠英（一）、程宏志（二）、蒋晓岚（三）、吴树新（四）、邢军（五、引言、后记）、范丽娟（六）、郝红暖（七）、段金萍（八）、曹树青、曹晴晴（九）、何平（十）承担具体编写任务，邢军负责总统稿，段金萍、刘慧协助编辑、校对。省社科院沈天鹰、杨俊龙、沈跃春、唐先田、钱念孙、吕连生，省社科联程必定，省委党史研究院吴静、朱贵平等专家审读了书稿，提出了十分宝贵的修改意见。

伟大事业孕育伟大精神，伟大精神引领伟大事业。江淮儿女持续接力，激情写就安徽大地全面建成小康社会奋斗史诗。站在新的历史方位，我们将更加自信、更加坚定地以习近平新时代中国特色社会主义思想为指引，以史为鉴、开创未来，忠诚尽职、奋勇争先，乘胜而进开启全面建设社会主义现代化国家新征程，乘风破浪谱写现代化美好安徽建设新篇章！

受编者水平和时间之限，书中难免有疏漏和不足之处，敬请广大读者批评指正。

本书编写组

2022 年 6 月